Dios
es mi
DIRECTOR

VIVIR MEJOR

Larry Julian

Dios es mi DIRECTOR

Diez principios básicos para afrontar los problemas en nuestra empresa de vida

Traducción de Carolina Alvarado

VERGARA

BARCELONA · MÉXICO · BOGOTÁ · BUENOS AIRES · CARACAS
MADRID · MIAMI · MONTEVIDEO · SANTIAGO DE CHILE

Dios es mi director,
Diez principios básicos para afrontar los problemas en nuestra empresa de vida
Primera edición, abril de 2015

Bradley 52, Anzures DF-11590, México
editorial@edicionesb.com

ISBN: 978-607-480-794-3

Impreso en México | *Printed in Mexico*

A mi Señor, Jesucristo.
Gracias por todos los privilegios.

CONTENIDO

AGRADECIMIENTOS

Un agradecimiento especial a mi familia, en particular a mi esposa, Sherri, y a mis hijos, Grace y Scott, quienes me han permitido experimentar el amor de Dios todos los días. Mi sentido agradecimiento también a Scott y Judy Hackett, Matt y Lolly Pisoni, Steve y Lesley Hackett, y a mi mamá.

Mi gratitud es profunda hacia los amigos que me inspiran viviendo su fe con valentía en el mundo de los negocios: Dean Bachelor, Jay Bennett, Marc Belton, Ward Brehm, John Busacker, Jay Coughlan, Dennis Doyle, Gordy Engel, Art Erickson, David Frauenshuh, Os Guinness, Bill Hardman, Brad Hewitt, Ron James, Tad Piper, Al Prentice, Mike Sime, Rob Stevenson y Phil Styrlund.

A los miembros de la Leadership Roundtable, del pasado y del presente, que buscan con humildad crecer como líderes para poder honrar a Dios y servir a otros.

A Dan Rust por sus introspecciones de sábado en la mañana, Steve Waller por proporcionarme distracciones muy necesarias y a Jim Walter y John Zappala por su amistad de toda una vida.

Al equipo del National Prayer Breakfast Business Leader Forum, quienes reflejan el término «Jesús sobre todo» y quienes me han enseñado a reunir a diferentes partes bajo el nombre y la persona de Jesús.

A los treinta y cinco líderes destacados en las páginas de este libro, quienes con valor y humildad compartieron sus historias para inspirar a otros a confiar y seguir al Dios amoroso en un mundo que sólo presta atención a los resultados.

A aquellos que ya no son una presencia diaria pero cuyo impacto en mi vida nunca se olvidará: Monty Sholund, Stan Geyer, Marty Sinacore y mi padre.

Y por último, a mi Señor Jesucristo, muchas gracias por acercar a toda esta gente a mi vida para ayudarme a acercarme a ti, para poder ser un instrumento de tu noble propósito.

PREFACIO

DIOS TE DISEÑÓ PARA TRABAJAR. EL TRABAJO FUE DISEñado por Dios.

Si estas dos afirmaciones son verdaderas, entonces uno de los propósitos más importantes que puedes emprender en tu vida es lograr una armonía entre tu fe y tu trabajo. El resultado es una vida con significado, propósito, satisfacción y trascendencia eterna.

Una vida donde el trabajo y la fe no se han unido se convierte en una vida de labor monótona y tediosa. Los días se llenan de preocupación, frustración y agotamiento.

Reconciliar significa encontrar una manera de vincular armoniosamente dos ideas disímiles: el trabajo y la fe. El propósito de este libro es encontrar una manera de restaurar su armonía. Juntos exploraremos *cómo unir la fe y el trabajo.*

Dios es mi director se escribió hace más de una década para ayudar a contestar esta pregunta.

En los años que han pasado entre aquella primera edición y ésta, me he visto conmovido por la manera en que Dios ha usado los conceptos de este libro para impactar vidas. Muchos lectores han compartido sus historias alentadoras sobre el significado y propósito descubiertos:

- En China, la directora de una tienda encontró un renovado propósito para alinear su vocación y sus talentos.
- Un enfermero que usó sus habilidades para crear un hospicio basado en los principios de amor, misericordia y compasión.
- Una graduada universitaria quien, desalentada por su fracaso al intentar conseguir empleo, descubrió cuál

era el plan de Dios para su vida entre las líneas del plan de negocios de *Dios es mi director*.

- El ama de casa que, tras la pérdida de su hija debido a una enfermedad rara, se inspiró para convertirse en autora y portavoz para otros en la misma situación.
- La ejecutiva de recursos humanos que pudo reconciliar su fe con las políticas de recursos humanos de su compañía, lo cual le proporcionó una sensación renovada de propósito y entusiasmo por su trabajo.
- El vendedor que decidió que la manera más efectiva de cambiar su filosofía de ventas de «¿qué puedo obtener?» a «¿cómo puedo dar?» era empezar su propio negocio.

Algunos de ustedes representan una nueva generación de líderes con una vasta gama de dones, talentos y niveles de energía y están en busca de maneras de integrar su fe y la pasión a su trabajo.

Algunos de ustedes están más próximos a mi edad. Con una noción de la brevedad de la vida, buscan significado en esta segunda etapa. El cabello canoso representa una riqueza de dones, talentos y experiencias. Algunos de ustedes se encuentran en la cúspide de sus años de liderazgo. Otros descubrirán que sus dones y experiencias están subvaluados y no son apreciados. Por otro lado, también habrá quienes estén buscando definir su llamado en la segunda mitad de la vida.

Independientemente del momento en el que se encuentren en sus carreras, el mensaje es el mismo: el trabajo es importante para Dios. El llamado dura toda la vida. El trabajo tiene un propósito más allá del individuo. Y la trascendencia del trabajo es eterna.

Esta revisión de *Dios es mi director* está diseñada para que tu fe y tu trabajo asciendan a otro nivel. Crecerás como líder en el trabajo, en casa y en tu comunidad. El corazón del libro sigue consistiendo en historias alentadoras de líderes contemporáneos, historias que te inspirarán a vivir tu fe y tus valores en el exigente mundo empresarial actual. Además de estos ejemplos prácticos, añadimos cuatro elementos importantes:

1. En la nueva sección "Sabiduría atemporal de veinte líderes", ellos comparten partes de sus historias personales. Tenía grandes esperanzas para esta sección simplemente por el concepto. Sin embargo, el resultado superó por mucho mis expectativas. La profundidad de la introspección en estos veinte mensajes estimulará tu pensamiento e influirá en quién eres como líder.
2. El nuevo capítulo sobre redención, el 10, renovará tu esperanza en las segundas oportunidades que concede Dios. Si te sientes atorado en el fracaso y la derrota, estas historias te proporcionarán esperanza y aliento. Y, lo más importante, descubrirás que el fracaso puede ser un paso crucial hacia el éxito y la relevancia.
3. Un nuevo capítulo sobre el amor, el 8, demuestra que no tienes que elegir entre el amor y los resultados en los negocios. El liderazgo con amor ayuda a construir relaciones sanas entre los involucrados, alinea los valores personales de los empleados con sus valores de trabajo y aumenta la probabilidad de lograr ganancias y sustentabilidad. En resumen, el liderazgo con amor es bueno para los negocios.
4. Por último, hemos agregado una liga a mi sitio en línea, www.larryjulian.com, para ayudarte a poner tus conocimientos en práctica. Además de materiales de capacitación adicionales, hay disponibles otros recursos gratuitos que incluyen una "Guía del líder" para ayudarte a crear y facilitar un grupo de discusión de doce semanas de *Dios es mi director.* Está demostrado que conectarse con un pequeño grupo de personas similares en un entorno de confianza es una manera de contribuir al éxito y al crecimiento personal, profesional y espiritual.

Así que pongámonos a trabajar. Rezo por que las palabras e historias que se presentan a continuación sean un catalizador para ayudarte a descubrir un mayor significado y propósito en tu trabajo, y que tengas el valor de aceptar este emprendimiento que cambiará tu vida hacia encontrar y cumplir con el llamado de Dios.

INTRODUCCIÓN

El choque de dos mundos

Pues uno queda esclavo de aquel que le vence

—2 PEDRO 2:19

Tema: Estamos guiados por las presiones de producir resultados.

ME PIDIERON DIRIGIR UN PROGRAMA DE LIDERAZGO PARA un grupo de ejecutivos de ventas en San Francisco. Como parte de mi preparación, el líder me pidió que integrara un módulo sobre el manejo del estrés. Durante el programa, descubrí que el grupo estaba al borde de un colapso nervioso colectivo. Estaban bajo una presión intensa para producir resultados y sentían como si estuvieran atados a una caminadora que iba aumentando su velocidad.

Yo quería ayudarles a encontrar la raíz de su situación. Sin embargo, los ejecutivos de ventas sólo querían que les diera las habilidades necesarias para poder correr en su caminadora más rápido y mejor. En esencia, querían que les enseñara cómo ir por el camino equivocado de manera más eficiente.

Los resultados se habían convertido en su dios. Era un dios insaciable. No importaba qué tan arduamente trabajaran, nunca era suficiente y nunca lo sería. Estos ejecutivos eran individuos talentosos, inteligentes y capaces que, en algún momento, habían perdido la noción de lo que es verdaderamente relevante e importante. Se habían convertido en esclavos de la presión por obtener resultados y, en consecuencia, se volvieron ineficientes en lo profesional y quedaron exhaustos en lo personal.

Solución: Deja que Dios te guíe.

Confía en el Señor de todo corazón y no te fíes de tu inteligencia; reconócelo en todos tus caminos y Él enderezará tus sendas.

—PROVERBIOS 3:5-6

En mi trabajo como consultor administrativo, encuentro gente en todo tipo de posiciones, desde gerentes generales hasta empleados de línea, luchando con dilemas difíciles e intentando encontrarle sentido a situaciones que carecen de soluciones sencillas. Son gente talentosa que quiere hacer una diferencia pero que está atorada en un pantano de fechas límite urgentes y expectativas poco realistas.

Hay momentos en los cuales las decisiones críticas de negocios no tienen una respuesta correcta y sólo se pueden resolver cuando el líder realiza un acto de fe. La solución es confiar en los principios de Dios, lo cual nos ayudará a ser líderes más eficientes y relevantes en medio de un mundo exigente y lleno de presiones.

Un buque que cambia su dirección en un grado alterará su curso por cientos de kilómetros. De la misma manera, tu decisión de confiar en Dios tendrá un impacto significativo en la dirección en la que te muevas. Mientras más confíes, más te liberarás de la esclavitud de los grilletes que simbolizan las presiones urgentes por alcanzar resultados. Mientras más libertad tengas, serás un líder más significativo.

Principios bíblicos contra exigencias de resultados

En nuestro corazón queremos que nuestro trabajo tenga significado y propósito. Buscamos apreciación y confirmación de nuestras contribuciones, respuestas satisfactorias a dilemas éticos, claridad y dirección en medio de la confusión y una sensación de plenitud. Es un tema común que atraviesa todas las capas gerenciales en el trabajo y se extiende entre todas las razas, nacionalidades, religiones y géneros.

Por lo general, deseamos hacer lo correcto pero solemos sucumbir a las presiones de corto plazo, enfocadas en resultados que surgen en la vida cotidiana. Aunque se nos alienta a seguir a Dios los domingos, no se nos apoya para tomar las decisiones éticas correctas en las trincheras de lunes a viernes.

Este paradigma ha exigido que operemos en dos mundos separados: un mundo profundamente personal, privado y espiritual en lo privado y otro muy público, exigente y competitivo en los negocios. Es común que los valores, creencias y principios de estos dos mundos colisionen y nosotros quedemos atrapados en medio.

Esta separación entre el deseo verdadero de encontrar significado en el trabajo y la exigencia de nuestros empleadores que buscan sobrevivir y prosperar genera un dilema interno tremendo. Los elementos de este dilema se muestran en el siguiente esquema.

PRINCIPIOS EMPRESARIALES
CONTRA PRINCIPIOS DE DIOS

Reglas no escritas en los negocios	*Principios de Dios*
Lograr resultados	Sirve un propósito
¿Qué puedo ganar?	¿Cómo puedo dar?
Éxito = dinero	Significado = personas

PRINCIPIOS EMPRESARIALES CONTRA PRINCIPIOS DE DIOS	
Reglas no escritas en los negocios	*Principios de Dios*
Trabajar para complacer a la gente.	Trabaja para complacer a Dios.
Miedo a lo desconocido.	Vivir con esperanza.
El liderazgo es llegar primero.	El liderazgo es llegar al último.
Hazte cargo; rendirse significa estar derrotado.	Deja ir; rendirse significa la victoria.
El fin justifica los medios.	Los medios justifican el fin.
Llega al resultado sin importar cómo lo logres.	Haz lo correcto independientemente del resultado.
Ganancia a corto plazo.	Legado de largo plazo.
Esclavo de lo urgente.	Libertad de elección.
Nunca puedes producir suficiente.	Amor incondicional.

Por lo general vemos este dilema como una lucha interna entre el bien y el mal. Parecería que se nos presenta una decisión inquietante: o nos dedicamos a tener éxito y producir resultados alejándonos de Dios o aceptamos y vivimos los principios de Dios y sufrimos las consecuencias negativas que esto tenga en los negocios. Se nos plantean preguntas como: «¿Puedo hacer lo correcto y tener éxito en un mundo competitivo y que busca resultados?» «¿Puedo ser al mismo tiempo ético y lucrativo?»

Si confías en los principios de Dios, si tienes la valentía de vivirlos y tienes la paciencia de esperar a Sus tiempos, entonces creo que la respuesta a esas preguntas es: «Sí». Los principios bíblicos y el éxito con resultados no se oponen. Sí, *sí puedes* hacer lo correcto y tener éxito. Sí, *sí puedes* ser ético y lucrativo al mismo tiempo. Y sí, *sí puedes* honrar a Dios, servir a los demás y cumplir con tus obligaciones profesionales.

Dios no nos creó para que fuéramos las víctimas de las circunstancias. Nos creó para que nos acercáramos a Él trabajando con valor a pesar de nuestros dilemas. Quiere que prosperemos, que seamos líderes valiosos y que sirvamos como modelos para ayudar a los demás.

El diseño de liderazgo de Dios tiene un fundamento sólido y está construido para fortalecerse con el tiempo *en medio de la presión externa.* Este modelo de liderazgo se vale del tiempo y la presión para producir sabiduría, desarrollo del carácter y productividad máxima.

Cuando integras los principios de Dios con tus talentos, tus habilidades y tu carácter únicos, creas una poderosa alianza para tener éxito en el mundo sin convertirte propiedad de él. Como resultado tus *retos y dilemas te fortalecen* para convertirte en el líder exitoso y relevante que Dios quiso que fueras.

La sabiduría de Dios, tu núcleo espiritual, es tu fuente de fortaleza, propósito y dirección y equilibra e impulsa tus habilidades y talentos. *Tu carácter* es la suma agregada de quién eres cuando eres consecuente con valentía y haces lo correcto a lo largo del tiempo. *Tu productividad* es el legado que dejas.

LIDERAZGO MUNDANO Y LIDERAZGO DIVINO: LAS DIFERENCIAS

Líderes mundanos	*Líderes divinos*
La presión los debilita.	La presión los fortalece.
Las ganancias tienen prioridad sobre los principios, lo cual reduce su valor con el paso del tiempo.	Los principios tienen prioridad sobre las ganancias, lo cual incrementa su valor con el paso del tiempo.
Su carácter se debilita con el paso del tiempo.	Su carácter se fortalece con el paso del tiempo.
No producen nada salvo resultados.	Producen un legado además de resultados.

En el centro de la búsqueda de trabajo con significado está el choque entre dos amos que exigen convertirse en la prioridad dentro de tu corazón y tu mente. Al final, deberás elegir.

Tu futuro está definido por lo que crees y lo que haces. Cada una de tus creencias genera un comportamiento, y cada comportamiento tiene una consecuencia. Al final, *te conviertes en lo que crees y haces cada día.* Como dijo Charles Reade: «Siembra un acto y cosecharás un hábito; siembra un hábito y cosecharás un carácter; siembra un carácter y cosecharás un destino».

Es esencial comprender el impacto de tus creencias y tus acciones, porque le dan forma a tu futuro. ¿Cuáles son las creencias que motivan tus decisiones de negocios? ¿Tu fe define quién eres en el trabajo o las reglas de los negocios definen quién eres? ¿Vas por el buen camino?

En Su sabiduría, Dios nos proporciona la libertad de pensar y elegir. Este libro no es un sermón religioso, ni un debate sobre lo correcto o lo incorrecto. Más bien intenta ayudarte a tomar las decisiones correctas en circunstancias difíciles. Tus dilemas son pasos naturales en el camino al éxito. La meta de este libro no es proporcionarte soluciones prefabricadas a tus dilemas, sino ayudarte a transitar por el proceso de resolverlas tú mismo.

Puesto de manera simple, este libro tiene la intención de ayudarte a reflexionar en tus creencias y a buscar a Dios para equiparte y alentarte a hacer lo correcto bajo presión. Este proceso te pondrá en el camino más importante y significativo de tu vida.

Cómo te ayudará este libro

Para que puedas convertirte en un líder exitoso y cercano a Dios, debes desarrollar e integrar estas dos áreas de manera regular:

1. El desarrollo exterior de los talentos y habilidades que Dios te dio;
2. El desarrollo interno de tu núcleo espiritual.

Este desarrollo se da como resultado de la búsqueda y puesta en práctica honesta de los principios de Dios.

Miles de líderes tienen grandes habilidades de liderazgo externas pero carecen de carácter interno. También hay mucha gente de gran carácter que no necesariamente tiene habilidades de liderazgo. Este libro te ayudará a combinar estos dos elementos para ayudarte a ser un líder más exitoso y relevante.

A lo largo del libro, reflexionarás y responderás sobre lo más importante en tu vida y en los negocios, más que reaccionar y hacer las cosas por las cuales te sientes presionado. Puedes reflexionar sobre los principios de Dios y usarlos como soluciones potenciales para situaciones difíciles y confusas en los negocios.

Para lograr esto, necesitarás estar por encima de las presiones superficiales de los negocios para tener una mejor perspectiva. Exploraremos los diez conflictos más comunes a los cuales se enfrentan los empresarios actualmente y aplicaremos los principios de Dios para estos dilemas. Puedes tomas las decisiones correctas y convertirte en la persona exitosa y significativa que Dios quiso que fueras.

Cada capítulo hará tres cosas por ti:

1. Te ayudará a encontrar ideas y aliento a partir de las historias reales de veinte líderes que han enfrentado los mismos retos.
2. Te compartirá los principios de Dios como una manera alternativa de ayudarte a tomar decisiones sabias en medio de circunstancias difíciles.
3. Te proporcionará una guía de discusión sencilla y práctica que te ayudará a enfocar tus pensamientos con un sentido de propósito.

Un pensamiento final en tu misión

Este libro está diseñado para ayudarte a hacer dos conexiones importantes. En primer lugar, te ayudará a conectarte con otros líderes de una manera segura y sin riesgos para compartir ideas y visiones sobre ser un líder devoto. (Para más información sobre cómo organizar un grupo pequeño, visita www.larryjulian.com) En segundo lugar, y el aspecto de mayor importancia, te ayudará a conectarte con Dios en el trabajo. Conforme vayas avanzando en el libro, recuerda por qué estás haciendo este esfuerzo. Dios te ama, tiene un propósito para tu vida y quiere que tengas éxito. Al enfocarte en tu crecimiento espiritual, recuerda que estás preparándote para recompensas significativas que van mucho más allá de lo que puedes imaginar. Disfruta el viaje.

Guía de discusión

1. Describe los riesgos y recompensas de ser un líder devoto en un mundo orientado a los resultados.
2. Revisa el cuadro que enlista las reglas no escritas de los negocios y los principios de Dios. ¿Qué creencias (de ambos lados del cuadro) son las que actualmente influyen en tus decisiones de negocios?
3. ¿Qué creencias equivocadas te esclavizan más y limitan tu efectividad?
4. ¿Qué pasos específicos puedes dar para eliminar o reducir esta creencia equivocada?
5. ¿Qué principio significa más para ti y por qué?
6. ¿Qué pasos específicos puedes dar para vivir según ese principio?

1 PROPÓSITO

De ganarse la vida a servir un propósito

Por lo demás, sabemos que en todas las cosas interviene Dios para bien de los que le aman; de aquellos que han sido llamados según su designio.

—ROMANOS 8:28

Tema: ¿Cómo encuentro significado y propósito en mi trabajo?

EN UNA OCASIÓN, CUANDO AYUDABA A UN EQUIPO EJEcutivo a definir cuál era su misión, empecé por plantear la pregunta fundamental: «¿Cuál es el propósito de su compañía?». En vez de responder la pregunta, los miembros del equipo se enfocaron en idear palabras y frases que sonaran atractivas a los accionistas, clientes y empleados. Pasaron horas trabajando con frases como «maximizar las ganancias», «servicio de calidad mundial» y «nuestros empleados son nuestro bien más preciado». Pasaron horas trabajando con estas palabras, pero no había significado en ellas.

Era casi mediodía cuando llegó el presidente de la empresa. Entró en la habitación y miró el rotafolio con las frases cuidadosamente producidas. Volteó a ver al grupo y dijo: «Permítanme aclarar esto. Nuestro propósito es aumentar las ganancias quince por ciento y tenemos once meses y diez días para hacerlo».

Los empleados buscan significado y propósito en su trabajo, pero en la realidad, la presión por tener una compañía que gane dinero suele tener prioridad sobre el significado y propósito tanto de empleados como de la compañía. ¿El trabajo significa algo más allá de ganarse un cheque? La respuesta es sí, pero necesitamos mirarnos al espejo y preguntarnos honestamente: «¿Cuál es nuestra prioridad? ¿Cuál es nuestro propósito? ¿Con qué fin?»

Solución: Encuentra el llamado de Dios y encuentra tu propósito.

Dios quiere que tengamos éxito. No sólo sembró la motivación en nuestros corazones sino que también nos dio un deseo intrínseco de contribuir, de agregar valor y de conectarnos con otros en algún emprendimiento significativo. Encontrar significado y propósito en nuestro trabajo es la clave para alcanzar la satisfacción personal y el éxito profesional.

Nuestro propósito mueve todo lo demás: lo que hacemos, cómo lo hacemos, y para quién trabajamos. Nos da una razón para levantarnos de la cama en la mañana y traza el rumbo de nuestros días.

En este capítulo aprenderemos cómo el recorrido de Bill George lo llevó a convertirse en el director general de Medtronic, lo cual le proporcionó satisfacción personal tras una búsqueda de treinta años. Después, conoceremos a Bill Pollard, presidente emérito de The ServiceMaster Company (cuyas marcas incluyen Merry Maids y Terminix, entre otras). Su experiencia nos enseñará que la creación de significado y propósito para los empleados es un factor clave para el éxito de su organización. En ambos casos, veremos cómo mirar hacia Dios para encontrar significado y propósito puede conducir a la satisfacción y el éxito, tanto personales como profesionales.

¿Cuál es la clave de sus impresionantes historias de crecimiento y rentabilidad? En ambas compañías, el propósito tiene precedencia sobre las ganancias. Las ganancias de los accionistas y el crecimiento a largo plazo han sido el *resultado* de su misión, no la misión en sí.

☛ BILL GEORGE
Encontrar el camino a casa

Ya sea en un puesto de principiante o como director general, la gente desea encontrar significado y propósito en su trabajo. Para Bill George, ex director general de Medtronic, la compañía de tecnología médica terapéutica más grande del mundo que provee más de la mitad de los marcapasos colocados en todo el planeta, el recorrido le tomó más de treinta años, atravesando un laberinto de retos, oportunidades y algunas desilusiones. Después de este largo camino andado, llegó al sitio que llamaría su hogar, un lugar donde podría satisfacer su llamado y hacer una diferencia: el camino de Dios.

La Catedral Grace en Nob Hill, San Francisco, es un lugar especial para Bill y su esposa Penny. Ahí hay un hermoso laberinto, un camino intrincado que se mueve hacia el centro. Intentar encontrar el camino correcto puede ser frustrante. Hay bloqueos y decisiones que tomar entre vueltas a la izquierda o la derecha antes de poder llegar al centro. Bill considera el recorrido por el laberinto como una metáfora del proceso para encontrar significado y propósito en su vida.

Al igual que las decisiones que hay que tomar en el laberinto, el conflicto principal de Bill fue intentar discernir entre el llamado de Dios para su vida y su ego.

> Desde que era adolescente —dice Bill—, sentí que Dios tenía una misión para mí en la vida. Sentí que mi misión era convertirme en el líder de una corporación importante para poder influir en otros líderes a través de mi conducta. Hacer la diferencia fue un motivador muy importante en mi vida. A veces me sentía confundido sobre a quién le estaba marcando esta diferencia. Muchas veces, esto se tradujo en ego, reconocimiento y poder. Constantemente debí confrontarme con preguntas como "¿Para quién?", "¿con qué propósito?".

La misión que tenía Bill de cumplir con su llamado marchaba bien. Sin embargo, la sensación de satisfacción que proviene de estar en concordancia con el llamado de Dios se apartaba de él. Desde la perspectiva de negocios, Bill rápidamente se acercaba a la posición de director general de una corporación grande. Su currículum incluía la Escuela de Negocios de Harvard y la presidencia de Litton Microwave. Para 1983, era uno de los cinco ejecutivos principales de Honeywell. Con su ascenso en Honeywell, Bill recibió muchas ofertas de trabajo de todo el país. Una de las compañías que lo buscaba era una empresa pequeña, con sede en Minneapolis, llamada Medtronic. Esta empresa se acercó a Bill por primera vez para ofrecerle el puesto de presidente y director general en 1978, de nuevo en 1986 y otra vez en 1988.

Bill rechazó repetidamente estas ofertas porque no pensaba que Medtronic se ajustara a su llamado. Su ego le indicaba que una compañía de 750 millones de dólares no era suficiente para satisfacer sus ambiciones porque ya estaba a cargo de una organización de dos mil millones de dólares con tres veces el número de empleados.

Aunque Bill conocía la buena reputación de Medtronic, rechazó las ofertas porque estaba en vías de acercarse a su meta. Sentía que se estaba acercando a lo que consideraba su llamado, pero en realidad cada vez se alejaba más. En sus palabras: «Estaba intentando cambiar la cultura en

Honeywell para que reflejara mis valores y filosofía. En realidad, la cultura de Honeywell me estaba cambiando a mí. Me percaté de que estaba actuando el rol diseñado para ascender».

Bill estaba a cargo de nueve divisiones y ocho de ellas estaban fuera de la ciudad. Con el paso del tiempo, se intensificaron las presiones y se sintió cada vez más nervioso. Mientras más rápido corría, más se aceleraba la caminadora, pero no estaba yendo a ninguna parte. Le quedó claro que estaba corriendo tanto que no podía detenerse a escuchar la voz de Dios.

Por muchos años, Bill continuó persiguiendo su meta de ser el director general de una compañía importante, creyendo que esa era la plataforma que necesitaba para cumplir con el llamado divino. En el otoño de 1988, finalmente se topó con un muro. Un día, mientras conducía a casa después del trabajo, Bill miró a su alrededor y notó la belleza de la comunidad en la cual vivía. El follaje otoñal estaba empezando a notarse en la calle bordeada por arces alrededor de Lake of the Isles. Esta imagen hermosa le recordó un retiro de fin de semana especial en el cual participó:

> Me di cuenta entonces de que había dividido mi vida en compartimentos de trabajo, casa, espiritualidad y comunidad —dice Bill—. En ese retiro, tiré paredes para hacer una sola habitación. Me dio la libertad de ser quien soy. Me di cuenta de que había permitido que el mundo me dividiera en compartimentos entonces y que ahora estaba dejando que me sucediera de nuevo. Cuando vi la belleza de Lake of the Isles, representó esa habitación sin paredes. Esa visión me hizo detenerme y pensar: "Tengo la bendición de tener una vida hermosa y voy vagando por el desierto. ¿Hacia dónde me dirijo?".

Bill se dio cuenta de que su situación en el trabajo lo estaba cambiando de maneras que no le agradaban.

> Podría convertirme en director general de Honeywell o podría terminar aceptando el trabajo de director de una compañía indefinida en una comunidad desconocida solamente para satisfacer las ambiciones de mi ego. Todo eso obligaría a mi esposa, Penny, a renunciar a su trabajo y haría que mis hijos tuvieran que cambiarse de escuela justo cuando estaban por entrar a sus años de bachillerato, en un lugar que amaban. ¿Y por qué? ¿Para satisfacer mi ego de ser el director general de una compañía grande? ¿Con qué fin?

Esa noche, Bill habló con Penny sobre su nueva reflexión y ambos rezaron juntos. Se preguntó abiertamente si era importante ser el director general de una megacorporación. Por primera vez, vio con claridad que esas cosas eran de poca o nula importancia. Bill se reenfocó en lo importante: su matrimonio con Penny, su familia, sus amigos, sus lazos con la comunidad y la oportunidad de hacer una gran diferencia en una compañía más pequeña con gran potencial. Bill explica:

> No es nada contra Honeywell, pero necesitaba un cambio de lugar y de perspectiva. Necesitaba tiempo para escuchar, de verdad escuchar, la voz interior que es el llamado del Señor. Le pedí a un amigo cercano que llamara a Win Wallin, el entonces director general de Medtronic y que le dijera que estaba disponible para el trabajo si la opción seguía abierta. Tuve la fortuna de que todavía lo estuviera.

Earl Bakken, el fundador de Medtronic, se reunió con Bill en Phoenix durante un viaje de negocios. Earl se tomó el tiempo de volar desde Hawai para reunirse con el nuevo director general en potencia. Al hablar con Earl, Bill sintió que había encontrado el lugar donde podía cumplir con su llamado. «Inmediatamente noté que nuestros valores eran compatibles —recuerda Bill—. Esto estaba destinado a hacerse. Tuve la fortuna de conseguir el empleo. En el momento que crucé la puerta en Medtronic, supe que había llegado a casa».

Al mirar al pasado, Bill se dio cuenta de que Medtronic fue siempre el lugar al cual pertenecía. En Medtronic podía compartir y expresar abiertamente sus valores, sueños, esperanzas y temores. A través de la misión única de Medtronic, que escribió el fundador, Earl Bakken, en 1960, Bill podía cumplir el llamado de Dios de devolverle a la gente una vida plena y la salud, y podía actuar como un líder ético enfocado al servicio. «El "llamado" había estado ahí desde 1978, pero yo no lo había escuchado. Para ser más preciso, no estaba preparado para recibirlo. Tuve que recorrer el laberinto antes de llegar al centro, que era el llamado de Dios, no el mío».

Desde 2004, Bill da clases de liderazgo como profesor de prácticas administrativas en la Escuela de Negocios de Harvard. También ha escrito cuatro libros muy vendidos: *7 Lessons for Leading in Crisis*, *True North*, *Finding Your True North* y *Authentic Leadership*. Desde que salió de Medtronic, Bill también ha fungido como director de varias corporaciones y organizaciones sin fines de lucro.

Los ojos de Bill se iluminan cuando habla de la misión de Medtronic.

> Las compañías en las cuales trabajé antes tenían buenos valores, pero no podíamos discutir las cosas importantes en nuestras vidas. En Medtronic, la gente solía hablar sobre su fe y sus valores todo el tiempo. Se promovía la discusión abierta porque hablar sobre valores genera un vínculo con los demás y un propósito común relevante. Los empleados de Medtronic están comprometidos con nuestra misión de restaurar la salud y la vida plena a las personas.

Bill explica que Medtronic ha tenido éxito porque es una compañía impulsada por su misión. Medtronic no busca maximizar el valor para los accionistas. Está en el negocio de maximizar el valor de los pacientes a quienes sirve.

> ¡Eso es lo que motiva a nuestra gente! —dice Bill—. Toda mi experiencia laboral me lleva a creer que la gente quiere encontrar un significado genuino en su trabajo, quiere creer que está trabajando para un propósito superior, creer que pueden hacer una diferencia en las vidas de los demás. En Medtronic, si servimos bien a nuestros pacientes, nos irá muy bien y aumentaremos el valor para nuestros accionistas. Si nuestros 23 000 empleados están motivados para alcanzar el mismo propósito común, tendremos mucho éxito.

Los líderes de Medtronic trabajan arduamente para establecer un diálogo abierto con los empleados. Lo hacen a través de varios medios: desayunos informales con los trabajadores, sesiones con el fundador, Earl Bakken, o con el director general, para los recién ingresados, fiestas en fechas importantes, reuniones con todo el personal, y una amplia gama de sesiones uno a uno. Por ejemplo, la compañía entrega personalmente un medallón especial que representa la misión de Medtronic a cada empleado que ingresa a la compañía. Bill explica: «Le dicen al empleado: "Este medallón solamente se le puede dar a un empleado de Medtronic. Al aceptarlo, estás comprometiéndote a realizar tu mejor esfuerzo para devolverle a la gente su salud y su vida plena." Esto les dice que su trabajo tiene un significado, va más allá de sólo ganarse la vida».

Bill observa que, casi sin excepción, los empleados de Medtronic se sienten motivados a alcanzar la calidad insuperable que se exige en la misión de la compañía. Buscan relevancia en su trabajo, un significado que por lo general está fundamentado en una base espiritual sólida. La compañía incluye creyentes de todas las religiones: cristianos, judíos, musulmanes, hindúes, budistas y muchos que no tienen una fe establecida. Pero existe una sensación de que todos recorren un camino en común, en búsqueda de un significado más profundo y una satisfacción en su trabajo, por la capacidad de ayudar y servir a otros.

Medtronic celebra su misión en la fiesta anual de la compañía en diciembre, una tradición que lleva cuarenta años. Cada año, seis personas asisten para compartir cómo los empleados de Medtronic marcaron una diferencia en sus vidas. A pesar de que, por ejemplo, en 2012, nueve millones de pacientes se beneficiaron con las tecnologías de Medtronic, es más personalizado cuando alguien le dice a los empleados personalmente: «Si no fuera por ustedes, mi hija de dos años no estaría aquí ahora. Salvaron su vida».

Me bastó escuchar a Bill para convencerme de que los empleados de Medtronic están verdaderamente motivados a servir un propósito más alto. Aunque al inicio de la entrevista Bill se comportó un poco reservado, habló apasionadamente al referirse a la gente de Medtronic. Después de una pausa breve, le pregunté: «¿Qué hay de ti? Cuando trabajaste para la compañía, ¿cómo redefiniste tu llamado y encontraste satisfacción?».

Bill se puso de pie de un salto y se dirigió a su escritorio. Me sorprendí y pensé que tal vez lo había ofendido y había dado por terminada la entrevista. Luego noté una gran sonrisa en su rostro cuando regresaba a la mesa. Bill me entregó una fotografía enmarcada:

> Él es T.J. Cuando empecé a trabajar en Medtronic, la compañía tenía una división que estaba perdiendo mucho dinero, aproximadamente cinco millones de dólares al año, y ya llevábamos perdidos entre treinta y cinco y cuarenta millones. Nos disponíamos a cerrar la división. Pero entonces conocí a T.J. en mi primera fiesta de la compañía».

Bill me explicó que T.J. tenía parálisis cerebral y que había ido a la fiesta para compartir con todos lo que significaba ser funcional, gracias a la bomba de medicamentos que manufacturaba la división «perdedora».

T.J. se convirtió en un ejemplo real de la misión de Medtronic. Para Bill fue fácil relacionarse con T.J., ya que tenía la misma edad que su hijo. La historia de T.J. animó a todos. Bill me dijo: «Después de la fiesta, todos nos reunimos con una meta en mente: ¿Cómo podemos hacer que esta división funcione? Encontramos una manera de reestructurarla y hoy es una de nuestras divisiones más lucrativas». Sin duda, la pasión de Bill por ayudar a la gente empoderó a sus empleados para enfrentarse a dichos retos.

Se podría decir que Bill ya cumplió con su llamado. Ya fue el director general de la compañía de tecnología médica más importante del mundo. Las ganancias de Medtronic han crecido a 16.5 mil millones de dólares y las ganancias por acción han aumentado en 3.70 dólares, alcanzando un precio promedio por acción de 57.16 dólares (en 2014). Aunque todo esto suena muy impresionante, tuve que investigar los resultados financieros de Medtronic por mi cuenta porque Bill nunca los mencionó en la entrevista. Estaba demasiado ocupado hablando sobre T.J., en particular sobre sus logros desde que se conocieron en 1989. «Estoy muy orgulloso de T.J. Le está yendo extremadamente bien. Está casado, se graduó de la universidad, tiene un buen empleo y una vida muy exitosa».

Por último, le pregunté a Bill si consideraba que había alcanzado su misión original ahora que había sido el director de una corporación importante. Bill respondió:

> No creo que haya ejercido la influencia entre los directores generales como lo planeé originalmente. Sin embargo, ahora siento que estoy cumpliendo con mi misión, ya que tengo la capacidad de influir en muchas más personas, de todas las edades, más allá de lo que jamás imaginé posible y entiendo lo que significa servir a los demás a través de tu empresa.

Era evidente por la dicha en el rostro de Bill mientras hablaba sobre su familia, los empleados de Medtronic y T.J. que Bill había encontrado su llamado. Es la misma dicha que sentimos cuando llegamos a casa.

☛ C. WILLIAM POLLARD

Servir un propósito superior y ganar dinero

¿Cómo se puede honrar a Dios, permitir a los empleados que encuentren significado y propósito en su trabajo y administrar un negocio productivo? Se puede pensar que la razón por la cual se entra a los negocios es para ganar dinero y que, aunque encontrarle un significado y propósito es una meta noble, la prioridad es maximizar las ganancias de los accionistas. La ServiceMaster Company, una empresa de servicios a nivel nacional en los Estados Unidos, es muy rentable, pero para los 51 000 empleados que sirven a más de ocho millones de clientes en treinta países, su trabajo les brinda mucho más que sólo ganancias.

Imagina a los accionistas entrar en el vestíbulo de ServiceMaster en las oficinas centrales de Downers Grove, Illinois, y ver una estatua de mármol de Cristo lavando los pies de un discípulo. Más allá de la estatua está una pared de cinco metros y medio de altura y de casi treinta de ancho. La pared tiene grabadas las siguientes cuatro frases que constituyen los objetivos de la compañía:

1. Para honrar a Dios en todo lo que hacemos.
2. Para ayudar a la gente a desarrollarse.
3. Para buscar la excelencia.
4. Para crecer con rendimientos.

Claramente, estas frases no son comunes para una compañía que cotiza en bolsa. Podríamos decir, de hecho, que son controvertidas. ¿Cómo explica Bill Pollard, presidente emérito de ServiceMaster, a los accionistas que la misión de de servir a Dios tiene una mayor prioridad que las ganancias?

En su libro introspectivo, *The Soul of the Firm*, Bill Pollard describe cómo se presentó esta pregunta en una de las juntas de accionistas. Uno de ellos, tras alabar a la empresa por su desempeño en ganancias, dijo lo siguiente:

> Aunque apoyo firmemente el derecho del individuo a tener sus propias convicciones y metas religiosas, no logro comprender el concepto de que ServiceMaster sea, de hecho, un vehículo para la obra de Dios. Las múltiples referencias que se hacen a este respecto, en mi opinión, no pertenecen al informe anual de negocios. Interpretar un servicio lucrativo (que es lo que ofrece ServiceMaster) como la obra de Dios es una presunción increíble. Además, generar ganancias no es pecado. Propongo que el informe de negocios del año entrante se limite a eso solamente, a los negocios.[1]

Bill Pollard no está de acuerdo. No sólo cree que Dios pertenece al mundo de los negocios, sino que considera que ayudar a los empleados a encontrar un significado y propósito en su trabajo es la clave del éxito de su organización.

> Dios y los negocios sí pueden mezclarse —dice Bill—, y los rendimientos son el estándar a través del cual se determina la efectividad de nuestros esfuerzos combinados. Para nosotros, el vínculo común entre Dios y las ganancias es la gente. Pero vivimos y trabajamos en una sociedad diversa y plural, y algunas personas pueden preguntarse si existe Dios o tener una definición diferente de Él. Por eso en ServiceMaster nunca permitimos que la religión o la falta de ésta se conviertan en una base para la exclusión o cómo nos tratamos profesional o personalmente. Al mismo tiempo, creo que el ambiente laboral no tiene que emascularse y llegar a la neutralidad de no creer.[2]

Los líderes en ServiceMaster creen que Dios le ha dado a cada uno de los empleados dignidad, valor, potencial y libertad de elegir. La meta es construir una empresa que empiece con Dios y acepte a las diferentes personas que Él creó y ayude a su desarrollo. De hecho, ha sido clave en el éxito de ServiceMaster. Esta sencilla verdad, consistente en reconocer el potencial, dignidad y valor del individuo, ha sido uno de los factores que más han contribuido al éxito y crecimiento de su negocio.

Bill George mostró cómo salvar vidas agrega relevancia y propósito al trabajo de cada empleado de Medtronic. ¿Pero cómo hace una organización como ServiceMaster para reconocer y desarrollar el potencial, dignidad y valor de un empleado que realiza tareas mundanas como trapear pisos? Parte de la respuesta se encuentra en el rol de liderazgo que debe proporcionar dignidad y respeto.

Bill Pollard tuvo una conexión significativa personal con ServiceMaster. Bill era administrador en una universidad, profesor y abogado. Se encontraba en un momento de su vida en el cual el cambio era inminente. Se estaba enfrentando a dos caminos muy distintos en su vida laboral. Tenía una oferta para convertirse en socio de una firma legal importante y otra para una posición en un puesto directivo en ServiceMaster. El puesto en la firma legal tenía más sentido. Era un empleo en el cual se sentía cómodo y le ofrecía un mejor paquete financiero. La oportunidad de ServiceMaster era algo más desconocido que llevaría a Bill a terrenos inexplorados. Sin embargo, a Bill le intrigaba la misión de ServiceMaster. Compartía sus valores y lo vio como oportunidad para emprender una misión significativa y para aprender más sobre sí mismo y los demás. Con un deseo de aprender sobre el significado verdadero del servicio y de liderazgo para servir, en un acto de fe, Bill aceptó el puesto en ServiceMaster.

De inmediato comprendió y se conectó con los puntos de vista de los empleados. En uno de los programas de ServiceMaster, *We Serve Day*, todos los líderes de la organización tienen la oportunidad de participar directamente atendiendo a los clientes. Como parte de la capacitación, de Bill tuvo que realizar tareas que hacen todos los días los empleados de las líneas delanteras del servicio. Se le asignó a trabajar con el equipo de mantenimiento limpiando pasillos, habitaciones de pacientes y baños en el Lutheran General Hospital. Un incidente particular le ayudó a comprender los principios de dignidad y valor y cómo éstos se traducen en significado y propósito para los empleados.

Bill, entonces presidente y director general, estaba trabajando en un concurrido pasillo del hospital. Estaba alistándose para limpiar el piso y la gente iba y venía. De pronto, una mujer se detuvo y le preguntó: «¿No es usted Bill Pollard?». Le respondió que sí. La mujer entonces se presentó como una pariente lejana de su esposa. Observó a Bill y su trapeador y luego sacudió la cabeza. «¿No es usted abogado?», preguntó. Bill respondió que tenía un nuevo trabajo. La mujer pareció avergonzarse y se acercó a Bill diciéndole en voz baja: «¿Está todo bien en casa?»[3].

Este incidente le permitió a Bill ver las cosas claramente y la misión de ServiceMaster surgió. No sólo extrajo una reflexión valiosa sobre el trabajo de los empleados de ServiceMaster, sino que también pudo definir qué era el liderazgo para servir y cómo describir el rol de liderazgo en la compañía.

En ServiceMaster, Bill cree que el liderazgo comienza con sus objetivos: honrar a Dios en todo lo que hacen, ayudar a la gente a desarrollarse, buscar la excelencia y aumentar los rendimientos. Explica:

> En Juan 13 se nos narra la historia de cómo Jesús tomó una toalla y un recipiente de agua y lavó los pies de sus discípulos. Al hacerlo, le enseñó a sus discípulos que ningún líder es mejor que la gente a su cargo y que incluso las tareas más humildes son dignas de que las realice el líder. Por lo tanto, nuestro rol y obligación como líderes

> implica más que realizar nuestra labor. También debemos estar involucrados en lo que esa persona se está convirtiendo y cómo está contribuyendo el ambiente laboral a ese proceso.[4]

La mentalidad de que la gente es lo principal distingue a ServiceMaster. No es una empresa de manufactura, es una organización de servicio que emplea gente que sirve. Bill considera que el desempeño en el servicio de sus empleados depende de cómo se les motive, respete y capacite:

> No es sólo lo que estamos haciendo, sino en lo que nos estamos convirtiendo en el proceso. Eso nos proporciona nuestro valor distintivo y es únicamente humano. Cada empresa debería tener la capacidad de articular una misión que vaya más allá de la tarea y proporcione esperanza de que los esfuerzos y actividades de su gente se estén sumando para alcanzar algo más importante, tan importante, de hecho, que se logra más de lo esperado.[5]

El liderazgo para servir es parte importante de ayudar a los empelados a encontrar significado y propósito en el trabajo, pero ¿cómo hacen los empleados esta conexión significativa? Puesto en palabras burdas, ¿cómo encuentra significado y propósito un empleado al limpiar un inodoro?

Bill respondió a esta pregunta hablando de Shirley. Shirley es una empleada de mantenimiento en un hospital comunitario de 250 camas. Esto no la hace diferente. Es diferente a otras empleadas de mantenimiento porque, después de quince años, todavía le emociona su trabajo. Shirley había presenciado algunos cambios. La cambiaban de un piso a otro. Las sustancias químicas, el trapeador y su carrito habían mejorado y eso le permitía limpiar más habitaciones por día, comparado con lo que podía hacer cinco años antes. Pero otras cosas nunca cambian. Los baños e inodoros siguen llenos de gérmenes, el polvo de los pisos tiene que limpiarse, los pacientes siguen derramando cosas y algunos doctores todavía tratan a los «ayudantes» como leprosos. Pero Shirley seguía canturreando feliz. ¿Por qué? Todo se reduce al punto de vista de ServiceMaster sobre el trabajo que realizan. Bill explica:

> Cuando Shirley considera su labor como extender un servicio al paciente en la cama, y se ve a ella misma como parte integral del apoyo al trabajo de doctores y enfermeras, entonces tiene una causa, una causa que involucra la salud y el bienestar de los demás. Ella se acercó a nosotros, no cabe duda, simplemente buscando un empleo, pero traía consigo un potencial no descubierto y un deseo por alcanzar algo significativo. Recientemente, confirmó la importancia de su causa cuando me dijo: "Si no limpiamos con un esfuerzo de calidad, los doctores y las enfermeras no pueden hacer su trabajo, no podemos recibir más pacientes. Este sitio *cerraría* si no tuviéramos el área de mantenimiento".[6]

La historia de Shirley ayuda a aclarar cómo cada empleado, sin importar lo mundano de su tarea, puede encontrar significado en su trabajo, puede contribuir al valor de su organización y puede servir un propósito más elevado, además de ganarse un salario.

¿Pero cómo se traduce este compromiso de ServiceMaster por ayudar a los empleados a encontrar un significado y propósito en rendimientos para la empresa? Bill nos narra que su meta es entrenar, equipar y motivar a la gente para que sea más efectiva en su trabajo. Cree que si una persona tiene una dirección clara y una razón real para servir, entonces ese empleado es más confiable y responde mejor para atender, resolver y sobrepasar las expectativas de los clientes.

> ¿Dónde empiezas cuando estás enfrentado con un contrato de 24.4 millones de dólares en el sistema escolar de

> una ciudad grande? —pregunta Bill como ejemplo—. La moral está baja. Hay más de 14000 vidrios rotos en 161 escuelas. Las tensiones raciales, la inseguridad entre los líderes sindicales, y una alta tasa de ausentismo complican la tarea. Prometiste lograr un cambio. Los miembros de la junta escolar tienen sus cabezas en juego por haber contratado a un trabajador externo y quieren resultados para ayer.[7]

Su respuesta no debería sorprender.

> Empiezas por la gente. En la primera junta que tuvimos con los empleados, les proporcionamos un refrigerio. Todos llegaron a la junta y escucharon nuestra presentación, pero nadie tomó la comida. Después de la junta, descubrimos por qué: No pensaron que la comida fuera para ellos. Nunca les habían pedido que participaran en una junta donde les proporcionaran a ellos comida o servicios.[8]

Esto fue sólo el principio. Los líderes de *ServiceMaster* trataron a cada trabajador con dignidad y respeto. Poco después, los mismos trabajadores que se habían sentido tan mal sobre sus trabajos empezaron a responder con entusiasmo. Tres meses después, todos los vidrios rotos estaban reparados, el aire acondicionado (que algunos maestros ni siquiera sabían que existía) había empezado a funcionar de nuevo y el aspecto de todos los prados cambió de pastizales sin mantenimiento llenos de hierbas a jardines bien cuidados y con flores.

Cuando se cumplió el primer aniversario de la celebración del contrato, fue momento de evaluar y reconocer el progreso. El periódico de la ciudad realizó una historia de primera plana que alababa las mejorías. Los directores de las escuelas declararon que ServiceMaster les había ayudado a mejorar la comunicación dentro de las escuelas y que había abierto el camino para organizar a los departamentos de limpieza, mantenimiento y jardinería para que pudieran mejorar su respuesta ante las necesidades del personal. ServiceMaster excedió las expectativas de los clientes al mismo tiempo que le ahorró al distrito escolar más de tres millones de dólares. Lo más sorprendente de todo fue que ServiceMaster lo hizo *con la misma gente que ya estaba ahí.* ¿Qué sucedió? Bill explica: «La diferencia inició porque los tratábamos como personas. Ya tenían la dignidad y el potencial. Lo único que necesitábamos era abrir ese potencial y proporcionar capacitación, dirección y reconocimiento. Todo regresa a nuestros objetivos y cómo vemos a la gente».[9]

ServiceMaster demuestra que los intangibles de respeto, dignidad y servicio pueden contribuir a los tangibles de ganancias y crecimiento. En un mundo con cambios constantes, desaceleraciones económicas y teorías rotativas de administración, ServiceMaster ha demostrado tener un crecimiento y ganancias estelares con veinte años de crecimiento récord.

Como aclara Bill Pollard: «Los objetivos de nuestra empresa no sólo están tallados en piedra en la pared del vestíbulo. Puedes verlos en operación todos los días de la vida de nuestra gente»[10]. ServiceMaster demuestra que proporcionar significado y propósito a los empleados no sólo honra a Dios, es bueno para los negocios.

....

Conclusión

Bill George y Bill Pollard reconocen que encontrar significado y propósito en el trabajo es un proceso. Bill George describe este recorrido como algo similar a caminar dentro de un laberinto: No se puede ver el destino final pero se debe continuar avanzando hacia adelante, confiar en que Dios está guiando el camino según Su propósito.

Dios nunca prometió un camino recto al éxito. Es más probable que el recorrido sea un laberinto lleno de obstáculos de todo tipo. La pregunta para cada uno de nosotros es si permitiremos que los obstáculos nos desanimen o si seguiremos moviéndonos hacia adelante a pesar de ellos. Para moverse en la dirección del Sol, la planta tiene que librar obstáculos hasta que produce una flor espectacular. El propósito de la planta es acercarse al Sol. Al igual que la flor, una buena comprensión de nuestro propósito nos permitirá rodear, saltar o atravesar nuestros obstáculos y florecer en nuestros sitios de trabajo.

Dios nos *está* guiando. El conocimiento de que vivimos nuestras vidas con la ayuda de Dios nos proporciona la confianza, convicción y concentración que nos permitirá movernos hacia adelante independientemente de las circunstancias. Podemos empezar a comprender que fuimos llamados para desempeñar un trabajo relevante que trascienda por mucho cualquier descripción de un empleo. Dios no nos llamó para que pasáramos la mayoría de nuestras vidas trabajando sólo para sobrevivir, ganar un salario y existir de un fin de semana al siguiente. Dios creó a cada persona con razones específicas, tareas y propósitos, y nos equipó a cada uno con la combinación perfecta de talentos, habilidades y conocimientos requeridos para encontrar la satisfacción en nuestras vidas.

Al hablar sobre el dinero, Jesús dijo: «Nadie puede servir a dos maestros. Odiará a uno y amará al otro o será devoto de uno y despreciará al otro. No se puede servir tanto a Dios como al dinero». Su principio subyacente era sobre las prioridades. Nuestra prioridad determina nuestro camino y mide nuestro progreso.

Jesús nunca dijo que el dinero o el éxito financiero estuvieran mal. Lo que sí dijo fue que darle más prioridad al dinero que a Dios estaba mal. Existe un propósito mayor en nuestro trabajo que va más allá de ganar dinero, ya sea para nosotros mismos o para nuestras corporaciones.

La organización cuyo propósito era crecer 15 por ciento permitió que su deseo por obtener rendimientos afectara negativamente el propósito principal de su negocio.

Si las decisiones de un negocio comunican de manera sutil a los clientes y empleados que las ganancias son más valiosas que la satisfacción de los clientes y el valor de los empleados, el negocio a la larga sufrirá las consecuencias de tener estas prioridades.

Quienes somos líderes de una organización debemos trabajar para crear una misión en la cual el propósito de nuestra organización sea más que simplemente ganar dinero. Podemos confiar en que servir un propósito más grande llevará a nuestro negocio a tener éxito. Así como aprendimos de ServiceMaster, crear un entorno que promueva la dignidad y el respeto y que permita a los empleados encontrar significado y propósito en su trabajo permitirá que esos empleados florezcan de manera gloriosa. Como lo vimos con Medtronic: mientras más comuniquemos la misión en términos con los cuales los empleados se puedan relacionar (como las fiestas de Medtronic), el empleado estará más motivado. En ambos casos de estudio, todos los interesados, incluyendo los accionistas, clientes y empleados, entendían la prioridad principal y el propósito de la organización.

No podemos minimizar la dificultad potencial para encontrar significado y propósito en nuestro trabajo. A continuación se presentan tres sugerencias para ayudarnos.

1. *Encuentra un hogar.* Es importante encontrar el entorno que desate tus talentos y reconozca tus contribuciones. El entorno correcto para una persona puede no serlo para otra. Tanto Bill Pollard como Bill George encontraron las organizaciones correctas donde florecer. Por otro lado, también se nos llama a florecer, no sólo para nuestro beneficio, sino para el beneficio de otros. Esto puede significar dejar la seguridad de un trabajo actual y aventurarse a territorios desconocidos. Puede significar quedarse en el mismo lugar y florecer donde ya se está

plantado. De cualquier forma, es importante conectarse con el entorno que saque lo mejor de cada uno de nosotros.
2. *Alinea el trabajo con la pasión.* Cada trabajo tiene su ración de tareas mundanas. Estas tareas no deben apagar la flama que brilla dentro de cada uno de nosotros. Es nuestra responsabilidad avivar la flama del don que Dios ha colocado en nuestro interior. No podemos conformarnos con la zona de confort y la seguridad de un empleo por el cual no sentimos una pasión. Al igual que Bill Pollard, debemos ir en busca de nuestra pasión en un acto de fe.
3. *Confía en que Dios te ha llamado a trabajar con un propósito.* Todos estamos luchando por encontrar el equilibrio entre ganarnos la vida y servir un propósito. Esta tensión es a la vez normal y necesaria porque ayuda a dar forma a nuestro viaje.

Guía de discusión

PARTE I: Individuos en busca de significado y propósito en el trabajo.

1. ¿Qué amas hacer? ¿Por qué hecho sientes más pasión?
2. ¿Cuál es tu mayor satisfacción en el trabajo?
3. ¿Estás en un entorno que aprovecha por completo tus talentos y habilidades?
4. ¿Qué harías si supieras que no puedes fallar?
5. Crea tu trabajo ideal.

... Guía de discusión

PARTE 2: Organizaciones que quieren descubrir el propósito verdadero de sus negocios.

1. Además de ganar dinero, ¿por qué existes? ¿Qué propósito tienes?
2. ¿Cómo hace tu organización para agregar valor y contribuir a la comunidad, a los clientes y a los empleados?
3. ¿Cómo hace tu entorno laboral para ayudar a los empleados a encontrar significado y propósito en su trabajo?
4. ¿Cómo hará más competitiva y más lucrativa a tu organización el cumplir con su misión?

1. C. William Pollard, *The Soul of the Firm*, Harper Business, Zondervan Publishing, 1996), 19-20.
2. Ibíd., pp. 20-21.
3. Ibíd., pp 14-15.
4. Ibíd., p. 130.
5. Ibíd., p. 46.
6. Ibíd., pp. 46-47.
7. Ibíd., p. 57.
8. Ibíd., p. 57.
9. Ibíd., p. 58.
10. Ibíd., p. 23.

2. ÉXITO

Del éxito al significado

Que bien me sé los pensamientos que pienso sobre vosotros: pensamientos de paz, y no de desgracia, de daros un porvenir de esperanza.

—JEREMÍAS 29:11

Tema: ¿Cómo defino el éxito?

EL DUEÑO DE UNA EMPRESA MANUFACTURERA DE SETENTA y cinco empleados estaba listo para entregarle la administración a su hijo. Tres hombres estábamos sentados en la mesa de la oficina de Mark cuando de repente el papá azotó el plan de negocios y agredió verbalmente a su hijo, Mark: «¡Eres un idiota! ¡No puedo creer que tenga un hijo tan fracasado! ¡No construí este negocio para que tú lo destruyeras!». Mark permaneció en silencio, sin expresión. El dueño salió de la oficina, furioso. Yo me sentía muy sorprendido. Intenté decir algo que consolara a Mark. Después de una pausa incómoda, Mark dijo: «No es nada nuevo. Ha sido así toda su vida».

Seguí al papá de Mark al exterior de la oficina. Lo miré a los ojos y le pregunté: «¿Ama a su hijo?». Él hizo una pausa por un momento y luego respondió: «Por supuesto que amo a mi hijo, pero pasé treinta y cinco años rompiéndome el alma para darle una vida mejor. No quiero que tire todo a la basura; trabajé mucho para alcanzar el éxito y no quiero perderlo».

El padre de Mark definía como *éxito* trabajar largas horas, ganando mucho dinero. Aunque amaba a su hijo, su búsqueda del éxito le había costado muy cara. Se había convertido en un éxito financiero y un fracaso personal: un hombre de setenta años con mucho dinero pero ninguna otra cosa. Como padre, dejaba dinero pero no un legado. Lo único que dejaba era dolor y un hijo del que había abusado emocionalmente.

Solución: **Expande tu definición de ganar dinero a hacer una diferencia.**

Cuando estaba trabajando con Mark y su padre, leí un libro maravilloso: *Halftime: Changing Your Game Plan from Success to Significance*, de Bob Buford. Este libro proporciona una importante visión sobre nuestra definición del éxito. Bob equipara una carrera en los negocios con un juego de futbol americano. En la primera mitad de nuestras vidas, buscamos el éxito. Trabajamos arduamente, nos sacrificamos y gastamos energía para alcanzar el éxito financiero. En la segunda mitad nos enfocamos en el significado, en dedicar nuestra experiencia, tiempo, talento y energía a hacer una diferencia en las vidas de la gente y en dejar un legado. El libro de Bob Buford cristaliza la importancia que tiene para nosotros estudiar detenidamente nuestra definición del éxito.

Las siguientes dos historias describen cómo dos líderes llegaron a redefinir su éxito y a tener vidas relevantes. Bob Buford —fundador y presidente de la Board of Leadership Network— nos muestra lo valioso del tiempo y cómo el *ahora* es el momento para vivir una vida con significado. Jerry Colangelo —presidente del equipo de basquetbol Suns de Phoenix y ex presidente y ex director general del equipo de beisbol Diamondbacks de Arizona— proporciona un ejemplo de líder empresarial y comunitario que ha aprendido que el éxito es pasajero pero que el significado puede durar toda una vida.

....

☛ BOB BUFORD
Del éxito al significado

Bob Buford entiende el atractivo de buscar el éxito financiero. Como presidente de una compañía televisiva de cable exitosa, la Leadership Network, amaba la emoción del negocio. También era exitoso en su vida personal: tenía una relación amorosa con su esposa, Linda, y con su hijo, Ross. Sin embargo, al irse aproximando a la edad madura, sus pensamientos empezaron a enfocarse en la siguiente parte de su vida. Al entrar a la segunda mitad de su vida se planteó una profunda pregunta: «¿Qué es lo más importante en la vida?». No podía saber que la respuesta a esta pregunta estaba a una llamada telefónica de distancia.

Bob escribió su libro a partir de las lecciones que aprendió durante una temporada muy difícil. Uno de los capítulos más poderosos se titula "Adiós, Ross", que cuenta la pérdida trágica de su único hijo, Ross.

En la tarde del 3 de enero de 1987, Bob recibió una llamada de su hermano, Jeff. Éste, obviamente alterado, le dijo a Bob que Ross y dos de sus amigos habían intentado cruzar el Río Bravo nadando. Este río que divide el sur de Texas de México es ancho e impredecible. Las siguientes palabras que pronunció cambiarían el mundo de Bob para siempre: «Ross desapareció en el Río Bravo»[1], dijo con la voz apesadumbrada por la magnitud de semejante notica. Durante los siguientes momentos eternos, Bob se enteró de que Ross, de veinticuatro años, había decidido intentar, junto con otros dos jóvenes, capturar la experiencia que vivían los inmigrantes ilegales al cruzar esta frontera acuosa tan peligrosa para entrar en los Estados Unidos, la tierra de la oportunidad. Ross nunca calculó que podría ser su última aventura en la vida terrenal.

Jeff le contó a Bob que el tercer joven había sobrevivido y estaba desesperado por encontrar a sus otros dos amigos. Bob llegó a la frontera entre Texas y México, el Valle del Río Grande, antes del amanecer al día siguiente para sumarse a la búsqueda, que ya estaba en marcha y coordinada por los Texas Rangers. Había aviones, helicópteros, botes y rastreadores con perros. Bob contrató a todos y todo lo que pudiera ayudar en el esfuerzo de rescate. Varias horas más tarde, sin seña de ninguno de los dos hombres que le diera esperanzas, Bob se enfrentó al hecho de que nunca más vería a Ross en esta vida.

Después de agotar todos los esfuerzos, Bob regresó a casa. La búsqueda continuó pero el cuerpo de Ross apareció hasta la primavera, cuatro meses después, a dieciséis kilómetros río abajo. En los meses previos, durante el invierno, Bob vivió en un mundo extraño entre tener y no tener a su hijo. La familia encontró un testamento escrito a mano por Ross en el escritorio de su casa de Denver. Tenía fecha del 20 de febrero de 1986, menos de un año antes del accidente fatal. Pero las palabras de Ross le dieron calidez a su padre en ese invierno:

> Bien, si están leyendo mi testamento, entonces obviamente estoy muerto. Me pregunto cómo morí. Probablemente fue algo repentino porque de otra manera me hubiera tomado la molestia de reescribir esto. Pero, a pesar de que estoy muerto, creo que se debe recordar algo: que el tiempo que pasé aquí fue maravilloso. Y lo más importante es recordar que ahora estoy en un lugar mejor.[2]

El testamento de Ross terminaba con las siguientes palabras:

> Para terminar, los quise a todos y les agradezco. Hicieron de mi vida una vida maravillosa. Asegúrense de ir hacia

arriba y no hacia abajo y yo los estaré esperando en las puertas celestiales. Simplemente busquen al tipo que traiga puestos unos caquis viejos, sombrero vaquero y una camisa deslavada, con un par de Ray-Bans y sonrisa de Jack Nicholson. También le agradezco a Dios por haberme dado la oportunidad de escribir esto antes de partir. Gracias. Adiós, Ross.[3]

Más que en cualquier otro momento, Bob se dio cuenta de cuánto había estado dividido en dos mundos. El primero es el mundo frenético de los negocios con las juntas, llamadas telefónicas, fechas límite, contratos, ganancias y pérdidas. Bob explica: «Ese mundo es como una nube: va a perecer. El otro mundo en el que vivo es donde Ross está ahora, el mundo de lo eterno, y es la realidad de ese mundo posterior lo que me permite responder, con confianza: Adiós, Ross, *por el momento*».[4]

Esta perspectiva eterna permite que Bob sienta una gran pasión por la vida y tenga una profunda conciencia de la responsabilidad de sacar el mayor provecho de cada día. A Bob le gusta en especial la cita de George Bernard Shaw: «Me regocijo de esta vida por ella misma. La vida para mí no es una vela que se apaga, es más bien una espléndida antorcha que sostengo en mis manos por un momento, y quiero que arda con la máxima claridad posible antes de entregarla a las generaciones futuras».[5]

Ross vivió cada día de su vida así: con entusiasmo, pasión y dicha. Es la principal razón por la cual Bob considera a su hijo un héroe. Usó cada día al máximo, no lo desperdició de ninguna manera. Bob le dice a la gente: «[Ross] no se privó de nada, aunque sus días con nosotros fueron muy pocos. La muerte de Ross, aunque trágica, fue una inspiración para mí, para brillar más espléndidamente mientras sea de día».[6]

A pesar de esta tragedia, o tal vez debido a ella, Bob conservó una actitud positiva y apasionada. La mayoría de la gente nunca vuelve a ser la misma después de la pérdida trágica de un hijo. La incidencia de divorcio subsecuente es alta. Muchas personas se cuestionan la presencia de Dios y algunas lo rechazan completamente. Pocas pueden lidiar con la pérdida de manera tan intensa y significativa para conseguir tener un efecto tan profundo en las vidas de los demás, pero Bob lo ha logrado.

Cuando entrevisté a Bob, quería hablar con él sobre Ross, pero sentía aprensión de hacerle preguntas tan sensibles y personales. Esperaba encontrarme con un hombre distinguido y reservado. Encontré un hombre lleno de pasión. Bob me explicó:

> Después de la muerte de Ross, mi esposa se acercó a mí y me dijo "Vendamos la casa", que era su manera de decir que las cosas materiales significaban menos para ella. Eso me dio la perspectiva de que las cosas materiales no son tan importantes. Para mí, me proporcionó una visión de la vida como un todo, no sólo esta parte. Hay mucho más en la vida que este breve periodo por el que estamos pasando. O lo crees o no lo crees, y yo realmente lo creo.
>
> Hay dos maneras de procesar los acontecimientos de la vida. Una es la razón y la otra es la fe. Digamos que nuestra vida mide un metro de largo. La mayor parte de la vida es razonable hasta cierto punto. Podemos utilizar nuestra razón noventa y cinco centímetros. Sin embargo, esos últimos cinco centímetros son incomprensibles. No tienen sentido. No podemos procesar las cosas malas como el Holocausto, las tragedias personales, o la muerte de Ross. Avanzamos tanto como nos lo permite la razón, pero la chispa de la fe tiene que cubrir ese último tramo.

Mientras hablaba con Bob, no pude evitar contrastar su vida con la del padre de Mark. Bob había perdido a su hijo físicamente, pero estaba vivo relacional y espiritualmente. Estaba viviendo su vida al máximo y teniendo un impacto significativo en esta tierra. Estaba exprimiendo todo lo posible de la vida del presente y se sentía emocionado por reencontrar a Ross algún día en la eternidad. El padre de Mark, por otro lado, tenía a su hijo físicamente cerca pero vivían la vida trágica de un vacío relacional.

Le pregunté a Bob qué consejo le daría al padre de Mark, un hombre que es miserable porque está retirado, con buena salud, pero que no sabe qué hacer con el resto de su vida, y a Mark, un hombre joven que ha decidido ir a la deriva mentalmente por el resto de su carrera. Bob respondió: «Creo que Dios ha plantado el ADN espiritual en todos los seres humanos. Tiene un destino planeado para todos y cada uno de nosotros. Podemos elegir aceptar ese destino o no». Bob también cree que es de importancia crítica que la gente nunca permita que sus cerebros naveguen sin rumbo.

> En primer lugar, no te retires mentalmente en el trabajo ni pongas tus motores en piloto automático. El trabajo se volverá cada vez más estéril y sin significado. Todos sabrán que lo hiciste. Te volverás menos cuidadoso y cada vez te preocuparás más de que los jóvenes estén ganando terreno. Te volverás adverso a asumir riesgos. No es benéfico para ti ni para tu organización.
>
> En segundo lugar, no te retires físicamente. La idea de retirarse para dedicarse al descanso de tiempo completo es una idea muy peligrosa. He visto demasiados casos en los cuales la gente pasa más tiempo con sus juguetes y menos en sus relaciones. He visto demasiada gente que termina divorciándose.

En vez de asumir un rol así de pasivo, Bob sugiere que la gente considere encontrar una carrera paralela, una que responda a dos preguntas: ¿Para qué soy bueno o qué he logrado? ¿Qué temas me apasionan? Bob fundamenta este consejo en su creencia de que Dios llama y equipa a cada individuo con talentos para encontrar su llamado único. Es la responsabilidad de cada persona encontrar el sitio y usar esos dones para cumplir con su destino divino. Esto tal vez no implique siquiera muchos cambios. Bob sugiere que tomemos nuestros dones y talentos en cuenta y que los hagamos ajustarse a lo que tiene mayor significado para nosotros: nuestra familia, negocio o voluntariado, ya sea de tiempo completo o de medio tiempo. Dice Bob: «Lo más importante es embarcarse, ¡echarse a andar!».

Bob también cree en la Ley de las Consecuencias no Planeadas. Explica:

> En los negocios, la gente descubre pronto que empiezas con un plan y, aunque las cosas con frecuencia resultan muy distintas a lo planeado, tienen una manera de resolverse. Si nunca empiezas el recorrido, nunca saldrán. Por ejemplo, los expertos en el mercado de valores te dirán que el mercado se mueve hacia arriba de manera importante doce días del año, pero es completamente impredecible el momento en que sucederá. Si estás en las gradas esperando a que sea el momento indicado para hacer tu jugada perfecta, nunca sucederá. La gente busca su llamado de la misma manera. Dicen: "Me quedaré en mi trabajo ahora y en algún momento saldré en busca de mis sueños".

Bob comprende lo difícil que es para la gente salir en busca de sus sueños pero cree con firmeza que a veces es algo tan simple como un acto de fe.

> Elijo creer que es Dios quien habla silenciosamente dentro de nosotros, que es Él quien plantó la pregunta profundamente en nuestro interior. Y cuando descubrimos las respuestas, nos revela el significado que ha elegido para que lo disfrutemos, le quita el velo a la meta que ha estado guardando para nosotros desde siempre. Amo cómo lo plantea Pablo en Efesios 2: "En efecto, hechura suya somos: creados en Cristo Jesús en orden a las buenas obras que de antemano dispuso Dios que practicáramos."

> La gente ahora está viviendo vidas activas hasta los ochenta y tantos años y más allá. Tienen una segunda edad adulta que sus abuelos nunca tuvieron. En muchos casos, tenemos unos veinte o treinta años adicionales de edad adulta activa restante. ¿Qué vamos a hacer con esos veinte o treinta años adicionales? Mucha gente no necesita trabajar para poder vivir y sobrevivir. La mayoría de la gente invierte una importante cantidad de tiempo, energía y recursos en su negocio pero rara vez aplicamos el mismo tiempo, energía y recursos en la segunda mitad de nuestras vidas.

Pero Bob es realista. Sabe que, aunque pocas personas eligen poner sus carreras por delante de sus familias, eso es lo que sucede. La gente quiere tener éxito, y la tentación es difícil de resistir. Elegir cómo queremos vivir no es menos importante en la segunda mitad de nuestras vidas que en la primera. De hecho, le dice Bob a la gente: «Tienes la libertad de decidir si quieres que el resto de tus años sean los mejores de tus años»[7].

Bob Buford lleva una vida significativa animando a miles de personas como Mark, tú y yo, a que hagamos una diferencia durante el breve tiempo que tenemos en este mundo. Entiende la búsqueda del éxito y de significado. Nos invita a cada uno a pensar en la pregunta: «¿Cómo puedo hacer que el resto de mi vida sea lo mejor de mi vida?».

☛ JERRY COLANGELO
De mí a nosotros

Jerry Colangelo es un líder que ha redefinido la palabra *éxito*. En términos de negocios es el ex dueño multimillonario de dos franquicias deportivas exitosas, el equipo de basquetbol de los Suns de Phoenix, y el de beisbol los Diamondbacks de Arizona. Pero para Jerry, más importante que el éxito es vivir una vida de significado.

«El éxito, desafortunadamente, se mide por qué tan bien le ha ido a uno financieramente —explica Jerry—. En mi mente, el éxito es tener tus prioridades en orden y poder marcar una diferencia en las vidas de otras personas. Para mí, las prioridades son Dios, la familia y hacer una diferencia en la comunidad». Jerry llegó a este intercambio entre éxito y significado tras un largo recorrido. En el camino, se encomendó a Dios, lo cual le ayudó a cambiar su enfoque de *el éxito para mí* a *el éxito para nosotros.*

Jerry Colangelo tenía sueños de convertirse en un gran éxito en los deportes. En el bachillerato, fue estrella de beisbol y de basquetbol. En 1957, su último año, logró ingresar a la selección estatal de basquetbol de bachilleres de Illinois. Recibió sesenta y seis ofertas de becas de todo el país y seis ofertas de equipos de beisbol de grandes ligas. A la edad de dieciocho años, Jerry tenía un futuro brillante por delante. Eligió asistir a la Universidad de Kansas porque tenían al mejor jugador de basquetbol del país, Wilt Chamberlain, y las mejores probabilidades de ganar el campeonato de la NCAA.

Sin embargo, la vida no cooperó con los sueños de Jerry. Durante sus años universitarios las cosas no salieron como las planeaba. Wilt Chamberlain se fue de Kansas para jugar con los Harlem Globetrotters. Sus sueños de ganar un campeonato de la NCAA quedaron destrozados y Jerry regresó a casa para asistir a la universidad en Illinois State. Desafortunadamente, las reglas de la NCAA le impidieron jugar basquetbol durante un año. Para mantener a su familia, trabajó en el departamento de drenajes de la ciudad de Chicago Heights. Fue una experiencia que le enseñó humildad a este atleta famoso. Aunque fue un jugador excelente de basquetbol y beisbol durante la universidad, al graduarse, sus sueños estaban destrozados. Debido a sus lesiones, tuvo que renunciar al beisbol y en el basquetbol nunca lo eligieron para un equipo de la NBA. Su carrera en los deportes había terminado.

Ahora que su sueño de convertirse en un atleta exitoso se había esfumado, Jerry se enfocó en el mundo de los negocios. Inició un negocio de renta de esmóquines con un viejo amigo en Chicago Heights. Durante tres años, Jerry se dedicó de lleno al negocio, trabajando largas horas y reinvirtiendo cualquier ganancia que entraba de regreso al negocio sin tener ningún éxito. Su empresa estaba fallando. A los veintiséis años, estaba desempleado, sin planes para el futuro y batallando para mantener a su esposa, Joan, y sus tres hijos pequeños.

Jerry estaba listo para redefinir lo que el éxito significaba para él. Recuerda: «Antes de esta experiencia todo giraba en torno a mí y lo que yo quería. Me consideraba bastante capaz de hacerme cargo de las cosas. Lo que la vida me lanzara, yo podía dominarlo. Estaba tan ocupado haciendo lo mío, intentando levantar mi negocio, que no tenía una buena noción de dónde necesitaba estar en realidad en mi vida».

La esposa de Jerry, Joan, había estado asistiendo a una pequeña iglesia bautista y Jerry empezó a ir con ella. Gracias a Joan, Jerry empezó a comprender y depender de su fe en Dios. Entendió que cuando una persona se entrega con humildad a Dios, las cosas cambian: las prioridades, actitudes y relaciones. «Finalmente me di cuenta de que no podía hacerlo yo solo —explica Jerry—. No sabía dónde estaría al día siguiente porque no tenía ningún sitio a donde ir, ningún lugar que me aceptara».

En su libro, *How You Play the Game*, Jerry describe un acontecimiento extraordinario que le sucedió. Un día, Jerry se sentó ante la mesa de la cocina y, sin otra cosa que hacer y ningún sitio a donde ir, sacó su cartera y empezó a limpiarla. Mientras tiraba trozos de papel encontró una tarjeta de presentación, arrugada y desgastada. Jerry supuso que llevaba unos dos años guardada en su cartera. Recordó que su suegro se la había dado un día y le había mencionado a Jerry que debería conocer a ese hombre.

Jerry se había ocupado del negocio y su familia en crecimiento, así que había olvidado la tarjeta. Cuando vio de nuevo este trozo de papel, Jerry pensó: «¿Por qué no?». Tenía mucho tiempo libre y nada que perder. De hecho, Jerry estaba en el fondo, tenía veintiséis años y ganaba solamente 50 dólares por partido jugando en un equipo semiprofesional de basquetbol por las noches. A la mañana siguiente, Jerry telefoneó a este hombre llamado Dick Klein. Dick invitó a Jerry a su oficina para que tuvieran una conversación informal. Jerry aceptó.

Resultó que Dick era el dueño de una compañía de mercadotecnia de incentivos que ayudaba a otras compañías a armar paquetes de regalos y otros programas para obsequiar a clientes, distribuidores y proveedores. Tenía un taller de una sola persona y estaba desbordado de trabajo. Contrató a Jerry para que le ayudara con el negocio, pero Jerry pronto supo que la pasión verdadera de Dick era abrir una franquicia de la NBA en Chicago. Jerry se metió de lleno en el negocio de los incentivos y, al mismo tiempo, tuvo la oportunidad de formar parte del sueño de Dick para ser dueño de un equipo profesional de basquetbol. Poco después, Jerry empezó a aprender desde cero todo sobre el lado de los negocios en los deportes. Como resultado de haber llamado a Dick Klein, Jerry tuvo la oportunidad de ver nacer a los Bulls de Chicago, una de las franquicias más exitosas del basquetbol.

Durante el segundo año de los Bulls, la NBA se expandió y añadió otras franquicias en Seattle y San Diego. Al año siguiente, se expandió a Milwaukee y Phoenix. Jerry tenía mucho trabajo y estaba buscando una oportunidad para convertirse en gerente general. Recibió una oferta para convertirse en el gerente general de la nueva franquicia de basquetbol de Phoenix por un sueldo de 22 500 dólares al año. Jerry y su familia se mudaron a Phoenix en 1968. Finalmente, la fe de Jerry y los negocios se unieron:

Joan y yo tuvimos la oportunidad de ser chaperones de un grupo de adolescentes en una organización juvenil cristiana llamada Young Life. Nos causó una gran impresión porque me ayudó a entender qué era importante para los jóvenes. Cuando nos mudamos a Phoenix, un año y medio después, mencioné esta experiencia en el periódico. Muchas familias de la organización Young Life nos dieron la bienvenida a la comunidad de Phoenix. Ser parte de la comunidad significó mucho para nosotros.

Jerry no sólo reconoció la importancia de la comunidad desde el punto de vista personal; también reconoció su valor desde su posición profesional. La NBA era aún un producto relativamente desconocido en Phoenix. Sabía que el éxito sería el inicio de una relación conveniente para todos con la comunidad. «Desde el inicio, mi actitud fue: "Esta ciudad no nos debe nada. La gente de Phoenix no nos debe nada. Debemos ganarnos su apoyo"»[8].

Desde sus inicios como gerente general hasta convertirse eventualmente en el dueño de los Suns de Phoenix y los Diamondbacks de Arizona, Jerry trabajó para construir una relación positiva con la comunidad. Le da crédito de esto a su fe y a sus compromisos con la integridad que sirvieron como las piedras angulares para construir una relación de largo plazo con la comunidad. Jerry recordó: «Lo mejor que se puede decir sobre una persona es que tiene integridad. Yo empecé de cero financieramente. Me dieron un "préstamo de carácter" para que empezara. Un préstamo de carácter es lo que recibes cuando no tienes capital». Jerry considera que su fe es el factor más importante en su éxito.

La vida no es fácil, es un reto. La gente exitosa es la que puede lidiar con esos retos de manera exitosa. La verdad es que las figuras públicas tienen más oportunidades de fracasar y hacerlo de la manera más visible y a veces más vergonzosa. Se está lidiando con los medios de comunicación, con corporaciones, con grandes negocios y finanzas. En esa mezcla potencialmente volátil, es inevitable cometer errores: un intercambio no funciona, un jugador no logra lo que se esperaba de él, el estadio necesita más asientos, el estacionamiento es demasiado pequeño, y así sucesivamente.[9]

Jerry recordó una de las experiencias más dolorosas de su carrera. En 1986, los Suns de Phoenix se vieron involucrados en un escándalo de drogas. Arrestaron a tres jugadores y dos ex jugadores con cargos de drogas. Aunque las acusaciones nunca se convirtieron en un asunto criminal y el caso nunca llegó a tribunales, la reputación de Jerry se ensució mucho.

Phoenix estaba inundado con medios de comunicación y los reporteros eran como sabuesos de cacería. Estaban persiguiendo a Jerry. Hicieron todo lo posible por cuestionar el carácter y la reputación de Jerry y parecía como si todo el trabajo que la organización había invertido en la comunidad se iría al caño. Los medios de comunicación, incapaces o sin la intención de separar al hombre de la franquicia, atacaron a Jerry y lo ridiculizaron. Lo abucheaban en los juegos. Para él esto no tenía sentido. Eventualmente, como es típico, el incidente pasó y se olvidó. ¿Pero cómo sobrevivió Jerry la tormenta? Explica: «Al mirar atrás, no me podría concebir lidiando con todo esto sin mi fe».

La relación de Jerry Colangelo con la comunidad de Phoenix tiene treinta y dos años y no ha girado en torno a ganar o al éxito financiero, ha sido una historia de búsqueda de significado.

> A lo largo de los años, aprendí que las cosas suceden por algo. Alguna vez pensé que el éxito era estar en el sitio correcto en el momento correcto. Terminé por entender que es el plan de Dios, no el mío. Lo que motiva mi corazón es atender las necesidades de nuestra comunidad. Dios me

ha dado una plataforma para congregar a los negocios, municipalidades, organizaciones sociales y organizaciones de caridad para atender todas las necesidades de la comunidad. Mi posición me da la oportunidad de tener mayor impacto. Quiero hacer todo lo que me sea humanamente posible para crear el mayor impacto que pueda.

Irónicamente, las pruebas del significado de Jerry provinieron de un viejo enemigo: los medios. El *Arizona Republic* votó por él como la figura deportiva más influyente del siglo. El artículo decía: «Por cambiar de fondo la visión de la comunidad en la que vivimos, Colangelo fue seleccionado por una aplastante mayoría del personal deportivo del *Arizona Republic* como la figura deportiva más influyente en Arizona este siglo. Si esto hubiera sido una carrera de caballos, Colangelo hubiera sido Secretariat».[10]

....

Conclusión

Cómo definamos el éxito es importante en la construcción de nuestras vidas. El éxito por lo general se define en términos de logros, fama, reconocimiento, posesiones materiales y riqueza. En una palabra: *resultados.* El significado, por otro lado, aunque es menos tangible, tiene que ver con el *proceso.* El significado es la importancia, el sentido, la relevancia y el valor. El éxito nos mueve por el deseo de adquirir cosas tangibles, el significado nos guía por el deseo de hacer algo mayor a lo tangible.

Bob Buford y Jerry Colangelo tuvieron tres características comunes que los condujeron a su camino al significado.

1. Una sensación de urgencia. Porque esta vida es corta, lo preciado de ésta continuamente presenta retos a Bob y Jerry para que den prioridad a lo más importante. Viven sus vidas con un sentido diario de hacer lo que piensan es más importante. Este sentido de urgencia se traduce en una pasión por el momento. Se puede sentir su vivacidad.

El Salmo 39:5 nos recuerda: «La vida de cada hombre es apenas un suspiro». Si estamos buscando vivir una vida con significado, necesitamos que sea una prioridad *hoy*. Nunca es demasiado tarde, no importa tu edad. Bob Buford propone el reto: «Lo más importante es presionar el gatillo. ¡Embarcarse! ¡Echarse a andar!».

2. ***Una noción de la vida como un todo.*** Ambos líderes logran percibir sus vidas completas, sin limitarse sólo a la parte de la vida que vemos hoy. Bob Buford comentó que la muerte de Ross le proporcionó una visión de la vida como un todo, le dio una perspectiva eterna que le ayudó a trascender el dolor de su pérdida trágica inmediata. Podría haberse enfocado en el dolor, pero eligió vivir el resto de su vida siendo significativo en el presente, al mismo tiempo que conservó la esperanza de ver a su hijo nuevamente en el futuro. Jerry Colangelo aprendió a poner las ganancias y las pérdidas en su correcta perspectiva. Como resultado, ningún obstáculo o pérdida pudo evitar que ayudara a su comunidad.

Cuando nos sentimos atrapados o frenados por el dolor, los obstáculos o las circunstancias, podemos recordar que Dios tiene un plan más grande que lo que alcanzamos a ver. Cuando damos un paso atrás y percibimos el panorama completo de la vida como un todo, podemos ver nuestra situación desde una perspectiva distinta.

3. ***Una sensación de significado.*** A Bob y Jerry los mueve su llamado por tener sentido y significado, no sus egos. Creen que están en este mundo para hacer una diferencia en las vidas de otras personas. Todo lo que hacen es por algo más que un simple resultado tangible. Bob siente una pasión por desencadenar la energía potencial que está latente en las iglesias de hoy. La pasión de Jerry es ayudar a cubrir necesidades de todo tipo en la comunidad

de Phoenix. Ambos tienen un deseo de dejar legados que impacten a miles de personas.

Aunque no a todos se nos pide que cambiemos el mundo, cada uno de nosotros puede afectar a otra persona de manera significativa. ¿Qué tal si el papá de Mark se hubiera enfocado en construir una relación con él? ¿Qué tipo de impacto hubiera tenido? Otros nos necesitan. Podemos hacer una gran diferencia en sus vidas desde ahora. Y eso por sí solo hace nuestras vidas significativas.

Guía de discusión

1. ¿Cómo defines éxito?
2. ¿Cómo defines significado?
3. Si tuvieras solamente un año más de vida, ¿qué harías en ese año?
4. ¿Cuáles son los obstáculos que te impiden hacer lo que te apasiona?
5. Si fueras a realizar un cambio del éxito al significado, ¿cómo se vería?
6. ¿Qué legado quieres dejar a los demás?
7. ¿Qué cosa pequeña puedes hacer hoy que marque una diferencia en la vida de alguien más?

1. Robert P. Buford, Halftime, Grand Rapids, Zondervan Publishing, 1994, p. 55.
2. Ibíd., 55-57.
3. Ibíd., 57.
4. Ibíd., 59.
5. Ibíd., 59.
6. Ibíd., 59.
7. Ibíd., 166.
8. Jerry Colangelo con Len Sherman, How You Play the Game, Nueva York, American Management Association, 1999, p. 61.
9. Ibíd., 62.
10. "Colangelo Pushed Valley Teams' Buttons", en Arizona Republic, 26 de diciembre de 1999, sección C, pp. 1 y 8.

3. VALENTÍA

De optar por la decisión equivocada pero fácil a optar por la correcta pero difícil

¿No te he mandado que seas fuerte y valiente? No tengas miedo ni te acobardes, porque el Señor tu Dios estará contigo adondequiera que vayas.

—JOSUÉ 1:9

Tema: ¿Cómo hago lo correcto cuando estoy bajo presión por hacer otra cosa?

EL JEFE CERRÓ LA PUERTA DE MI OFICINA TRAS DE SÍ Y ME dijo: «Creo que Mike tiene un problema en la nariz. Escuché que consume mucha cocaína. Quiero que lo averigües y lo despidas».

Me sorprendí. Mike era un excelente empleado y fue de mis mejores vendedores durante años. Mi primera reacción fue hacer lo correcto: quería hablar honestamente con Mike. Si de verdad tenía un problema, quería ayudarlo a poner su vida personal y profesional en orden. Pero cuando le mencioné esta opción a mi jefe, explotó y me gritó: «¡No me importa cómo lo hagas, simplemente deshazte de él! ¡Lo quiero fuera ya!».

Me sentí atrapado entre la espada y la pared: podía hacer lo correcto y arriesgarme a que me despidieran a mí también, o podía elegir no hacer olas y comportarme como un «miembro del equipo», como diría mi jefe, y hacer el trabajo sucio que me había pedido. Bueno, pues me vi débil y tomé la decisión más fácil, la equivocada. Salvé mi empleo quitándole injustamente el trabajo a otro hombre. El ego de mi jefe y mi miedo al desempleo tuvieron un efecto negativo en todo el personal. No sólo perdimos un buen empleado, también perdimos la confianza de nuestro equipo de ventas. La decisión tal vez salvó mi trabajo, pero perdí un pequeño pedazo de mi alma.

Solución: Camina con Dios en la valentía

En la vida de todo líder llegará el momento en que su fe se ponga a prueba más allá de sus límites percibidos, un momento en el cual la presión de los negocios, la lógica intelectual y el miedo se unan y las cosas lleguen al punto en que la decisión equivocada y más sencilla tome precedencia sobre la decisión difícil pero correcta. El miedo y el desaliento nos orillan a hacer lo incorrecto. Por otro lado, el valor nos permite elevarnos por encima de las dificultades para alcanzar nuevas alturas como líderes. En este momento los líderes necesitan ser fuertes y valientes para tomar la decisión correcta.

En este capítulo leerás las historias del honorable Al Quie (ex gobernador y ex congresista del estado de Minnesota) y de Marilyn Carlson Nelson (ex presidenta y ex directora general de Carlson y ahora miembro de la junta directiva). La empresa de servicios turísticos internacional tiene 175 000 empleados y sus marcas incluyen los hoteles Radisson, Country Inns & Suites, restaurantes T.G.I. Friday's y Carlson Wagonlit Travel. Aunque muy distintos en posición y circunstancias, aprendieron que tener el valor de hacer lo correcto era algo que cambiaba la vida, no sólo de ellos, sino para el bien común en un momento que sólo Dios pudo observarlo.

☛ AL QUIE
Tener el valor de alejarse

El estado de Minnesota estaba en serias dificultades financieras. La tensión y amargura entre republicanos y demócratas alcanzó su punto más crítico mientras intentaban en vano ajustar el presupuesto. La batalla duró meses durante la recesión de 1981 y se extendió hasta enero de 1982. Todos estaban cansados, en especial el líder, el gobernador republicano, Al Quie.

El gobernador no sólo estaba cansado de la batalla con los demócratas, estaba cansado también de lidiar con la prensa. En realidad, él sabía que estaba evadiendo a la prensa porque ocultaba algo en las profundidades de su ser que aún no estaba listo ni dispuesto a enfrentar. «Cada vez que un reportero me preguntaba si iba a buscar la reelección, respondía que sí —recuerda el gobernador—. Cada vez que decía que sí, podía sentir un agudo dolor en el corazón. Reconocí que eso me sucede siempre que no soy honesto conmigo mismo».

Quie recuerda que se sentía especialmente preocupado por una junta que tendría el viernes con Betty, una reportera sobresaliente de *Star & Tribune*. Sabía que era buena para buscar la verdad y el gobernador no estaba listo para verla porque no podía hablar sobre sus planes de reelección.

> Aunque le estaba diciendo a la gente que sí, no me sentía en paz con la decisión. Estaba dividido y eso en verdad estaba afectando mi salud mental. La indecisión tiene un efecto debilitante. Si haces algo en lo que no crees, eso corromperá tu alma. La gente en la política sabrá de qué hablo. Si suficientes personas lo hacen durante suficiente tiempo, corromperá a toda la institución.

Conforme se acercaba su cita con Betty, el gobernador Quie se sentía cada vez más incómodo. Pero al acercarse la mañana del viernes recibió las mejores noticias que había escuchado en un tiempo: el servicio nacional del clima publicó una advertencia por tormenta invernal debida a una ventisca intensa que se había formado en las planicies del norte y que empezaba a avanzar hacia Minneapolis. El gobernador Quie tomó una decisión rápida y definitiva: llamó a Betty para posponer la entrevista hasta la siguiente semana.

Junto con su esposa, Gretchen, se dirigió rápidamente a la granja de su familia que estaba en la zona rural cerca de Marine en St. Croix, Minnesota. El gobernador explicó: «La sensación más satisfactoria para alguien es ser completamente honesto. En la política, muchas veces no se pueden decir las cosas de inmediato, es necesario filtrarlas primero. Yo definitivamente *no* quería ver a Betty. Sabía que esta tormenta me daría la oportunidad de alejarme del bombardeo de mi mundo y estar a solas en la presencia de Dios».

Al retirarse a la granja familiar el gobernador Quie empezó a recordar cosas que amaba. «Me encantan las ventiscas», dijo. De hecho, uno de sus recuerdos más nítidos es de una vez que iba caminando por el bosque alrededor de la granja. El viento soplaba y la nieve casi se lo tragaba mientras caminaba. Pero en las profundidades del bosque todo era sereno. Recuerda: «Me acuerdo que vi hacia arriba y pude ver la ventisca en las copas de los árboles, pero abajo yo estaba protegido del viento. Experimenté una paz y silencio totales. La nieve caía con suavidad mientras la tormenta era feroz en las alturas. ¡Fue maravilloso! Era como estar arropado entre las manos de Dios con el mundo agitado moviéndose alrededor». Ese recuerdo lo había mantenido con los pies en la tierra durante periodos turbulentos y le estaba dando valor en éste.

Cuando se instaló para pasar el fin de semana tranquilo y escuchando a Dios, se planteó los pros y contras de buscar la reelección. Rápidamente se dio cuenta de que no había ningún dilema. La solución había estado frente a él todo el tiempo pero realmente no la había aceptado. El gobernador Quie sabía en su corazón que no iba a buscar reelegirse. Admite: «No tenía el valor de hacer lo correcto. El miedo y el ego se interpusieron».

Sin embargo, seguía sin estar seguro sobre cómo informarle a la gente que no se reelegiría. Él no se rendía, pero sabía que salir del servicio público lo haría parecer como alguien que se da por vencido. El gobernador explica: «Cuando dices: "Ya no voy a reelegirme", la gente dirá: "No pudo con el paquete y se va a ir". Cuando alguien se entrena para ser fuerte, ser un hombre y enfrentar los peligros, no mostrar debilidad, estar en control, ¿cómo se deshace uno de eso?».

Cuando llegó el momento, el gobernador encontró dos escrituras que le ayudaron a aclarar su decisión. En Juan 6:28-29 la gente le pregunta a Jesús: «¿Qué debemos hacer para hacer la labor que requiere Dios?». Jesús les contesta: «La labor de Dios es ésta: creer en quien ha enviado». En Marcos 10:45, el gobernador Quie también vio cómo Jesús había llegado «no para que me sirvan sino para servir».

Pensando en esas escrituras, el gobernador reconoció que su ego y sus ocupaciones estaban interfiriendo con su acercamiento a Dios. Se dio cuenta de que si intentaba reelegirse, estaría sirviendo más a su ego que al bien común. «Me criaron con la idea de ayudar a los demás», explicó el gobernador. Decidió que podría ser de más provecho para la gente de Minnesota si no buscaba la reelección. Las políticas partidistas con frecuencia evitan que ambos lados trabajen juntos, y el gobernador albergaba una cierta esperanza de que si no se postulaba para otra gubernatura podría trabajar con el líder demócrata del estado para ayudar a la gente de Minnesota. «Lo que sí sabía era que mientras estuviera intentando reelegirme no habría manera de que trabajaran conmigo —recuerda—. Para los demócratas, yo era el enemigo, demostrarían que habían ganado asegurándose de que yo perdiera».

Para el final de ese fin de semana, el gobernador Quie se sentía cómodo con su decisión y había acumulado suficiente valor para hacer lo correcto. Había llegado el momento de anunciar que no se reelegiría. Miró a su alrededor. Las ciudades gemelas se veían hermosas después de la gran tormenta de nieve. El cielo era color azul profundo, el aire fresco y transparente, y toda la ciudad estaba cubierta por una capa de blanco puro. Había una inconfundible sensación de novedad y frescura. Y así fue exactamente como se sintió el lunes 26 de enero de 1982 cuando anunció que no se postularía para la reelección de gobernador de Minnesota. «¡Estaba libre! —dice—. Desde el momento en que tomé la decisión, nunca se volvió a modificar mi juicio por las preocupaciones de mi reelección».

Hubo otro beneficio, uno sobre el cual nunca soñó el gobernador. Después de su decisión, la gente lo vio con nuevos ojos. Su credibilidad mejoró porque la gente percibió que había sacrificado su carrera por el bien común, por el bien de ellos. Como explica el ex gobernador: «No lo puedes decir, pensar, programar o planear. La gente puede ver el verdadero espíritu de servicio cuando proviene de tu corazón».

Cambiar el enfoque hacia el bien común logró romper el atascamiento de la amarga lucha política. El valor que demostró el gobernador Quie al dejar ir el poder y soltar su ego le permitió a otros hacer lo mismo. La batalla por el presupuesto que llevaba meses sin resolverse se resolvió en tres días.

Puesto de manera simple, los líderes tuvieron que encontrar maneras aceptables de cortar gastos y aumentar impuestos. Los republicanos estaban decididamente en contra de aumentar los impuestos y los demócratas no querían limitar los gastos. El gobernador Quie llamó al líder de la cámara de representantes y al del senado y se reunió con ellos personalmente. Les explicó que quería organizar una reunión privada con los líderes clave de ambos partidos para resolver el asunto del presupuesto. Luego les pidió que asistieran todos los que tuvieran responsabilidad de toma de decisiones para que cualquier medida difícil se pudiera resolver en la reunión.

Muchos de los líderes dudaron por el carácter privado de la junta. Las juntas por lo general estaban abiertas a la prensa. El gobernador Quie aclara: «Les expliqué que si incluíamos a la prensa se centrarían en verse bien para el público más que tener el valor de hacer lo mejor y lo correcto para el público». Esta vez se reunieron sin la prensa.

Con renovada convicción, el gobernador Quie ayudó a cada líder a encontrar el valor de enfocarse en el bien común. Comprendía los riesgos políticos que le estaba pidiendo a cada líder que asumiera y se propuso a sí mismo como chivo expiatorio. Les dijo: «Si sienten que una decisión es demasiado peligrosa políticamente, pueden culparme a mí».

La junta empezó el lunes en la mañana. Para la noche del miércoles, ambas cámaras de la legislatura habían aprobado la ley para resolver el problema del presupuesto.

Es fácil sentirse bombardeado por el ruido de nuestras circunstancias. No sólo nos sentimos presionados por los demás, sino que la voz de nuestro propio ego nos ensordece ante los susurros de Dios. Se requiere valor para escuchar a Dios con el corazón completamente honesto. Se requiere incluso de más valor para obedecer y hacer lo que escuchamos. En el caso del gobernador Quie, aprendió que no se trataba de elegir entre la decisión correcta y la equivocada sino de tener el valor de decidir y dar seguimiento a la decisión que había estado intentando dar su corazón desde el principio.

☛ MARILYN CARLSON NELSON
Tener el valor de sobreponerse a la tragedia

Marilyn Nelson tenía la vida que mucha gente aspira a tener. Era la hija mayor de Curt Carlson, fundador y presidente de Carlson Companies. Marilyn tenía riqueza, influencias, una fe sólida, un buen matrimonio, una familia amorosa y una vida profesional y comunitaria activa. Todo parecía ir marchando bien hasta el 3 de octubre de 1985. La llamada que toda madre teme interrumpió el atareado día en Carlson Companies: su amada hija de diecinueve años, Juliet, había muerto en un accidente automovilístico.

El mundo de Marilyn rápidamente salió de control. «Aunque mi fe era poderosa, fue algo devastador», explica Marilyn. Es difícil imaginar un reto más difícil que enfrentar la pérdida de un ser querido. Al igual que mucha gente durante el proceso de duelo, al principio, Marilyn se sintió enojada con Dios. Luego negó Su existencia y luchó dolorosamente con la noción de cómo Dios podía permitir que algo así sucediera.

Pero tras esas luchas internas que desató la muerte de Juliet, Marilyn intentó desesperadamente buscarle un sentido a la situación. Leyó la Biblia y muchos otros libros y escuchó a distintos filósofos. Pero cuando todas las voces en las páginas y en las plataformas guardaron silencio, seguía sin tener respuestas, solamente más preguntas.

Marilyn le dice a la gente: «Sabía que podía elegir entre darme por vencida y esconder la cabeza bajo la almohada o podía luchar. Sabía que mis opciones eran amargarme o mejorar, y quería aprender de esta experiencia. Nunca me di por vencida. Continué buscando, preguntando y tocando puertas y eventualmente la puerta se abrió de nuevo. Lenta pero seguramente, fui descubriendo las reflexiones que me ayudaron a sanar y mejorar».

Explica que uno de esos momentos llegó después de leer la historia sobre los dones en la Biblia. En esta historia, un maestro se marcha y le pide a sus sirvientes que busquen sus dones. Aunque la mayoría de nosotros ve esta historia como una metáfora para utilizar los dones que Dios nos dio, Marilyn percibió, a través de la muerte de Juliet, que esto también era una parábola sobre el tiempo. «El único momento que tenemos es hoy —dice Marilyn—. Necesitamos vivir cada día como un día único. Podemos tener diez mil días más o éste podría ser nuestro último día. Si este día durara el resto de la eternidad, ¿sería un día en el cual te gustaría poner tu firma?».

A partir de las ruinas de la desesperación, Marilyn reconstruyó su vida. Un momento a la vez, una decisión a la vez, un día a la vez. Le dice a otros que el liderazgo consiste en tomar decisiones cada día. Sabe bien que los líderes se enfrentan regularmente con la necesidad de hacer concesiones y que racionalizarlas puede ser fácil. Para Marilyn, el verdadero liderazgo no se encuentra en la toma de grandes decisiones sino también (y tal vez más) en las pequeñas decisiones que se deben tomar todos los días. Estas decisiones prueban la grandeza de las personas.

A pesar de lo doloroso de la muerte de Juliet, le ayudó a Marilyn a crecer. «Me dio perspectiva —dice—. Cuando pierdes algo tan indescriptible, una pérdida que crees que no puedes soportar, y la sobrevives, cambian tus prioridades. Para mí, el tiempo y las relaciones son realmente preciados».

Marilyn se volvió más fuerte debido a la adversidad. Fue un proceso lento que requirió de vivir momento a momento y día a día. Le gusta recordarle a la gente que ninguno de nosotros sabe qué le aguarda en el siguiente capítulo de la vida. Cada día es importante. Aprendemos a responsabilizarnos pero nos mantenemos abiertos a ver, escuchar y percibir la dirección de Dios.

Después de la muerte de su hija, Marilyn empezó a ver pequeños mensajes de esperanza en su camino. Cada vez con mayor intensidad sintió que Dios estaba presente en su vida. Un día su hermana la fue a visitar y en vez de que la visita fuera agradable, tuvieron un doloroso conflicto. La hermana de Marilyn, aunque intentaba apoyarla, le dijo que tenía que seguir adelante con su vida. Todas las emociones que Marilyn había estado almacenando en su interior se desbordaron. «Le dije todo lo que pensaba —recuerda Marilyn—. Le grité y vociferé y luego me fui corriendo a mi recámara. Me metí a la cama y me quedé dormida». Varias horas más tarde Marilyn despertó y fue a la sala. Su hermana seguía ahí, sentada en el sillón. Cuando Marilyn le preguntó por qué seguía ahí, su hermana respondió tranquilamente: «Estaba esperando a que despertaras». Ese fue un momento poderoso y lleno de esperanza, ya que Marilyn percibió la profundidad del amor de su hermana y tuvo una fuerte sensación; pensó: «Aquí se ve la mano de Dios».

A partir de ese momento, la fortaleza de Marilyn fue creciendo día a día a pesar de las pruebas y problemas continuos. En 1999, el padre de Marilyn, Curt Carlson, murió. Su muerte, al igual que la de su hija, no la derribó por completo. En vez de eso, la fortaleció para convertirse en la líder de Carlson Companies que los conduciría hacia el nuevo siglo.

Curt Carlson venía de un pasado donde el dinero era escaso. Su familia vivió en Suecia durante la hambruna de la patata. El padre de Curt, el abuelo de Marilyn, fue el primero en llegar a los Estados Unidos y Curt creció aprendiendo que ganar dinero era muy importante. Su vida se centró en acumular suficiente capital financiero para tener éxito.

Sin embargo, Marilyn nunca sintió la carga de ese miedo a la escasez y sentía una pasión por la gente: atraer y fomentar el capital *humano*. Durante su liderazgo en Carlson, quiso empoderar a la gente para que pudiera lograr más en equipo que separada. Esto provino de su creencia en que Dios estaba al centro de las relaciones. Al permitir a Dios tener su sitio en el trabajo, la gente podría sentir entusiasmo para encontrar y utilizar sus dones. Empezaron a creer que realmente podían hacer una diferencia. Los líderes necesitan crear un entorno que permita que esto suceda.

Le pregunté a Marilyn qué le gustaría que dijera su epitafio. Citó a Isaías 40:29-31: «Que al cansado da vigor, y al que no tiene fuerzas la energía le acrecienta. Los jóvenes se cansan, se fatigan, los valientes tropiezan y vacilan, mientras que a los que esperan en el Señor Él les renovará el vigor, subirán con alas como de águilas, correrán sin fatigarse y andarán sin cansarse».

¿Cuál es su consejo para la gente que está luchando con el dolor o que está pasando por un momento difícil? «No están solos, Dios está con ustedes —dice—. Hay pequeños mensajes de esperanza allá afuera. Si le permiten la entrada a estas señales, ayudarán a reavivar su esperanza y su espíritu». Marilyn es mensaje mismo de esperanza para quienes la conocen.

....

Conclusión

El valor se malinterpreta fácilmente. Para muchos, el valor se define como hacer cosas osadas o valientes. Sin embargo, la razón subyacente para realizar estas acciones puede ser la gratificación del ego, el poder o el reconocimiento. Demostrar valor moral, por otro lado, es un asunto muy privado entre tú mismo y Dios. A veces, como en el caso del gobernador Quie, llegamos a un momento en el cual reconocemos que Dios nos pide un cambio de dirección en nuestras vidas y debemos acallar nuestro ego para poder escuchar el susurro de Dios. Otras veces, como en el caso de Marilyn Carlson Nelson, nos vemos confrontados con un golpe doloroso que sacude los mismos cimientos de nuestras creencias y necesitamos el valor para renovar y profundizar nuestra fe en Dios.

Cualquiera que sea tu situación, tú (al igual que estos líderes) probablemente llegues a un sitio especial donde tu fe y valor se pongan a prueba, un sitio donde te verás enfrentado a un reto tal que optar por los rumbos desconocidos de fe ilógica vaya en contra del sentido común. Los retos, recompensas y bendiciones se dan para todos los que toman la decisión de hacer lo correcto.

1. *Retos comunes.* El gobernador Quie y Marilyn Carlson Nelson lucharon intensamente antes de encontrar el valor para continuar con una vida nueva. Sin importar si las consecuencias que imaginaban eran reales o no, enfrentaron sus miedos y decepciones. En el caso del gobernador Quie, temía terminar con su carrera política y que lo etiquetaran como alguien que se da por vencido. En la situación de Marilyn, su pérdida fue devastadora y su desaliento enorme. Aunque ambos eran figuras públicas, cada uno tuvo que recorrer en privado el camino para reexaminar su fe en Dios.

Ambos arribaron de manera consciente a la decisión de intercambiar sus deseos personales por un propósito más elevado y el bien común. El gobernador Quie colocó a los ciudadanos de Minnesota por encima de su carrera, mientras que Marilyn enfocó su energía para servir a sus empleados y a su comunidad. Al haber llegado al punto donde su confianza en Dios trascendía sus circunstancias presentes, hicieron un acto de fe.

2. *Recompensas y bendiciones comunes.* Estos casos de estudio proporcionan un recordatorio excelente de que el poder y la autoridad tienen poco que ver con el dinero y la posición, y todo que ver con el carácter y con alinear tus acciones con tus principios. El gobernador Quie logró más en su último año como gobernador y después porque sus acciones expresaron su deseo por servir al bien común de su estado. La influencia de Marilyn y su autoridad ahora están basadas en su fe renovada y en su valor por sobreponerse a una tragedia personal más que en el

liderazgo que heredó de un padre famoso. Sus decisiones personales han beneficiado a incontables personas.

La mayor parte de nuestras vidas están formadas por las decisiones que tomamos cada día. No importa si la decisión que enfrentamos es pequeña o grande, lo importante es comprender que cada decisión ayuda a formar nuestro carácter y destino. Puede ser que nos estemos convirtiendo en quien nosotros queremos o en quien Dios quiere. Las exigencias de los negocios, aunadas a los miedos personales y al ego nos tientan a tomar la decisión equivocada. Solamente por ese motivo, es muy importante asegurarse de que nuestras decisiones estén en línea con nuestra fe, valores y principios. Es sabio considerar orar para recibir el consejo de Dios en todas nuestras decisiones. Cuando haya que tomar una decisión, nos ayudará hacernos estas dos preguntas: ¿Qué es lo correcto? ¿Estoy dispuesto a confiar en la promesa de Dios de que está conmigo en esta decisión, independientemente de las consecuencias?

Decidir qué está bien y actuar según nuestras convicciones puede ser una tarea abrumadora. Somos diferentes personas en muchas distintas situaciones. Tal vez nunca entendamos por qué Dios puso cierta decisión frente a nosotros. Sin embargo, lo que tenemos en común es que Dios prometió que estará con nosotros *siempre.*

Guía de discusión

PARTE 1: Individuos enfrentando una decisión difícil

1. ¿Cuál es la decisión más difícil que estás enfrentando?
2. ¿Cuáles son tus miedos y tus preocupaciones sobre este dilema?
3. ¿Qué crees que te está diciendo Dios sobre esta decisión?
4. En tu opinión, ¿cuál piensas que es la decisión fácil y equivocada?
5. ¿Cuáles son las consecuencias e implicaciones de tomar la decisión más sencilla?
6. ¿Qué crees que es lo correcto?
7. ¿Cuáles son las consecuencias e implicaciones de tomar la decisión correcta?

PARTE 2: Individuos enfrentando una situación difícil

1. ¿Cómo estás manejando la situación presente?
2. ¿Con qué actitudes estás luchando actualmente?
3. ¿Cómo puedes desarrollar la paciencia necesaria para esperar las respuestas de Dios?
4. ¿Qué te consuela durante este periodo difícil?
5. ¿Qué mensajes de esperanza puedes ver?
6. ¿Cómo puedes avanzar con valor para trascender esta dificultad?

4 PACIENCIA

De correr bajo presión a correr con un propósito

Corramos con constancia
la carrera que se nos propone.

—HEBREOS 12:1

Tema: ¿Cómo evito volverme esclavo de la presión de lo urgente y del corto plazo?

LA OFICINA CORPORATIVA ESTABA PRESIONÁNDONOS. Teníamos sólo 45 días para lograr nuestras metas del cuarto trimestre o habría consecuencias. Nuestro equipo de ventas había pasado meses desarrollando un importante plan estratégico. En ese plan, nuestra meta era construir una base de clientes leales y a largo plazo. Creíamos haber llegado al punto donde podríamos trabajar con nuestro plan, pero eso quedó descartado cuando el negocio fue en picada en el tercer trimestre. Esto generó el mismo grito de batalla de siempre: ¡Detengan lo que están haciendo! ¡Hagan un plan de negocios a corto plazo ahora mismo!

En consecuencia, le prestamos menos atención a nuestros clientes existentes para poder enfocarnos en conseguir nuevos ingresos de inmediato. Las buenas noticias fueron que habíamos ganado la batalla de corto plazo. Logramos alcanzar nuestra meta para el cuarto trimestre. Las malas fueron que habíamos perdido la guerra. En el proceso de «hacer lo que sea necesario» para lograr nuestro objetivo a corto plazo, perdimos por completo la perspectiva de nuestra meta a largo plazo, de nuestro plan estratégico general.

Le exigimos a nuestros clientes que se ajustaran a nuestras necesidades a la vez que hacíamos caso omiso de las suyas. Estábamos tan ocupados consiguiendo clientes nuevos que dejamos olvidados a los anteriores, quienes se sintieron abandonados, despreciados y utilizados. Mientras nos dedicábamos fervientemente a encontrar nuevos negocios en el corto plazo, dos de nuestros clientes más grandes y más leales discretamente permitieron que sus contratos expiraran y se fueron con la competencia.

Solución: Desarrollar paciencia para correr la distancia larga en un mundo concentrado en la carrera de cien metros.

La paciencia y las presiones por obtener resultados son como el agua y el aceite, no se mezclan. Tener la paciencia de trabajar en planes a largo plazo suena muy bien en la teoría, pero en la realidad, las presiones de corto plazo con frecuencia nos obligan a hacer las cosas de manera distinta. La presión proviene de fuerzas tanto internas como externas. La expectativa de producir resultados aunada con nuestra presión interna por tener éxito hace que nos desviemos del plan. Agotamos nuestras energías corriendo de trimestre en trimestre, en una carrera definida por las presiones. Con paciencia, aprendemos a correr la carrera que estamos destinados a correr, a pesar de la presión que nos rodea.

En este capítulo conoceremos a dos líderes con un rasgo en común: la paciencia. Tony Dungy, entrenador en jefe del equipo de futbol americano los Bucaneros de Tampa Bay de 1996 a 2001, trascendió la presión externa por producir. Archie Dunham, ex presidente y ex director general de Conoco Inc., una empresa líder en la industria petrolera, y ahora presidente no ejecutivo de Chesapeake Energy, trascendió su presión interna por tener éxito. Ambos líderes descubrieron que la paciencia es la clave para el éxito a largo plazo.

....

☛ TONY DUNGY

Presión externa: mantenerse firme en el plan de Dios genera resultados

Los Bucaneros de Tampa Bay avanzaban deprimidos hacia sus casilleros. La presión aumentaba después de otra pérdida dolorosa. Su temporada de 1996 en la NFL estaba en 0 ganados y 5 perdidos. La presión por ganar fue aumentando con cada pérdida. La paciencia empezaba a agotarse. Los jugadores se sentían desanimados y frustrados. Los fanáticos se sentían cansados de perder y querían ver que el equipo ganara. Los medios de comunicación sólo avivaban las llamas del descontento diciendo cosas como: «los mismos Bucs, los perdedores de siempre». Todavía tenían el apoyo de los dueños del equipo, pero incluso ellos ya empezaban a sentir nervios en silencio. Estaban buscando apoyo económico para construir un nuevo estadio y no lograrían conseguirlo fácilmente tras perder los primeros cinco juegos. Aumentaba la presión por cambiar algo... lo que fuera. Los consejos empezaron a llegar por todos lados. ¡Cambiar al mariscal de campo! ¡Correr más! ¡Pasar más! ¡Cambiar la defensa! ¡Cambiar a los entrenadores! La presión estaba aumentando en todas partes y apuntaba directamente a una persona: el nuevo entrenador en jefe, Tony Dungy.

Decir que Tony Dungy sentía presión por producir era lo mínimo. Le llevó quince años convertirse en entrenador en jefe de la NFL. Era apenas el cuarto entrenador en jefe afroamericano en la liga. Al recibir su gran oportunidad, inmediatamente lo asediaron los jugadores, los fanáticos, los dueños y la comunidad de Tampa Bay. Estaban impacientes por saber: «¿Cuándo vas a ganar?», «¿cómo vas a ganar?», «¿Qué cambios harás para ganar?».

Al voltear a ver a Tony, ¿qué notaron todos estos ojos desesperados? ¿Pánico? ¿Enojo? ¿Desesperación? No. Vieron a un líder calmado y paciente que estaba muy consciente de sus circunstancias pero no estaba dispuesto a permitir que las derrotas a corto plazo se interpusieran con su plan a largo plazo para alcanzar el éxito. Tony recuerda: «Me sentía decepcionado, pero no desanimado. Recé: "Dios, tú nos trajiste aquí por una razón. Tienes algo en puerta para nosotros". Sentí que nuestra situación podría hacer que la historia fuera mejor». Tony creía que Dios tenía un plan más grande, uno que trascendía ganar y perder.

Para tener una idea más clara sobre la paciencia y la perseverancia de Tony, es importante entender un poco más sobre su vida. Cuando Tony tenía veintiún años, era un novato con los Acereros de Pittsburgh, un joven que soñaba con convertirse en jugador exitoso de la NFL. Había sido mariscal de campo estrella en la Universidad de Minnesota, donde ganó dos veces el título de jugador más valioso. El futbol americano era su prioridad.

«Todo marchaba bien —recuerda Tony—, pero entonces me enfermé de mononucleosis y no pude seguir jugando. Estuve fuera seis semanas. Me impacienté y me frustré por no poder hacer nada, salvo esperar».

Tony le comunicó sus frustraciones a su compañero de casa, Donnie Shell. La respuesta de Donnie llegó al corazón del asunto. Volteó a ver al joven impaciente y le dijo: «El futbol americano es lo más importante en tu vida y Dios quiere ver si está por encima o por debajo de Él. Mientras no estés listo para colocar el futbol por debajo de Él, no dejarás de estar frustrado con tus problemas».

Los comentarios de Donnie provocaron que Tony prestara atención a su comportamiento y sus prioridades.

A partir de ese momento, Tony puso su carrera futbolística en manos de Dios. Su versículo favorito de la Biblia, Proverbios 16:3, demuestra que la clave de la paciencia de Tony se encuentra en el lugar donde centra su fe: «Encomienda tus obras al Señor y tus planes se realizarán». La carrera y éxito de Tony no sólo están construidos con base en la búsqueda de la voluntad y tiempos de Dios, sino también en trabajar pacientemente en el plan a largo plazo de Dios en un negocio que tiene metas a corto plazo.

Después de que terminó su carrera como jugador, Tony empezó a trabajar como entrenador. Esperó pacientemente su oportunidad para convertirse en un entrenador en jefe de la NFL. Aunque fue un coordinador defensivo y entrenador asistente muy exitoso con los Vikingos de Minnesota, continuamente lo pasaban por alto como entrenador en jefe potencial. En 1993, los Vikingos tenían la mejor defensa y había siete vacantes para entrenador en jefe, pero a Tony no le ofrecieron ninguna de estas oportunidades.

Los dueños de la NFL, por lo general, buscan un entrenador con una sola cosa en mente: ganar. Como prospecto de entrenador, Tony no tenía esta mentalidad. Cuando lo entrevistaron los dueños, compartió abiertamente sus valores. «Aunque ganar es importante, debe ser el resultado de hacer lo correcto», les dijo. Quería ganar también, pero creía en una meta a largo plazo que trascendiera ganar o perder. Su meta era desarrollar a sus jugadores para que no sólo se convirtieran en lo mejor que pudieran ser, sino que también fueran buenos ciudadanos de la comunidad y modelos a seguir para la juventud. Las creencias y valores de Tony tal vez le costaron muchas oportunidades laborales, pero él se sentía en paz consigo mismo. Recuerda: «Me sentía tranquilo esperando la oportunidad correcta. Tenía fe en que el Señor me colocaría en el lugar donde debía estar».

Tony recibió su gran oportunidad en 1996, cuando se convirtió en el entrenador en jefe de los Bucaneros de Tampa Bay. «Creo que estoy en Tampa porque es el plan de Dios», dijo Tony. Resulta claro que no se propuso conseguir este empleo ni movió cielo, mar y tierra para conseguirlo. De hecho, los dueños estaban buscando un entrenador de alto perfil y Tony no tenía esas características. Jimmy Johnson fue la primera opción pero rechazó la oferta para irse a Miami. El entrenador de la Universidad de Florida era la segunda opción, pero eligió quedarse en la universidad. Aunque sabía que no era la primera elección, Tony permaneció tranquilo: «Si es la voluntad del Señor, obtendré el trabajo y, si no, la vida continúa», se dijo a sí mismo.

Cuando lo entrevistaron para la posición del entrenador en jefe de los Bucs, fue completamente honesto.

> Nunca sacrifiqué mi integridad. Compartí todo, incluyendo mi visión sobre ganar, mi fe y mi estilo de liderazgo, así como mi deseo de que los Bucs se convirtieran en modelos a seguir y buenos ciudadanos de la comunidad. Discutimos abiertamente las expectativas que teníamos unos de otros. Yo tenía la responsabilidad de responder a su autoridad, pero las cosas que estuvieran bajo mi mando se harían según lo que yo considerara correcto. Respetaron lo que yo representaba y me brindaron su apoyo.

Tony se sentía emocionado con la disposición de los dueños de apoyar su plan a largo plazo, pero también sabía que el trabajo no sería sencillo. Los Bucs tenían la misma reputación desde su primera temporada en 1976: eran perdedores. Acarrearon esa mala reputación en el campo y fuera de él. Tony heredó un equipo con un historial de pérdidas, malas actitudes y bajas expectativas.

Una de las primeras cosas que hizo Tony fue armar un equipo de entrenadores con hombres que compartían sus valores de carácter, responsabilidad personal y trabajo en equipo. Los entrenadores y jugadores con más antigüedad recibieron la responsabilidad de ayudar a los más jóvenes para que aprovecharan todo su potencial dentro y fuera del campo. Desde el principio, Tony estableció un sistema en que los jugadores más grandes asesoraban a los más jóvenes. Les dijo: «Es su responsabilidad aconsejar a los jugadores más jóvenes». Estaba convencido de que el liderazgo a través del ejemplo, la responsabilidad por las acciones y el trabajo desinteresado en equipo conduciría al éxito a largo plazo para los Bucs y para los jugadores mismos.

Tony explica que en la primera junta del primer día del campamento de entrenamiento hablaron sobre los altos estándares de su plan de juego y las altas expectativas que se tenían de cada individuo en el equipo. Definió el éxito como «hacer lo mejor que sean capaces de hacer». Por supuesto, sería ideal si esto se traduce en ganar partidos, llegar a los *play offs* y al Super Bowl, pero este resultado no está garantizado.

> Si sólo pensamos en el Super Bowl y en ganar, entonces estaremos comprometiendo nuestros principios y no estaremos concentrados en ser lo mejor que podamos. Hablé con cada jugador del equipo. Le pedí a cada uno que fuera parte de la solución, que nos ayudara a establecer una nueva dirección. Les dije: "Los tipos que son responsables serán exitosos. Mientras más aceptemos la responsabilidad personal y nos ayudemos unos a otros, más rápidamente alcanzaremos el éxito. Ahora, respondamos todos por todos los demás".

El plan de Tony a largo plazo se topó con obstáculos cuando el equipo empezó la temporada con ese desastroso resultado de 0-5. Pero la perseverancia constante del nuevo entrenador era algo que les daba seguridad. No señaló a nadie ni repartió culpas. En vez de eso, les dijo que no estaba buscando lograr cambios rápidos sino resolver los problemas. Después de cada pérdida, revisaban lo que habían hecho mal y hacían los ajustes necesarios para mejorar. «Esta racha de pérdidas fue difícil, pero podía ver cómo iban creciendo los jugadores», recuerda Tony.

Tony era un modelo de todo lo que representaba. En medio de la adversidad, modeló el carácter y paciencia que buscaba en sus jugadores. Él había estado en un equipo perdedor. Cuando era joven y estaba en los 49ers de San Francisco, Tony observó al entrenador en jefe, Bill Walsh. Perdieron sus primeros siete partidos, pero tres años después el equipo llegó al Super Bowl. Tony sabía que era crucial que él fuera un modelo de paciencia y constancia en medio de las derrotas.

Como entrenador, sabía que su paciencia había tenido un impacto cuando Dave Moore, un ala cerrada, se acercó a él después de la primera temporada. Dave le dijo: «Todo el equipo, incluyéndome, estaba esperando que perdieras el control. Nadie puede pasar por esto y seguir siendo el mismo. Todos estábamos esperando que soltaras tu furia sobre nosotros». Tony nunca lo hizo.

Actualmente, los Bucs de Tampa Bay representan un tipo de historia de éxito distinto. En la NFL, el éxito sigue definiéndose ganando. Unos años después de estar bajo el liderazgo de Tony, los Bucs de Tampa Bay se convirtieron en ganadores: en 1999 fueron los campeones de la División Central de la NFL. Pero esta es una historia de éxito que trasciende ganar juegos de futbol y los Bucs son mucho más que un título de la NFL.

Dungy dejó a los Bucaneros en 2001 y se convirtió en el entrenador en jefe de los Colts de Indianápolis, donde permaneció hasta su retiro en el año de 2008. Pero los elementos de su legado permanecieron en Tampa Bay. Bajo el liderazgo del entrenador Jon Gruden, los Bucs llegaron al Super Bowl en 2002 y ganaron contra los Raiders de Oakland, una gran transformación para un equipo que había recibido el mote de perdedores.

Tony Dungy piensa que incluso cuando el éxito tarda en llegar, la paciencia eventualmente se ve recompensada, incluso en un negocio que es tan exigente. «Cuando tienes éxito, es fácil mantenerte firme en tus convicciones —explica Tony—. Pero cuando el éxito tarda en llegar, mantenerse firme en lo que crees es difícil. Creo que la paciencia tiene sus recompensas. Dios trabaja en maneras que a veces parecen ilógicas. Tienes que estar dispuesto a aferrarte al plan de Dios incluso cuando no lo comprendes».

Cuando se le pide a la gente que está en el negocio del futbol que describa a Tony Dungy, usan palabras como *paciencia, compromiso* y *constancia.* Tony Dungy se convirtió en uno de los entrenadores más queridos y respetados de la NFL.

☛ ARCHIE DUNHAM

Presión interna: confiar en el plan de Dios te prepara para el éxito

Archie Dunham era brillante, ambicioso y se sentía frustrado. Era un directivo de nivel medio en Conoco Inc. y sentía que había llegado a una planicie en su desarrollo profesional a la edad de treinta y seis años. «Me sentía impaciente —dice al hablar sobre aquella época—. Las cosas no se estaban moviendo lo suficientemente rápido para mí». Aunque le iba bien en Conoco, su impaciencia hacía que se sintiera inquieto e infeliz.

Mientras vivía en Houston, Archie se convirtió en miembro activo de la Iglesia Bautista en Spring. Esta iglesia estaba creciendo rápidamente y necesitaba terrenos para expandirse. El pastor le pidió a Archie que dirigiera un comité que negociara con los siete médicos que eran copropietarios de un terreno al sur de la iglesia. Archie accedió a encargarse del comité y, con su típico estilo gerencial, eligió a los ejecutivos más enérgicos y brillantes, abogados y desarrolladores para que participaran. Luego eligió al miembro final del comité, un diácono llamado Luther, un hombre de Dios que le doblaba la edad a todos los demás miembros.

Archie sentía que su tarea se resolvería de manera rápida y sencilla. Pensó: «Será fácil. Con el nivel de talento y habilidades de este comité, el negocio se cerrará de inmediato». Pero en la realidad, las negociaciones fracasaron muy pronto. Las sesiones de negociación casi no avanzaban. El comité se volvía a reunir tras estas juntas para revisar su estrategia. Después de cada reunión, Luther le preguntaba a Archie lo mismo con amabilidad: «Archie, ¿estás buscando la ayuda de Dios para resolver este problema o lo estás intentando de resolver tú solo?». Cada vez, Archie contestaba: «Por supuesto que estoy pidiéndole su dirección a Dios», pero internamente, sabía que no lo estaba haciendo. Seis semanas después, Archie finalmente le permitió a Dios tomar control de la situación. Para su sorpresa, el problema se resolvió rápidamente y los médicos estuvieron de acuerdo con la venta del terreno.

Tiempo después, ese mismo año, mientras descansaba en un columpio de su patio trasero, se dio cuenta de que le había entregado su salvación a Dios pero nunca había cedido el control sobre su vida y su carrera. Cuando se le reveló esta falta de confianza notó su falta de humildad. En ese columpio, Archie rezó: «Señor, si quieres que viva en el caluroso y húmedo Houston los siguientes treinta años, si quieres que me quede en este empleo los siguientes treinta años, lo haré si ese es el plan que tienes para mí». Ese breve momento en el columpio cambió el destino de Archie porque finalmente cedió el control de su carrera. A partir de ese momento, inició un ascenso meteórico y pasó de ser un gerente frustrado a presidente del consejo y director general de Conoco Inc. Prestó atención a la voluntad de Dios y tuvo la fe para confiar en el plan de Dios.

Seis meses después de aceptar la idea de permanecer en el húmedo y caluroso Houston, si eso era lo que Dios quería para él, Archie fue transferido al fresco y hermoso

Newport Beach, California, como vicepresidente ejecutivo de una subsidiaria de Conoco, un empleo que nunca imaginó tener. Archie y su familia amaban su nuevo entorno. Disfrutaba sus nuevas responsabilidades y a su familia le gustaba vivir en San Clemente.

Dos años después, Archie recibió una llamada del presidente de Conoco. Le dijo que las oficinas centrales de Conoco se iban a mudar del centro de Houston a los suburbios. Lo más importante era que quería que Archie dirigiera el proyecto. Recordando la lección que aprendió en el columpio, Archie le dijo al presidente que tenía que pensarlo. Después de mucho rezar, Archie pensó que Dios le estaba diciendo que permaneciera en California. Llamó y rechazó respetuosamente la oferta. Recuerda que entonces: «Quince segundos después de rechazar la oferta, empecé a recibir llamadas de mis ex jefes que ahora eran vicepresidentes de la corporación. Exclamaban: "¿Perdiste la razón?" y "Es una gran oportunidad. Llamamos al presidente y le dijimos que habías tomado una decisión un poco precipitada y que necesitabas otra semana para considerar la oferta"». Archie aceptó y decidió rezar para que Dios lo guiara nuevamente. En esta ocasión, quedó aun más convencido de permanecer en California y rechazar la oportunidad de empleo en Houston. Seis meses después, nombraron a Archie presidente de la subsidiaria de Conoco.

A lo largo de los años, Archie ha permanecido fiel a su compromiso de seguir el camino profesional que le indique Dios. No siempre fue sencillo. Seguía lidiando con su impaciencia de vez en cuando. Archie recuerda un momento en el cual volvió a sentirse frustrado e impaciente por ascender en el mundo corporativo. Alrededor de esas fechas, recibió una llamada de un prestigiado comité de búsqueda de directivos que quería saber si le interesaba convertirse en director general de una de las compañías más grandes de *Fortune 100* en el país. «Era todo lo que había soñado —dice Archie—. Me ofrecía un gran reto, una hermosa ciudad para vivir y un excelente paquete de compensaciones». Estaba emocionado por emprender este trabajo, pero no estaba muy convencido de la mudanza. Valoraba su larga estancia en Conoco pero le intrigaba esta oferta tentadora. Nuevamente, rezó. Al final, dijo: «Dios, voy a irme de Conoco a menos que me detengas». Ocho horas después, recibió una llamada del director del comité de búsqueda. Habían detenido la búsqueda por el momento. ¡Archie se sintió maravillosamente! Sabía que fue una tremenda confirmación de que debía quedarse en Conoco.

Seis semanas después recibió una llamada a las cinco de la mañana de parte del presidente de DuPont, la empresa matriz de Conoco en ese entonces. El presidente le dijo rápidamente: «Despierta y lávate los dientes. Te llamaré de nuevo en diez minutos para discutir algo importante contigo». Diez minutos después, nombraron a Archie presidente y director general de Conoco Inc.

El 11 de mayo de 1998, el *Wall Street Journal* anunció que Conoco Inc. y su empresa matriz, DuPont, se separarían, convirtiéndolas en la oferta pública inicial más grande de la historia corporativa de los Estados Unidos. Ese anuncio puso en movimiento una serie de acontecimientos que crearon la temporada más estresante de la vida de Archie Dunham.

La oferta pública inicial de Conoco ascendió a 4.4 mil millones de dólares. El dilema resultante le pesaba mucho a él.

> Teníamos la responsabilidad fiduciaria de considerar ofertas de terceros para adquirir la totalidad de la compañía. Como miembro de la junta de DuPont, mi papel era evaluar todas las ofertas, pero en mi corazón, quería que Conoco fuera una empresa separada porque sabía que eso sería lo mejor para los empleados de Conoco. Fue muy estresante. Sabíamos que podríamos elegir aceptar una oferta de alguna compañía petrolera mayor y ya no ser parte de DuPont sino parte de otra compañía. Eso significaría

que Conoco se partiría en pedazos y que miles de empleados perderían su trabajo y los directivos serían liquidados.

Esa fue la prueba más difícil de la fe de Archie. Recuerda, con sentido del humor: «Antes tenía el cabello rubio, ahora es gris».

Nuevamente, Archie se encontraba en una situación similar a la que enfrentó al principio de su carrera, cuando le entregó el control a Dios. Junto con su esposa intentó alejarse de las tensiones. El 30 de agosto de 1998, Archie y su esposa fueron a Colorado para tomar cuatro días de vacaciones, pero no descansaron. El fax no paraba de imprimir nuevas ofertas. Al entrar al patio, Archie se encontró con un panorama familiar. Estaba sentado en un columpio y luchaba entre su voluntad y la de Dios. Su mayor preocupación era por los miles de empleados de Conoco, pero sabía que tenía que honrar su responsabilidad fiduciaria de evaluar las ofertas de terceros de la mejor manera posible. Todo se reducía a la voluntad de Archie para Conoco contra la voluntad de Dios para Conoco. «Tenía que confiar completamente en que su resultado sería lo mejor para mí, para mi equipo administrativo y para nuestros empleados —recuerda Archie—. Terminé por comprender que la voluntad de Dios era la solución perfecta para mí, para la compañía y para los empleados de Conoco. Finalmente, estaba listo para aceptar su resultado para nuestra compañía. Me sentía en paz».

La oferta pública inicial de Conoco fue la más grande y la más exitosa en la historia de la Bolsa de Valores de Nueva York. Al final, todos ganaron. Los empleados conservaron sus trabajos y disfrutaron de la estabilidad que proporcionó el liderazgo de Archie. Aunque la historia de Archie aconseja «Entrega tu carrera a Dios y tendrás éxito», contiene otro mensaje de mayor importancia.

Seguir el plan de Dios es la solución por excelencia donde todos ganan. Por supuesto, nosotros no usamos a Dios para nuestro éxito, Él usa nuestros talentos para Sus propósitos. Dios con frecuencia elige trabajar a través de la gente de quien puede depender. Aquellos que son fieles con poco reciben más. Pero también disfrutamos los beneficios de seguir Su plan. En el proceso de cumplir con la voluntad de Dios, aumenta la fortaleza de nuestro carácter y nuestra capacidad en situaciones difíciles. Nos pone a prueba a través de circunstancias complicadas para ver si tenemos el carácter y la capacidad de seguirlo. Aunque es difícil para nosotros, este momento es extremadamente importante ya que Dios nos está formando en una unidad con Su propósito. No es coincidencia que esta poderosa combinación de carácter y capacidad nos prepara para el éxito en el mundo de los negocios.

En el caso de Archie, Dios lo estaba preparando para encargarse de la primera oferta pública de Conoco. Los ascensos y promociones eran resultados adicionales de seguir el plan de Dios. Le tomó veinticinco años de pruebas y refinación para preparar a Archie para su importante rol en la venta y futuro de Conoco.

Archie Dunham es un líder con más de treinta y cinco años de entrenamiento en la paciencia. Se vio obligado a pensar en las implicaciones morales, éticas y financieras de una decisión importante que afectó miles de vidas. Archie Dunham está donde está porque ha seguido el plan de Dios y le ha dado valor a los demás. De la misma manera, cuando tenemos la paciencia y el valor de seguir el plan perfecto de Dios con obediencia, también nos volvemos más valiosos para los demás.

Archie ya no es impaciente. Ahora siente pasión por compartir su mensaje de confiar en el plan perfecto de Dios. Le dice a la gente lo importante que es confiar en el Señor en todas las decisiones importantes y ser paciente. Aunque Dios no promete el éxito financiero a nadie, sí promete proporcionar Su mejor resultado. Dice Archie: «Algunos deciden seguir su plan a los treinta, otros esperan hasta tener sesenta, otros no lo hacen nunca. Creo que quienes se van por su propio camino se pierden del plan perfecto que Dios tiene para sus vidas». Archie estaba dispuesto a confiar en Dios y, como resultado, es más feliz y más sano de lo que sus planes le hubieran permitido.

....

Conclusión

Tony Dungy y Archie Dunham mostraron tener la paciencia de correr una carrera distinta, una en la cual permitieron que los tiempos de Dios definieran el paso. Demostraron su capacidad de perseverar en la carrera que Dios les indicó. Fueron constantes y consistentes en su trabajo a pesar de las dificultades y la presión. Estos hombres basaron sus decisiones en tres elementos que les ayudaron a tener éxito a través de la paciencia y la perseverancia.

1. Oración. Estos hombres usaron la oración como un medio para sobreponerse a la impaciencia. En la situación de Tony, le dio la fuerza para mantenerse firme en su plan a pesar de la presión exterior. En el caso de Archie, le ayudó a desprenderse de su impaciencia por ascender en el mundo corporativo. La oración fue la herramienta más práctica que tuvieron estos líderes para tomar decisiones difíciles. Como líderes, los bombardeaban con consejos por todas partes. Su comunicación constante con Dios los mantuvo enfocados en su propósito principal en vez de distraerse con los obstáculos inmediatos en su camino.

2. Perspectiva. Siempre recordaré las palabras introspectivas de mi amigo Andy Anderson. Dijo: «Larry, tu problema es que tienes anteojeras. Estás tan concentrado en los resultados que no puedes ver el mundo a tu alrededor». Tenía toda la razón. Nuestro equipo de ventas era como galgos en una carrera. Todos íbamos lo más rápido posible para atrapar el conejo. No veíamos nada que no fuera nuestra meta. Corríamos a toda velocidad de una meta a la siguiente sin un sentido de propósito. En realidad, solamente estábamos dando vueltas en el mismo sitio.

Alcanzar una meta es extremadamente importante, pero es fácil perder la perspectiva. Nuestro equipo de ventas utilizó toda su energía intentando alimentar al dios trimestral de las ganancias, al dios de los ascensos y al dios de la seguridad personal, pero nunca era suficiente. Con el paso del tiempo, eventualmente nos esclavizaron las metas de corto plazo, y vivíamos nuestras vidas de trimestre a trimestre.

Tony Dungy y Archie Dunham tenían perspectiva. Vieron el panorama completo en medio de sus circunstancias y esto les ayudó a trabajar dentro de su propósito. La perspectiva les proporcionó un contexto a partir del cual pudieron tomar decisiones sensatas. La perspectiva les ayudó a encontrar el propósito más elevado de su trabajo, uno que trascendía sus problemas inmediatos. Tony consideró su racha de pérdidas como una oportunidad para construir carácter en sus jugadores. Archie aprendió a esperar a Dios en vez de brincar ante el primer ascenso que le llegara. La perspectiva le ayudó a estos líderes a establecer el ritmo de su carrera en vez de permitir que las circunstancias lo definieran.

3. Preparación. Tony y Archie se valieron de la paciencia y la perseverancia como instrumentos necesarios para el crecimiento. En esencia, la paciencia los estaba preparando para un mayor servicio a Dios. El corredor de distancias largas trabaja con miras al éxito a través de la resistencia. La resistencia le ayuda a este corredor a hacerse más fuerte, aumentando su capacidad de correr, con frecuencia soportando dolor. De la misma manera, mientras más practicaban correr con perseverancia en vez de dejarse vencer por la presión, Tony y Archie fueron preparándose mejor para la siguiente circunstancia, el siguiente reto y la siguiente oportunidad.

Vivimos en un mundo impaciente. El mundo de los negocios nos ha entrenado para correr carreras de cien metros, en las cuales el éxito se mide en términos de resultados tangibles como la velocidad para llegar al mercado, las ventas, las ganancias/pérdidas y el valor de las acciones. Aunque estas metas son necesarias e importantes, el reto consiste en seguir el plan de Dios cuando el mundo de los negocios exige que reaccionemos de manera rápida a otro plan. Con frecuencia, el plan de Dios parece no tener sentido en un entorno de negocios porque intentamos medirlo usando las mismas medidas tangibles que utilizamos para determinar el éxito de nuestros negocios. Al final, ganar el maratón en vez de la carrera de cien metros se reduce a dos preguntas: ¿Qué tipo de carrera quieres correr? ¿Quién está estableciendo el paso?

Como dijo Rousseau: «La paciencia es amarga, pero su fruto es dulce». Muchos de nosotros tenemos problemas con la paciencia porque es muy complicado ver un beneficio inmediato. El plan perfecto de Dios para nuestras vidas tal vez no involucre una evidencia tangible el día de hoy. Con frecuencia, las cosas que no vemos en el presente son las que nos preparan para un futuro con sentido. Pero podemos correr con valor y perseverancia en la carrera que Dios trazó especialmente para cada uno de nosotros.

Guía de discusión

1. ¿Cuál es la mayor presión externa a la que te enfrentas?
2. ¿Cuál es la mayor presión interna que sientes?
3. Describe el sitio ideal en tu vida profesional. ¿En tu vida personal?
4. ¿Qué evita que trabajes al paso que deseas?
5. ¿Qué puedes hacer para correr la carrera que Dios marcó para ti?

5 LIDERAZGO POR MEDIO DEL EJEMPLO

De lo que haces a quien eres

Brille así vuestra luz delante de los hombres, para que vean vuestras buenas obras y glorifiquen a vuestro Padre que está en los cielos.

—MATEO 5:16

Tema: ¿Cómo puedo probar mi fe en un entorno laboral políticamente correcto y diverso?

ESTABA CAMINANDO A CASA DE REGRESO DE LA ESCUELA con mi amigo Freddie, también judío, cuando dos adolescentes de aspecto rudo se nos acercaron. Uno de ellos miró a Freddie y le dijo: «Oye, niño, ¿eres judío?» Freddie, bajando la mirada, dijo en voz suave: «No». Luego, el desconocido me volteó a ver y me hizo la misma pregunta. «Oye, niño, ¿eres judío?». Levanté la vista inocentemente y respondí: «Sí». Para mi sorpresa, el adolescente me escupió en la cara. No podía entender por qué me elegiría para escupirme en la cara. No me tomó mucho tiempo convencerme de que no era buena idea revelar mis creencias religiosas. Es mejor mantener eso en secreto.

Muchos años después, desarrollé una relación personal con Jesucristo. A pesar de eso, seguía sin querer compartir mi fe con otros. No me había gustado que me etiquetaran como judío y tampoco quería ser etiquetado como nuevo cristiano. Llevé esa lección a lo largo de mi niñez y en los inicios de mi carrera en los negocios. Mantener el silencio sobre la fe en el sitio de trabajo me parecía muy sensato. ¿Por qué debería revelar mi fe y arriesgar mi carrera?

Solución: Deja que quien eres hable de lo que crees.

Compartir la fe en el sitio de trabajo es un asunto muy delicado. Revelar la fe interior invita a la creación de estereotipos, la actitud defensiva y los debates sobre lo políticamente correcto, eso sin mencionar las implicaciones legales.

Por otro lado, no queremos ocultar la esencia de lo que somos. No tiene nada de malo revelar la fuente de nuestros valores, decisiones y prioridades. De hecho, integrar nuestra fe y nuestro trabajo abre el camino a un entorno laboral más significativo y productivo. Este capítulo no trata sobre si está permitido llevar la religión al trabajo. No se trata de un debate sobre si Dios debe estar en nuestro sitio de trabajo. ¡Dios *es* nuestro sitio de trabajo! Dios no espera al final del día para ver cómo nos fue en el mundo secular. Está con nosotros donde quiera que vayamos. Integrar el trabajo y la fe es llevar quienes somos al trabajo.

Para ayudarnos a adquirir perspectiva sobre este dilema muy personal, escucharemos las historias de dos líderes que han luchado con esta situación: Jeff Coors, ex presidente de Coors Brewing Company, y John Beckett, de R.W. Beckett Corporation, una manufacturera de calderas residenciales y autor de *Loving Monday: Succeeding in Business Without Selling Your Soul.* Ambos descubrieron que integrar el trabajo y la fe es una experiencia compleja, significativa y gratificante.

☛ JEFFREY H. COORS

Cambiar de hacer las cosas para Dios a estar con Dios

Hace más de treinta años, Jeff Coors era un ejecutivo joven y agresivo en camino a hacerse cargo de las responsabilidades de su padre y su tío como líderes de la Coors Brewing Company. Aunque su carrera iba por el camino correcto, en su vida espiritual tenía varios dilemas. Asistió a la iglesia toda la vida, pero desarrolló una relación personal profunda con Dios hasta agosto de 1974.

«Fue la primera vez en mi vida que tuve una comprensión clara de cómo se aplicaban los principios bíblicos a mi vida. Mi deseo más inmediato era aplicar esos principios en el trabajo», explica Jeff. No tardó en darse cuenta de que estaba atrapado entre dos mundos: estaba bien discutir los principios bíblicos con los miembros de la iglesia el domingo, pero era tabú discutirlos en el trabajo de lunes a viernes. Jeff recuerda: «Me sentía muy solitario. Mi pastor no tenía experiencia para darme algún consejo en esta área y otros cristianos sentían que el trabajo y la fe debían permanecer separados».

Conforme siguió creciendo en su comprensión del poder detrás de los principios bíblicos, Jeff continuó buscando cómo reconciliar su yo espiritual con su yo empresarial. Ser abierto respecto a su fe era arriesgado y le intimidaba, considerando que provenía de una familia pública a cargo de una compañía pública.

Para complicar esta situación de doble identidad, Jeff, al igual que muchos otros ejecutivos, era un hombre que prefería la acción, emprendedor orientado a la actividad y motivado por las metas. Aunque Jeff amaba a Dios y quería hacer Su voluntad en los negocios, su voluntad y determinación se interponían en el camino. «Era muy entusiasta haciendo cosas por Dios», dice Jeff. Pero encontró que cuando intentaba hacer el trabajo del Señor tendía a adelantarse a Él más que dejarse guiar por Él. Jeff se valía de la fuerza de su propia voluntad para hacer las cosas. Por ejemplo, su fervor por ser un pacificador hacía que Jeff interpretara que debía obligar a los demás a ser pacíficos, chocando cabezas y forzando la paz.

Jeff luchó para encontrar el camino correcto e integrar su fe y trabajo hasta 1989, cuando las cosas llegaron a su límite. Sintió que había alcanzado una posición de poder y estatus para hacer cosas maravillosas por Dios, pero no había encontrado la paz. Ahora era presidente de Coors Brewing Company, era un poderoso líder local, estatal y nacional, y estaba increíblemente comprometido con muchas causas.

Antes de darse cuenta, Jeff se vio demasiado involucrado y con más obligaciones de las que podía cumplir. Como presidente de Coors, estaba administrando el negocio de la cerveza, de la cerámica y varios otros negocios de la compañía. Jeff pertenecía a una docena de juntas, era el líder de un proyecto de negocios en Denver llamado Blueprint for Colorado y estaba empezando una escuela preparatoria cristiana. «Me sentía un buen seguidor de Cristo, Dios me había educado para hacer todas estas cosas —explica Jeff—. Pero era demasiado». Todas esas cosas estaban costándole. Jeff admite que descuidó sus responsabilidades hacia su esposa y familia.

Se dio cuenta de que era momento de buscar en su alma, así que se tomó un año sabático. El punto decisivo en la vida de Jeff llegó cuando asistió a Crossroads Discipleship Training, un programa para personas que, como él, estaban intentando poner en orden sus ideas en la edad madura. Durante el programa, la ecuación trabajo/fe se integró mucho más.

Jeff asistió al programa con la idea de que su tiempo en el área laboral había terminado, que Dios lo estaba llamando para que se saliera de los negocios y entrara al ministerio. Desafortunadamente, mucha gente (incluyendo pastores) le había hecho creer que los negocios eran cosas «del mundo terrenal» y que al ir madurando en su fe Jeff eventualmente se dirigiría a un llamado más elevado, fuera del mundo empresarial. Jeff recuerda: «En varias ocasiones me quedé sintiendo culpa como empresario; era un cristiano de segunda».

Pero Jeff continuó buscando. Después de mucho rezar y hablar con personas sabias, descubrió que su negocio era un llamado y que era el suyo. Jeff Coors estaba justo donde Dios quería que estuviera. Según Jeff: «Ese momento me cambió radicalmente. Me confirmó que los negocios eran un llamado legítimo, igual a cualquier otro llamado "ministerio"».

Jeff encontró cómo integrar su fe y su trabajo. Explica: «Estoy mucho más interesado en estar *con* Dios que en hacer *para* Dios. Me ha dado una paz real sobre el mundo de los negocios y tengo una mejor comprensión de mi rol. Todo se reduce a ser el tipo de persona que Dios tenía planeado que fuera. Usé la oración de nuestro Señor como mi guía: "Hágase tu voluntad en la tierra como en el cielo". Creo que Dios tiene un deseo de que Su voluntad se haga en la tierra. Ser la persona que Él creó para mí le dará gloria y satisfará Su plan original».

Ahora, en vez de cambiar el mundo por Dios, Jeff simplemente honra su relación con Dios y con otros a su alrededor. Entiende que Dios nos llama primero a formar una relación con Él y luego con la gente que ha colocado a nuestro alrededor. Jeff, ahora presidente y director general de Golden Technologies Company, Inc. y director de Graphic Packaging Holding Company, Inc. fue presidente y director general de Graphic Packaging International Corporation. Los valores de esa compañía reflejan la sabiduría de Jeff:

> **Respeto por la gente.** Apreciamos el valor intrínseco y la unicidad de cada persona. Reconocemos la contribución de cada quien y honramos sus opiniones. Nuestro entorno de trabajo promueve la ayuda y es abierto, honesto y satisfactorio. Nuestra compañía está construida en la confianza.

> **Responsabilidad por las acciones y los resultados.** Cumplimos con nuestras promesas. Cada persona está empoderada para contribuir al éxito de la organización y es 100% responsable de sus acciones. Retamos el statu quo, promovemos la mejoría continua y recompensamos la excelencia. Lideramos a través del ejemplo y no evadimos las decisiones difíciles. Invertimos en nuestra gente y en las operaciones que promoverán el crecimiento en el futuro así como los rendimientos. Trabajamos con seguridad, cumplimos con las leyes y somos buenos vecinos. Cumplimos con nuestros compromisos con accionistas, clientes y empleados hoy y mañana.
>
> **Relaciones entre personal.** Nuestro éxito se construye con base en las relaciones de calidad. Nos comunicamos abiertamente y con veracidad, de manera puntual. Promovemos la retroalimentación constructiva. Estamos comprometidos unos con otros y nos divertimos juntos. Somos serviciales y compasivos. Tratamos a los demás como queremos que nos traten.

Jeff le dice a la gente: «Todo se reduce al respeto y las relaciones con la gente. Respetar a la gente es parte de quien soy. La gente me merece el mayor respeto, les agradezco por sus contribuciones y los felicito por sus éxitos. A veces lo importante es simplemente estar presente para ellos cuando las cosas no salen bien». La declaración de valores ha tenido impacto en toda la compañía. Jeff explica que empezaron hablando informalmente sobre esto. Ahora es un pilar fundamental del negocio.

Actualmente, Jeff acepta ser un proyecto inconcluso. Se concentra en tratar de escuchar y formar parte del plan de Dios en vez de adelantarse a Él. Admite: «Tengo que luchar con esto todo el tiempo. Todavía hay momentos en los cuales siento que no estoy siendo lo suficientemente osado. No soy una persona atrevida por naturaleza. Durante esos momentos de lucha, me concentro en mantenerme muy cercano a Dios. Sin embargo, puedo afirmar que todo es mucho mejor que antes». A lo largo de su recorrido, Jeff ha encontrado que tiene mucha más paz trabajando con Dios que trabajando por Él.

....

☛ JOHN D. BECKETT
Demostrar tu fe viviendo tu fe

La nueva relación de John Beckett con Dios le generó una nueva vida, pero también le provocó un nuevo dilema. «¿Cómo debo relacionar mi fe con mi trabajo? ¿Estos dos mundos que parecen tan separados pueden unirse en algún momento?», se preguntaba. Durante años, John pensó que era más adecuado seguir las reglas creadas por la cultura moderna: creer en Dios los domingos e ir al trabajo de lunes a viernes.

John llegó repentinamente al liderazgo del negocio familiar de manufactura, la R.W. Beckett Corporation, tras la muerte imprevista de su padre. Poco después, un incendio arrasó casi completamente con la corporación. Sin embargo, con gran esfuerzo, el negocio sobrevivió e incluso empezó a crecer rápidamente a un ritmo de 20% al año.

Además del trabajo, que consumía prácticamente todo su tiempo, John y su esposa, Wendy, estaban completamente dedicados a criar a sus cuatro hijos (luego nacerían dos más). Estaban creciendo en su fe y veían el efecto que esto tenía en su relación con la familia y los amigos. Sin embargo, John se topaba cada vez con más preguntas sobre cómo conjuntar su fe reencontrada con su trabajo.

En el libro de John, *Loving Monday: Succeding in Business Without Selling Your Soul*, describe un momento definitorio en el cual tomó la decisión de que integrar la fe y el trabajo era la clave para tener un negocio exitoso. Empieza explicando que lo criaron para pensar que las compañías y sus empleados trabajaban mejor en un entorno libre de sindicatos. Como realista, John sabía que los líderes de negocios no podían hacer mucho para influir en esta decisión en su lugar de trabajo. Según la ley, los trabajadores tienen la libertad de formar o afiliarse con un sindicato. Pero cuando John pensó sobre un sindicato en R.W. Becket, sintió pavor.

Como sucede con frecuencia, lo que más temía que sucediera, sucedió. John recuerda: «Cuando recibí la noticia de que empezaba a formarse una organización, ese miedo se volvió casi paralizante en su intensidad. Después, el miedo se convirtió en rabia, rabia de que algunos de nuestros empleados consideraran ese camino en vez de hablar con la administración sobre sus inquietudes».[1]

John decidió buscar la ayuda de un abogado laboral local, un hombre conocido por su enfoque duro ante los intentos de organización. Accedió a ayudar, pero antes de que tuviera la oportunidad de involucrarse mucho, murió de un ataque cardiaco repentino. Bajo la creciente presión, John rezó con toda el alma: «Tras la muerte de nuestro abogado, casi concluí que teníamos que manejar la situación por nuestra cuenta —dice John—. Pero entonces empecé a leer del libro de Proverbios y, para mi sorpresa, mis ojos se posaron en un verso muy acertado. En la traducción que estaba leyendo en ese momento, Proverbios 12:15 decía: "No actúes sin consultar un consejero". Bueno, pues en unos cuantos días habíamos localizado a un abogado de Cleveland, quien nos dio consejos maravillosos y nos ayudó a guiar nuestra campaña de un mes de duración para reconstruir la confianza de nuestros empleados en la compañía».[2]

Más que nada, John temía que este cambio (la sindicalización) destruyera la relación directa del liderazgo con los entonces treinta empleados de Beckett. A John le parecía claro que una organización externa, cuyo propósito es posicionarse entre el empleador y el empleado, nunca podría tener el mismo cuidado y preocupación por sus trabajadores que lo que R.W. Beckett había hecho a lo largo de los años. En vez de eso, era más probable que generara un obstáculo en el lugar donde antes había una relación laboral cercana. El liderazgo de John estaba basado sólidamente en el modelo bíblico de Efesios 6, que sostiene que los empleadores deben comportarse con sus empleados de la misma manera cuidadosa y compasiva en que Dios trata a la gente.

John escribe: «Entonces, con convicción, buenos consejos y una estrategia sensata, compartimos nuestros puntos de vista y preocupaciones con nuestros empleados, todo dentro de los lineamientos estrictos impuestos por la Junta de Relaciones Laborales Nacional. Se votó, y la decisión mayoritaria de los empleados fue permanecer fuera de un sindicato».[3]

John cree que Dios los guió durante esa época difícil, pero la ve también como una llamada de atención importante. «Me di cuenta de que habíamos descuidado la comunicación —recuerda John—. Muchos aspectos de nuestras políticas y prácticas con los empleados no se entendían bien. Algunos de nuestras prestaciones estaban por debajo del estándar y rápidamente tomamos las medidas necesarias para mejorarlas».[4]

Esta llamada de atención y sus problemas potenciales hicieron que John se percatara de que no podía seguir viviendo en dos mundos separados. Era momento de integrar sus creencias dominicales con su semana laboral.

John respondió tres preguntas relacionadas con la incorporación de fe y trabajo:

1. ¿Cómo integró R.W. Beckett Corporation exitosamente la fe y el trabajo?
2. ¿Cómo se comunicó el concepto de compartir la fe adecuadamente en un entorno laboral diverso?
3. ¿Cuáles han sido las consecuencias de integrar la fe y el trabajo?

Las respuestas a estas preguntas, tomadas del libro de John Loving Monday, están resumidas a continuación.

¿Cómo se integraron exitosamente la fe y el trabajo en R.W. Beckett Corporation?

La llamada de atención de John lo hizo reconocer un papel vital en el tipo de liderazgo que él buscaba: no se puede dejar el corazón en la puerta cuando se va al trabajo. Si algo aprendió, fue que la compasión y el respeto residen en el corazón de un negocio exitoso. John respaldó su compasión con actos, como se demuestra en sus siguientes cuatro compromisos.

1. Desarrollar la empresa compasiva.
2. Fusionar la responsabilidad y la compasión para tener resultados exitosos.

La primera verdad que John observó fue que la compasión y la responsabilidad se complementan mutuamente. En los negocios, intentamos separar ambas e, inevitablemente, se da un desequilibrio, en particular al alejarnos de la compasión y acercarnos a la responsabilidad. Desde el punto de vista de John: «La compasión sin responsabilidad produce sentimentalismo. La responsabilidad sin compasión es áspera y cruel. La compasión mezclada con la responsabilidad es una fuerza poderosa, y descubrimos que puede proporcionar un gran incentivo para llegar a la excelencia».[5]

John nos da varios ejemplos sobre cómo la combinación de compasión y responsabilidad beneficia a R.W. Beckett Corporation:

> Cuando se pasa por alto a alguien que buscaba un ascenso, la administración le dará seguimiento, mostrará aprecio por el empleado por ofrecerse para el ascenso y luego se

le indicará cómo puede fortalecer sus cualidades. La administración entonces promoverá que esa persona busque avanzar en la empresa en el futuro.

Cuando un cliente tenga un revés y necesite una extensión de crédito, la compañía tomará en cuenta el riesgo pero también será comprensiva intentando hacer el mayor esfuerzo por ayudarlo cuando sea prudente.

Cuando se liquide a un empleado, la compañía le proporcionará la mayor dignidad y compasión posibles. John explica: «En primer lugar, revisaremos el proceso que sea necesario para tomar una decisión firme. Este es un paso analítico, que debe lidiar específicamente con la realidad. El segundo es la liquidación en sí, que debe realizarse con toda la compasión posible. También se debe hacer un esfuerzo por suavizar la transición, ofreciendo un arreglo de liquidación y apoyo en la búsqueda de un nuevo empleo. Pero la clave es ver el proceso como una redención, un paso que Dios puede usar para alcanzar sus propósitos mayores en la vida de la persona y en la organización.[6]

3. Comprometerse con el crecimiento y desarrollo de los empleados, crear mapas para el éxito.

En el corazón de la compasión que John siente por otros se encuentra una pasión y creencia de que cada empleado tiene la capacidad para satisfacer con éxito el destino que Dios dispuso para él o ella. «Creo que desempeñamos nuestro papel más elevado como empleadores si podemos proporcionar un contexto para el crecimiento y permitir que nuestros empleados encuentren y busquen su sitio en el plan que Dios tiene para sus vidas»[7].

4. Promover que los empleados estén comprometidos con sus familias y dar prioridad a la familia sobre el trabajo.

John reconoce que el equilibrio entre trabajo y familia es uno de los asuntos más críticos que enfrentan las empresas en la actualidad. Sabe que las decisiones que se tienen que tomar entre trabajo y familia pueden ser difíciles, en especial porque las exigencias del trabajo crecen debido a los recortes de personal, los cuales a su vez colocan responsabilidades mayores en quienes permanecen en la empresa.

John reconoce la dificultad de este dilema y se comprometió seriamente a dar prioridad a la familia sobre el trabajo. «Nuestras prioridades deben ordenarse de la siguiente manera: en primer lugar, nuestra relación con Dios; después el compromiso con la familia; y luego el compromiso con nuestro trabajo y vocaciones».[8] R.W. Beckett Corporation respaldó estas creencias con las siguientes políticas orientadas a la familia:

Incapacidad por maternidad: La compañía le da a la empleada la oportunidad de quedarse en casa hasta veintiséis semanas. Durante este periodo, la empleada conserva una cuarta parte de su ingreso normal. La compañía le prestará otro cuarto para que llegue a la mitad de su salario normal. Durante los tres años que siguen al nacimiento de un hijo, la empleada tiene la opción de regresar al trabajo de medio tiempo, compartiendo su trabajo con otro empleado o haciéndolo desde casa. (Las últimas dos opciones están sujetas a disponibilidad.)

Adopción: La compañía proporciona un bono de 1 000 dólares por adopción y, en algunos casos, ha proporcionado tiempo personal pagado para ir al extranjero si esto es necesario para completar la adopción.

Políticas de viaje: La compañía trata de limitar las noches que los empleados deben pasar fuera de casa debido a viajes laborales. No se insiste, como en otras empresas, en que los empleados viajen los sábados para aprovechar las tarifas reducidas.

Casa abierta y visitas a la compañía: La administración reconoce que la mayoría de los niños pequeños no

tienen idea de qué trabajo hacen sus padres durante el día, simplemente ven desaparecer y reaparecer a su mamá o su papá todos los días. La compañía ofrece días donde está abierta para que los niños asistan y los padres de familia puedan mostrarles dónde, cómo y con quién trabajan.
Boletines de la compañía: La compañía hace boletines orientados a las familias que se envían a las casas de los empleados con historias de interés humano para ayudar a construir lazos entre el trabajo y la familia.
Contratar familia y parientes: La compañía reconoce el riesgo de contratar parientes, pero también puede ver los beneficios. La compañía conserva ciertos candados, como no permitir que miembros de la familia se reporten entre sí, y por lo general ha encontrado que esta política es benéfica tanto para las familias como para la organización.

¿Cómo se comunicó el concepto de compartir la fe adecuadamente en un entorno laboral diverso?

Estas declaraciones escritas se les comunican a todos los que están relacionados con R.W. Beckett Corporation:

Visión: Nuestra visión es construir una familia de compañías, cada una de las cuales sirve a sus clientes de maneras distintas e importantes, y cada una de las cuales refleja la aplicación práctica de los valores bíblicos.
Principios guía: Enfoque: Somos una compañía centrada en Cristo.
Gente: Construimos y mantenemos relaciones sólidas de respeto entre nosotros, nuestros clientes, y nuestros proveedores, y promovemos el crecimiento y bienestar de cada empleado.
Conducta: Nos comportaremos con dignidad, adhiriéndonos a los estándares éticos y morales más altos.

> **Entorno laboral:** Aspiramos a ser un gran sitio de trabajo, una compañía progresista, dinámica y en continua mejora que incluye las prácticas de clase mundial en calidad, tiempos, participación y simplicidad.
> **Guía:** Nuestra empresa es un fideicomiso y seremos buenos administradores de todos los recursos bajo nuestra responsabilidad.
> **Ciudadanía:** Queremos servir a los demás, ayudando a cubrir las necesidades humanas en la comunidad y más allá.

John justifica la referencia directa a ser una compañía centrada en Cristo y con base en la Biblia, algo que sucedió de manera natural por los principios básicos de la compañía. Nadie impuso estos valores, evolucionaron a partir del proceso de definición de la compañía misma. Cuando los valores de una compañía y su búsqueda de resultados entran en conflicto, las prioridades deben reevaluarse. John explica: «Como señalamos al explicar nuestra visión a los empleados, todas las empresas están guiadas por *algún* punto de vista, alguna filosofía que sirva de soporte. Nuestra administración eligió tener la doctrina y los principios bíblicos como guía».[9]

Por supuesto, los empleados no tienen que estar de acuerdo. John continúa: «Tenemos cuidado de ser incluyentes con la fe de todos los empleados asegurándonos de que las creencias religiosas no tengan un efecto en su oportunidad de trabajar con o avanzar en nuestras compañías. Lo que buscamos es ver a todos con igual aprecio y respeto».[10]

¿Cuáles han sido las consecuencias de integrar la fe y el trabajo?

Han pasado más de treinta y cinco años desde aquella situación con el sindicato que cambió la visión de John sobre la integración de la fe en su trabajo. Las consecuencias de integrar ambos han sido dobles: financieras e interpersonales.

Financieramente, R.W. Beckett Corporation pasó de ser una compañía pequeña y desconocida de cuatro millones de dólares en rendimientos, a ser una compañía conocida a nivel nacional la cual, junto con sus afiliadas, tiene ganancias de aproximadamente cien millones de dólares. En términos de la participación en el mercado, la compañía pasó de tener un reconocimiento mínimo en el mercado a dominar 75% del mercado norteamericano.

John se siente entusiasmado al hablar sobre el impacto que tiene en la gente incorporar la fe con el trabajo.

> Honestamente puedo decir que este asunto nunca ha representado una dificultad en ningún nivel, desde los empleados, administración o junta directiva, nuestros clientes o nuestros proveedores. Constantemente estamos encuestando a nuestros empleados, distribuidores y clientes para que nos den retroalimentación. La respuesta ha sido consistente. Nos ven como gente con integridad. Somos personas constantes y con quienes se puede contar.

John ha aprendido que incorporar la fe y el trabajo no quiere decir forzar la voluntad de una persona sobre la otra. De hecho, proporciona lo opuesto, proporciona la libertad para los individuos de cumplir con su destino en el sitio de trabajo. El mensaje de John a otros es de verdadero aprecio:

> En los Estados Unidos, somos muy privilegiados de tener la libertad de integrar nuestra fe y nuestro trabajo. Cada día me parece importante y lleno de oportunidad, no sólo para "sobrevivir al día a día" sino para realmente tener una participación, aunque sea pequeña, en entretejer conscientemente lo que hago con los propósitos superiores de Dios. Si puedo hacer eso de una manera que sirva al Señor y le brinde gloria, así como bendecir a mis em-

pleados y socios de negocios, consideraré que mi trabajo tiene un gran valor.[11]

....

Conclusión

Integrar el trabajo y la fe tiene que ver con llevar nuestra identidad al trabajo. Cada uno de nosotros es completamente libre de ser un líder devoto en el trabajo. Nadie nos puede separar de nuestra fe. Sin embargo, seguimos preguntándonos: «¿Quién soy en el trabajo?», «¿mis acciones, comportamientos, decisiones y conversación reflejan la naturaleza de Dios?». Muchos de nosotros sentimos que tenemos que trabajar para Dios como trabajamos para nuestro jefe. Necesitamos hacer algo, lograr algo, cambiar algo. Tal vez, como aprendió Jeff Coors, simplemente somos llamados a estar con Él.

Jeff Coors, John Beckett y otros líderes exitosos siguen tres principios al integrar su fe y su trabajo:

1. Liderazgo con el ejemplo. En Mateo 5:16, Jesús dijo que debíamos ser sal y luz. En esencia, debemos reflejar la naturaleza de Dios para que la vean otros. Reflejamos la naturaleza de Dios en nuestras decisiones de negocios, nuestras relaciones con los empleados y clientes, y nuestra conducta. No existe un proceso sencillo o preformulado para integrar la fe y el trabajo de manera exitosa. Es un proceso diario de caminar con Dios. Constantemente nos están bombardeando con decisiones: ¿Debo permanecer en silencio si se presenta una oportunidad de hablar? ¿Debo escuchar en vez de hablar? ¿Debo compartir con alguien que esté necesitado?

Ralph Waldo Emerson dijo: «La persona que eres habla con tal fuerza que apenas alcanzo a escuchar lo que dices». Dicho de manera sencilla, podemos relajarnos, enfocarnos en nuestra relación con Dios y permitir que Su presencia brille a través de nosotros.

2. ***Respeto.*** Un principio común que siguen Jeff Coors y John Beckett, así como otros líderes que entrevisté, fue el respeto por los demás. Estos líderes creen firmemente que se debe tratar a todo individuo con respeto y dignidad. El respeto honra la diversidad y los derechos de los demás. El respeto por los demás proviene del corazón. No es un programa a seguir, es parte de nuestra naturaleza como líderes devotos.

La guía más simple es atenerse a la regla de oro, Mateo 7:12: «Por tanto, todo cuanto queráis que os hagan los hombres, hacédselos también vosotros a ellos». Sé de una empresa grande multinacional con sede en Minnesota cuyos negocios están situados principalmente en el sureste de Asia. Las diferencias en la cultura y la religión resultaron en dificultades para llegar a acuerdos en asuntos importantes del negocio. Esta compañía encontró que la regla de oro ayudó a establecer los fundamentos de respeto mutuo que condujeron a abrir la comunicación y a formar relaciones de trabajo significativas.

3. ***Compasión.*** John Beckett nos mostró que el amor tiene un rol importante en los negocios. En R.W. Beckett Company mostrar compasión por los empleados, clientes y distribuidores es parte del negocio. Cuando hay que integrar la fe al trabajo, no hay organización o persona que pueda impedirnos que amemos al prójimo y que mostremos compasión por un compañero de trabajo. Nadie puede evitar que recemos por otra persona. Nadie puede impedirnos que seamos quienes somos excepto nosotros mismos. En Corintios 1:13 se nos recuerda que: «El amor es paciente, es amable; el amor no es envidioso, no es jactancioso, no es engreído; es decoroso, no busca su interés, no se irrita, no toma en cuenta el mal, no se alegra de la injusticia, se alegra con la verdad. Todo lo excusa. Todo lo cree. Todo lo espera. Todo lo soporta». Nuestros lugares de trabajo están buscando desesperadamente gente

que exprese ese tipo de amor. Podemos hacerlo todos los días sin pedir permiso jamás o hacer un comité de interés especial que estudie el asunto y desarrolle un plan.

Hemos visto los retos y oportunidades de integrar la fe y el trabajo. Provenimos de diferentes lugares y tenemos puntos de vista diversos. Trabajamos en situaciones vastamente distintas, pero todos podemos integrar nuestra fe y trabajo. En primer lugar, lo más importante es que tengamos el valor de ser quienes somos como personas de Dios. Nada puede expresarlo mejor. Y en cuanto al dilema específico que podemos tener en el trabajo, podemos pedir a Dios y a otros que nos ayuden a resolver el asunto. Las preguntas como las que se presentan a continuación ayudarán a aclarar la situación y nos proporcionan ideas sobre cómo proceder.

Guía de discusión

1. ¿Te sientes con libertad de demostrar tu fe en el trabajo? Describe qué tan cómodo te sientes en relación con ser quien eres (mental y espiritualmente) en tu sitio de trabajo.
2. ¿Qué evita que expreses tu fe en el trabajo?
3. Describe específicamente los límites que sientes son adecuados en cuanto a la integración de tu fe y tu trabajo.
4. ¿Cuál sientes que es la voluntad de Dios para ti en la integración de tu fe y tu trabajo?
5. ¿Qué acciones específicas tomarás para encontrar más paz y satisfacción en la integración de tu fe con tu trabajo?

1. John D. Beckett, *Loving Monday: Succeeding in Business Without Selling Your Soul,* InterVarsity Press, 1998, p. 55.
2. Ibíd., 56.
3. Ibíd., 57.
4. Ibíd., 57.
5. Ibíd., 110.
6. Ibíd., 111-112.
7. Ibíd., 95.
8. Ibíd., 130.
9. Ibíd., 146.
10. Ibíd., 146.
11. Ibíd., 170.

6 CEDER EL CONTROL

De «rendirse significa la derrota» a «rendirse significa la victoria»

Porque quien quiera salvar su vida, la perderá, pero quien pierda su vida por mí, la encontrará.
Pues ¿De qué le servirá al hombre ganar el mundo entero si arruina su vida?

—MATEO 16:25

Tema: ¿Cómo puedo lidiar con las circunstancias que están más allá de mi control?

ORGANICÉ UNA SESIÓN DE PLANEACIÓN ESTRATÉGICA para una organización pequeña en crecimiento que estaba pasando por una importante transformación en el mercado. Los cambios eran rápidos y poderosos y había que lidiar con ellos de manera expedita o la compañía se iría a pique. En una de las reuniones, identificamos todos los cambios y diseñamos buenas estrategias para resolverlos. El equipo ejecutivo se sentía nervioso, pero por lo general estaban unidos en lo que respectaba a los cambios necesarios para la organización.

Pero Jan, la vicepresidenta de operaciones, no pensaba lo mismo. Se resistió a todas y cada una de las nuevas estrategias y tenía algún argumento contra cada cambio que era necesario realizar. En resumen, era la persona más controladora de todo el equipo. A mayor incertidumbre, mayor su renuencia. Desafortunadamente, Jan se convirtió en un obstáculo importante en el proceso de planeación estratégica. La verdadera tragedia era que Jan era muy talentosa y capaz, pero rápidamente se estaba convirtiendo en un riesgo para la organización. Intentó desesperadamente controlar las circunstancias a su alrededor mientras la marea de cambio la arrastraba. El equipo ejecutivo tuvo que responder con rapidez a los cambios que estaban ocurriendo y la cooperación de la posición de Jan era crítica para su éxito. Como resultado, tuvieron que reemplazar a Jan.

La situación de Jan plantea una pregunta difícil. ¿Cuándo es el momento de tomar el control y cuándo es momento de dejarlo ir?

Solución:
Hacer mi parte y permitir a Dios hacer la Suya.

Diariamente, muchos líderes empresariales intentan controlar situaciones sobre las cuales no tienen control. Mientras más intentan imponer su voluntad, más control pierden. Por lo general, a mayor poder tenga un líder, más difícil es que renuncie a él y ceda el control a una autoridad superior. Muchos líderes buscan a Dios como buscan a un consultor: para que les ayude con sus problemas. Pueden incluso aceptar delegar algo de control pero de ninguna manera entregarán el control total.

En este capítulo aprenderemos sobre dos líderes que atravesaron situaciones turbulentas. Tad Piper —ex presidente y ex director general de Piper Jaffray Companies, una empresa de asesoría financiera— narra su historia sobre cómo cedió el control y el poder. Jim Secord —quien fue presidente y director general de Lakewood Publications y ex editor de la revista *Training* y de varios libros y boletines— comparte su historia sobre cooperar con las circunstancias. En ambos casos, aprendemos que ceder el control a Dios es mejor plan que intentar hacerse cargo de las cosas que están más allá de nuestro control.

....

☛ TAD PIPER
Renunciar al control

Tad Piper, ex presidente y ex director general de Piper Jaffray Companies, era el arquetipo del alto ejecutivo en acción. Le gustaba tomar el control de las situaciones y encargarse de que las cosas sucedieran. Tad era la tercera generación de la familia Piper a cargo de una firma de inversión altamente respetada con una tradición de cien años de excelencia, servicio e integridad. Disfrutaba de todos los placeres que tiene esta posición: riqueza, buena posición en la comunidad y poder. Los ejecutivos como Tad tienen una poderosa necesidad de tener el control de las circunstancias que los rodean. Tad creía que con este poder e influencia no había nada que estuviera fuera de su control… hasta un día de abril de 1994, el día más negro de su vida.

Ese fue el día en que el periódico financiero más respetado del mundo, el *Wall Street Journal*, declaró a Piper Jaffray en bancarrota. El *WSJ* informaba que el administrador del portafolio de ingresos fijos de Piper Jaffray había tomado "prestado" dinero para aumentar los rendimientos y había invertido en derivados, inversiones híbridas desarrolladas para incrementar los rendimientos en un momento en que los precios de los bonos estaban muy altos y los rendimientos estaban cayendo, lo cual expuso a los inversionistas a un mayor grado de riesgo que lo esperado. Después de seis incrementos en las tasas de interés en diez meses, los mercados de bonos y derivados cayeron. Los inversionistas del fondo de bonos de Piper Jaffray —muchos de ellos habían recibido rendimientos espectaculares— vieron caer el valor de mercado de estos fondos más de quinientos millones de dólares.

Los efectos se sintieron en todo el mundo. Los fondos de pensiones declararon resultados desastrosos en sus hojas de balance. Los inversionistas individuales estaban furiosos. El *Wall Street Journal* declaró que las pérdidas de Piper Jaffray excedían sus bienes y que no tenían forma de reembolsar a sus clientes las pérdidas. Tad intentó responder al artículo y poner la verdad en contexto, pero era demasiado tarde. Los reporteros, abogados y reguladores gubernamentales llegaron a las puertas de Piper Jaffray con la intensidad de una tormenta de fuego. Tad rápidamente se encontró en territorio desconocido. Estaba bajo los reflectores en todo el mundo y había recibido un golpe que lo puso de rodillas.

Me sentía muy mal —Tad recuerda:

> Teníamos una compañía de cien años de antigüedad cuya misión era servir a nuestros clientes y no decepcionarlos, y sentía que yo los había defraudado. También me sentía traicionado por personas que tenían mi confianza. Simplemente no podía creer que esto estuviera sucediendo. Me preguntaba una y otra vez: "¿Qué hice para merecer esto? ¿Por qué yo?".

La inmensa carga personal que Tad sentía se convirtió en algo que lo consumía por completo. Explica:

> Tenía que encontrar la solución a esto porque la consecuencia potencial de no hacerlo era abrumadora. Mi reacción fue: "Bueno, así sea. Me arremangaré la camisa y nos libraremos de este lío. Haré que la prensa aclare todo y pelearé con los abogados, visitaré a cada uno de los clientes descontentos, volaré a cada una de las sucursales para explicar la situación y consolar a cada uno de los empleados molestos y arreglaré el mercado".

A pesar de los valientes esfuerzos de Tad, no podía apagar el incendio, sin importar lo que hiciera. La presión incesante llegaba de todos los rincones. Día tras día, Tad lidió con el problema y sus consecuencias: demandas colectivas, una prensa ensañada, clientes descontentos y reguladores gubernamentales. Las mismas preguntas lo acosaban: «¿Tuvo usted algo de culpa?», «¿hizo promesas falsas?», «¿hizo publicidad engañosa?», «¿cerrará el negocio?». La presión fue empeorando con cada día que pasaba y, bajo la superficie, Tad estaba desmoronándose.

Después de cuatro meses de estar aferrándose a su posición de «puedo arreglarlo», Tad había llegado casi a su límite. Empezó a notar una sensación de desesperación que lo invadía. No había luz al final del túnel, sólo oscuridad. Empezó a repasar sus pensamientos previos. «Tengo que hacer esto bien. Demasiadas cosas dependen de esto como para echarlo a perder. ¡Debo solucionarlo! ¡No soy una persona que se dé por vencida!». En medio de esta batalla, Tad solamente veía problemas. Ya no estaba peleando con los abogados y los medios de comunicación, la batalla era dentro de su propia mente y estaba perdiendo.

Entonces, un día Tad recibió un regalo de parte de un empleado que también había pasado por una situación dolorosa. El pequeño paquete tenía una cinta grabada con un sermón y una nota que decía: «Escuché esto, me ayudó, tal vez le pueda ayudar a usted. Dios lo bendiga». Tad apreció el regalo de parte de un amigo a quien le importaba y puso la cinta en su portafolios.

Dos semanas después, Tad recordó la cinta y la puso en su grabadora. El sermón, sobre la historia de Job, llamó su atención porque él podía relacionarse con Job. Intelectualmente, Tad sabía que Dios era y es el centro del universo, no él. Había aprendido esa lección dos años antes cuando admitió que era alcohólico. Aunque la relectura del *Libro Azul* de Alcohólicos Anónimos y el "Libro de Job" le ayudaron a Tad a manejar la situación temporalmente, todavía no encontraba la paz. Simplemente no lograría relajarse hasta que solucionara todo. Había demasiadas cosas en juego.

Unas cuantas semanas después, Tad llegó a su punto de quiebre. No hubo ningún incidente en particular, fue el simple agotamiento que lo derrotó. Estaba completamente abrumado y no podía seguir adelante.

> Recuerdo estar recostado en mi cama, despierto, pasando otra noche sin dormir, totalmente desesperado, y pensé: "¡Dios mío! No puedo manejar esto ya. No es posible. No puedo hacerlo. ¡Es demasiado!". En cierto momento recuerdo haber rezado: "Señor, simplemente no puedo hacerlo, así que tú tienes que hacerlo". De pronto, recapacité: "Un momento, no estoy solo. No tengo que hacer esto solo. Hay ayuda".

> Este hombre destrozado se sintió invadido por el alivio. Finalmente había llegado al punto en el cual sabía que Dios tenía el control y no él. La crisis de Tad había terminado y no se debía sólo a las circunstancias en las que estaba; también tuvo que ver con su necesidad de rendirse ante Dios.

La vida fue diferente a partir de esa noche. Tad estaba en paz, y se notaba. Lentamente, su mundo empezó a cambiar.

> Como sabía que Dios estaba a mi lado todo el tiempo, pude navegar por aguas bastante turbulentas manteniéndome estable. Trabajé igual de duro, pero fue mucho más sencillo con mi Socio (con S mayúscula) a mi lado. Me sentía más tranquilo. Me volví más racional sobre lo que podía hacer. Le permití a otros a mi alrededor que hicieran su trabajo. Mi calma interior le permitió a los demás sentir calma.

Sus relaciones mejoraron en general, pero la relación con sus abogados fue la que más mejoró. A pesar de estar todos del mismo lado, Tad había tenido constantes conflictos con ellos. Los abogados estaban intentando proteger los intereses de la compañía y Tad estaba buscando proteger los intereses de los clientes. Esos dos puntos de vista opuestos generaban tensiones. Cuando Tad se relajó, empezó a ver la solución del problema en general. Su actitud más tranquila le permitió establecer una mejor comunicación con sus abogados. Eventualmente empezaron a trabajar juntos en armonía.

Además de estar más en paz, Tad se abrió. Antes pensaba que tenía que dar una imagen de fortaleza para los demás. No podía y no quería que sus vulnerabilidades fueran visibles a los demás porque sería una señal de debilidad. Tad se dio cuenta de que su renuncia ante Dios no era una derrota sino una victoria sobre las circunstancias que había intentado controlar. No querer el control era bastante liberador. Ya no estaba intentando ocultar su debilidad, sino compartir la fortaleza de Dios.

Tad descubrió que comunicar su verdadero yo vulnerable era una bendición mayor para los demás que tratar de comportarse fuerte para ellos. Tad recordó el momento en que él y su esposa, Cindy, compartieron abiertamente su dolor con todos los matrimonios en la junta nacional de gerentes de Piper Jaffray. Tad explica: «La odisea tuvo un efecto en todos en la compañía. Reconocimos que se afectó a todos, en particular los cónyuges. Muchos empleados nos veían como el rey y la reina. Queríamos mostrarles que éramos justo como ellos, personas reales con dolor real». Él y Cindy no dieron ningún discurso; simplemente hablaron y compartieron todo, desde el alcoholismo de Tad hasta su fe. Su apertura tuvo un importante efecto en los empleados de la compañía. La vulnerabilidad de los Piper le dio permiso a los empleados de ser vulnerables también. Y eso se convirtió en un punto de inflexión para la organización. Tad recuerda:

> Cuando era alcohólico, típicamente me iba a un sitio aislado y estar aislado no es bueno. Dos años después, cuando nos golpeó el asunto de los bonos, me sentí solo cargando un gran peso que tenía que solucionar. Hoy me doy cuenta de que nunca estuve solo. El Señor estaba conmigo como alcohólico y estaba conmigo durante esta odisea».

Tad se da cuenta de que si todavía hubiera estado bebiendo al presentarse la reciente odisea, ese hubiera sido el fin para él y para Piper Jaffray Companies.

Viendo al pasado, Tad dice que puede ver claramente cómo Dios estaba a su lado. Todo el tiempo Tad estuvo rodeado por gente que se preocupaba por él, incluso en un momento en que él no alcanzaba a verlo. Su esposa Cindy amorosamente permaneció a su lado a lo largo de ambas situaciones y sus amigos y socios también estuvieron ahí para él. Dice Tad: «Mi consejo para los demás es escuchar a aquellos que te aman. Arriésgate, sé vulnerable, encuentra un sitio para conseguir ayuda y lidiar con la soledad».

En 1999, Tad dio un discurso a 300 ejecutivos corporativos en Minneapolis. En sus comentarios de cierre, habló abiertamente sobre estas odiseas.

> Mi Socio y yo trabajamos bien juntos, al menos cuando estoy prestando atención. Me encuentro buscando dicha en cada uno de mis días y me siento capaz de encontrarla, y me siento bendecido de ser parte de Su mundo. Me gustaría cerrar con una oración conocida: "Dios, dame la serenidad para aceptar las cosas que no puedo cambiar, el valor para cambiar las que sí puedo y la sabiduría para reconocer la diferencia." Se hará tu voluntad, no la mía.

¿Cómo terminó este capítulo en la vida de Tad? Tras resurgir de las profundidades de la destrucción, Piper Jaffray se convirtió en una empresa altamente exitosa de 800 millones de dólares y en 1997 la compró U.S. Bancorp, una firma de servicios financieros grande. En 2003,

U.S. Bancorp se hizo filial de Piper Jaffray, y nuevamente se convirtió en una entidad independiente.

No es coincidencia que el momento de cambio para Tad llegara en la oscuridad de la noche, mientras estaba recostado en su cama. De espaldas, no podía ver la tormenta de problemas que lo rodeaba. En vez de eso, tuvo el privilegio de mirar hacia arriba y ver que Dios estaba con él en la tormenta. Tad tal vez perdió de vista a Dios en medio de sus problemas, pero Dios nunca lo perdió de vista a él. Nunca estuvo solo.

☛ JIM SECORD
Cooperar con la incertidumbre

A Jim Secord no le es ajeno el cambio. Como ex presidente y ex director general de Lakewood Publications y ganador del Premio Hedley Donovan por sus contribuciones a la industria de las revistas, ayudó a su organización a transitar a través de la turbulencia que provocaron tres ventas en menos de dieciséis meses. Lakewood Publications floreció, experimentando inmediatamente dos de los años con más ganancias en la historia de la compañía.

Dependía de Jim que los empleados de Lakewood se sobrepusieran al trauma de la incertidumbre. Sabía que un cambio importante siempre tiene un efecto y puede ser agotador, y él tampoco era inmune a sus efectos.

Jim había aprendido todo sobre esto durante un importante recorte de personal en Lakewood. No se hicieron los despidos con mucha compasión. Esto generó malos sentimientos entre los empleados de Lakewood, que iban desde la rabia hasta la ansiedad. Para Jim, no tener el control de las circunstancias resultó en mucho estrés. «Era el presidente en ese entonces y terminé en el hospital con una pericarditis aguda. Pensé que estaba teniendo un ataque cardiaco. Recuerdo que fui con el director general y le dije: "Esto nunca volverá a suceder. Es demasiado doloroso para todos"». Debido a ese periodo, Jim cambió la manera en la que manejaba la incertidumbre y se relacionaba con la gente. Decidió que la mejor manera de ayudar a la gente a transitar por el cambio era provocar tan poco trauma y dolor como fuera posible.

La lección le enseñó a no resistirse a lo desconocido del cambio, sino a manejarlo con valor y compasión. Jim explica que, a pesar de que el dolor no puede evitarse, también puede manejarse de tal manera que la compañía no pierda su bien más importante: un personal comprometido.

Jim identificó cuatro principios que ayudaron a los cien empleados de Lakewood a permanecer enfocados y comprometidos durante este periodo de dieciséis meses de cambios:

Una visión compartida del éxito basada en valores compartidos: Desde 1994, Lakewood definió una visión que subraya la confianza, integridad, dignidad y comunicación abierta. Se diseñó a lo largo de un periodo de dos años, durante el cual se le pidió a los cien empleados que participaran. Se recopilaron más de 450 contribuciones a través de entrevistas, cuestionarios y un consultor de desarrollo organizacional. «Discutimos las cosas a fondo y reexaminamos la compañía —explica Jim—. La visión compartida fue el pegamento que nos mantuvo unidos durante esta turbulencia, fue nuestro estándar, nuestra guía, nuestra esperanza».

Comunicación abierta: «La comunicación abierta fue el antídoto contra el cambio paralizante —declara Jim—. En esos dieciséis meses, a pesar de que todos estábamos muy involucrados en las transacciones, logramos hacer seis reuniones de toda la compañía y enviamos muchísimos memorandos a la gente para hacerlos sentir tranquilos y mantenerlos informados». Debido a la atmósfera de incertidumbre, Jim se propuso caminar por la oficina lo más posible, sentándose en las esquinas de los escritorios de los empleados y preguntando: «¿Qué preguntas tienes? Déjame saber qué estás pensando».

No se ocultó nada. Incluso la información financiera y la presentación para la venta, la misma que se proporcionó a los compradores potenciales, estaba disponible para que los empleados la conocieran. Jim recuerda: «La comunicación es un acto consciente. También formó parte de quiénes éramos como una cultura. Era importante no sólo comunicarse con ellos con honestidad, sino también preguntarles cómo se sentían y permitirles expresar sus miedos para que pudiéramos atender sus preocupaciones».

Integridad personal: «Como líderes, somos los modelos a seguir, esa es nuestra responsabilidad —dice Jim—. Los asociados se fijaban en mi comportamiento para ver cómo reaccionaba en circunstancias difíciles. Ahí es donde entra la confianza».

La integridad personal genera confianza. Durante la tercera venta, la nueva compañía le ofreció a Jim un «bono de permanencia» de 75 000 dólares por continuar en la compañía durante la transición. En vez de quedárselo, Jim decidió compartir el bono de manera equitativa con todos los empleados de tiempo completo que se quedaron a lo largo de la venta. «Mi filosofía era que todos estábamos en esto juntos, así que la decisión fue sencilla. Fue lo correcto».

Preparación para los cambios difíciles: En una reunión en Nueva York con los nuevos dueños de Lakewood, Jim escuchó las palabras que más temía: «Jim, no vamos a poder conservar el departamento de finanzas». Su rostro se contrajo al pensar en tener que despedir a doce empleados leales. A pesar de lo doloroso de la situación, sabía que debía conducir el proceso con toda la dignidad y respeto posibles.

El dolor de Jim sigue siendo evidente cuando narra la experiencia.

> El momento más difícil que recuerdo fue cuando tuve que pararme frente a mis asociados después de que se

habían quedado y decirles que era necesario recortar a doce personas. Sabía que se sentirían mal, pero recuerdo que los preparé para el cambio y que esta era una de las realidades desafortunadas del cambio. Les dije que estaba bien enojarse y pasar por un duelo. Les recordé que les ayudaríamos a transitar por el proceso. Les dije que haríamos lo posible para ayudarlos a hacer la transición a otros trabajos. Cuando recuerdo esa época, creo que todo resultó bastante bien. Nadie regresó con nosotros para decirnos que les habíamos mentido o que no habíamos dicho la verdad.

Cuando Jim y yo estábamos terminando, nuestra conversación dio un giro inesperado, lo cual demuestra lo profético que fueron sus comentarios sobre prepararse para los cambios difíciles. Ya que nos disponíamos a terminar con la entrevista, vi un hermoso ramo de flores sobre el escritorio de Jim. «¿De dónde son las flores?», pregunté. Jim sonrió y me respondió: «Son de mi esposa, D'Arcy. Siempre hace cosas así». Entonces Jim me compartió que D'Arcy, a la edad de cincuenta y ocho años, estaba luchando contra el Alzheimer.

> En la vida, todos llegamos a una bifurcación en el camino. No es algo que deseemos, pero ahí está. Nos vemos enfrentados con decisiones. Podía conseguirle el mejor tratamiento a D'Arcy y continuar trabajando. Pero elegí salirme de la compañía para estar con ella. Quiero iniciar una nueva relación con ella, una nueva manera de amar. No he descifrado todas las maneras de hacerlo, pero lo haré y recorreremos este camino juntos. D'Arcy tal vez no vea el mismo tipo de recorrido cuando me comunique con ella. Tal vez yo no le esté hablando a su mente cognitiva, pero estaré hablando con ella espiritualmente. Realmente creo que Dios tiene un propósito con esto. D'Arcy, a su manera especial, me está dando a mí y a los demás y yo estoy intentando encontrar en qué consiste.

> Además, ésta es mi oportunidad para dar de una forma completamente diferente.

Aunque Jim estuvo en la compañía treinta y siete años, dice que la decisión de irse fue sencilla.

> Veo esta situación como un regalo maravilloso. Nuevamente, me encuentro enfrentando la incertidumbre. En el caso de D'Arcy, esta situación es mucho más incierta que el trauma de los tres cambios en los dueños de la compañía. Siempre sentí que podríamos salir adelante y tener un resultado positivo con los cambios en la compañía. Con D'Arcy siento como si estuviera entrando en aguas totalmente desconocidas. Es muy duro, pero creo firmemente que esto se convertirá en un recorrido potencialmente magnífico.

....

Conclusión

Cada líder alcanza un punto en su vida donde él o ella tiene que preguntar: «¿Quién está a cargo en este lugar?». Harry Truman acuñó la frase "*The buck stops here*" (equivalente a «en última instancia, la responsabilidad recae en mí») implicando que el líder es quien tiene el control, quien tiene la última responsabilidad. Sin embargo, Tad y Jim nos muestran que aunque los líderes son responsables por las cosas que hacen y deben responder por sus decisiones, no son responsables ni pueden controlar ciertos resultados. No importa qué tan experimentado y poderoso sea un líder, hay ciertas cosas sobre las cuales las personas no tienen control alguno. Este es un mensaje muy difícil de comprender para la mayoría de los líderes, ya que el mundo corporativo apoya al líder que mantiene el control y que asume el mando. En el mundo de los negocios, rendirse se asocia con la derrota. En el mundo espiritual, sin embargo, ceder el control al plan divino es la victoria.

Para entender por qué rendirse significa la victoria, necesitamos definir la rendición. El diccionario nos da dos definiciones distintas, una es darse por vencido o rendirse; la otra es ceder ante el poder de alguien más. Ese tipo de rendición de la cual hablamos no significa rendirse o darse por vencido. Significa ceder nuestra necesidad de tener el control a una autoridad mucho más alta. Rendirse nos proporciona la victoria porque nos liberamos de la angustia, temor y culpa que están asociadas con intentar mantener el control sobre algo cuando no lo tenemos. Significa que estaremos en paz, sabiendo que al final Dios está a cargo.

Tad Piper tuvo que llegar a un punto en el cual pudo admitir finalmente que ya no podía con la carga de su problema. Finalmente, admitió que no tenía el control. Empezó a vivir de nuevo cuando se dio cuenta de que no estaba solo, cuando se dirigió a Dios y le dijo: «Señor, no puedo hacerlo, así que tú lo tienes que hacer».

Jim Secord ingresó al momento más incierto de su vida. Admitió que es extremadamente difícil lidiar con el Alzheimer de su esposa, pero se acerca a la experiencia como un «viaje potencialmente magnífico». Coopera con la incertidumbre, sin conocer el resultado, pero sabiendo que Dios está a cargo de la situación.

Cuando tenemos el reto de controlar las cosas, podemos elegir ver nuestra relación con Dios como una sociedad más que como un proceso de jefe y subordinado. Nuestra meta es caminar con Dios un momento, un día a la vez. Dale Carnegie llamó a esto vivir en «compartimentos de un día». Simplemente, no tenemos control sobre el día de ayer ni control sobre mañana. Solamente podemos hacer las cosas que están bajo nuestro control el día de hoy. Cuando despertamos en la mañana, podemos revisar los asuntos pendientes más importantes de ese día. Después los acomodamos por prioridades y dividimos estas responsabilidades en dos categorías: cosas bajo mi control que haré hoy y cosas fuera de mi control que le cederé a

Dios hoy. Por último, solamente trabajaremos con todas las cosas que tenemos la autoridad para hacer.

Si vivimos el día sabiendo que Dios tiene un plan para nuestras vidas y está en control de todas nuestras circunstancias, podemos aprender a cooperar con la incertidumbre de una venta, un ascenso o cualquier otro cambio realizando las tareas que tenemos frente a nosotros. La incertidumbre no puede robarnos la importancia del momento.

Guía de discusión

1. Específicamente, ¿qué está fuera de tu control pero te preocupa de todas maneras?.
2. ¿Cuáles son las cosas que están bajo tu control que puedes hacer hoy?
3. ¿Qué cosas puedes ceder y dejar en manos de Dios?
4. ¿Qué cosas puedes hacer para cooperar con la incertidumbre?

7 LIDERAZGO PARA SERVIR

De *obtener* lo más posible de los empleados a *revelar* lo mejor de los empleados

---

Pero no ha de ser así entre vosotros, sino que el que quiera llegar a ser grande entre vosotros será vuestro servidor, y el que quiera ser el primero entre vosotros será esclavo de todos, que tampoco el Hijo del hombre ha venido a ser servido sino a servir.

—MARCOS 10:43-45

Tema:
¿Cómo atraigo, retengo y motivo a los buenos empleados?

La junta empezaba como siempre cuando el asistente del administrador general entró con la frase temida: «Corporativo en la línea uno». De inmediato, el gerente general tomó el teléfono. El comité ejecutivo observaba mientras su rostro se tornaba cenizo. Todos nos preparábamos para las inevitables malas noticias. Después de colgar, levantó la vista y dijo: «¡Cortar la nómina en 15 por ciento! ¡No me importa cómo, sólo háganlo! ¡Si no nos ajustamos al presupuesto para junio todos estaremos en la calle!».

En un momento en el cual el servicio al cliente era una prioridad, despedimos a un alto porcentaje de nuestra fuerza laboral. Fue un desastre. La moral de los empleados decayó como nunca antes y, como resultado, el servicio al cliente y nuestras ganancias del segundo trimestre estaban sufriendo. Los empleados que permanecieron, eventualmente tuvieron colapsos bajo la presión. Al menos la oficina corporativa cumplió su promesa: despidieron a todo el comité ejecutivo. Recuerdo que culpamos a la economía, a la competencia y al difícil mercado laboral por nuestro destino. Nunca nos fijamos en nosotros mismos.

A raíz de la presión por alcanzar los resultados deseados, le exigimos a nuestros empleados que lograran más con menos recursos. Por otro lado, cuando más dependíamos de nuestros empleados para que se encargaran del servicio al cliente, más difícil se volvió encontrar y conservar a los buenos empleados con la capacidad de realizar este trabajo. Nuevamente, ¿por qué querría trabajar un empleado en una cultura donde no hay lealtad, respeto o confianza?

Solución:
Sirve a los empleados para que ellos puedan servir a otros.

Muchos líderes, sin darse cuenta, usan a sus empleados como medios para aumentar sus ganancias. Esta intención sutil y malentendida envía al empleado un mensaje de: «nos importa más el cliente que tú» y «nos importan más las ganancias que tú». Dios define a un líder como alguien que sirve a los demás, no alguien que usa a los demás. Cuando servimos a los demás, los ayudamos a tener éxito y, al hacerlo, les comunicamos «me importas más tú que las ganancias» tanto a los empleados como a los clientes. El resultado es que los empleados son leales y los clientes permanecen.

En este capítulo conoceremos a líderes de dos distintas industrias: Ken Melrose —presidente retirado y director general de The Toro Company— y Horst Schulze —ex presidente y ex director operativo de la Ritz-Carlton Hotel Company—. Aunque tienen estilos personales diferentes, cada uno creó una organización que atrajo y conservó empleados dedicados a servir. ¿Su solución? Liderazgo para servir. El liderazgo de Ken promueve una cultura de confianza. El liderazgo de Horst promueve una cultura de dignidad y respeto. Su liderazgo para servir generó entornos que atraen y permiten florecer a los empleados. ¿Los resultados? Una mayor retención de personal y ganancias sólidas.

....

☛ KEN MELROSE

De ganancias primero a la gente primero

Ken Melrose, presidente y director general retirado de The Toro Company —compañía de manufactura de productos de cuidado de césped doméstico y productos relacionados como podadoras, aireadores y sistemas de irrigación—, se sentía muy solo como líder en la década de 1970. Su enfoque era distinto al líder típico de la época. A él le importaban profundamente sus empleados, pero la teoría popular administrativa del momento se enfocaba más en las ganancias. Ken reconocía una disparidad significativa entre lo que creía en la iglesia los domingos y cómo se comportaban él y sus compañeros de trabajo el lunes. Recuerda:

> Sentí un llamado a cambiar la manera en que me comportaba en el trabajo y, como líder, me sentí obligado a influir en la manera en que los demás se trataban entre sí también. Como mínimo, fue incómodo y complicado comunicar los principios bíblicos del liderazgo para servir en un momento en el cual era tabú hablar de Dios. Sin embargo, el modelo cristiano se basa en colocarse en

posiciones incómodas y complicadas y tener fe en que Dios te llevará a donde Él quiere que vayas.

Ken se arriesgó, como cuando inició un grupo de liderazgo en Toro que incorporaba los principios bíblicos a la toma de decisiones, el poder y la jerarquía. El grupo discutió diferentes maneras de tomar decisiones que impactaran los resultados, pero que también valoraran a la gente y fueran honestos y éticos. La visibilidad de Ken, que en un principio fue silenciosa y sutil, empezó a hacerse más prominente y, como resultado, a la compañía le fue bien.

Cuando Ken se convirtió en director general de Toro, la empresa ya era una líder del mercado. Sin embargo, heredó una cultura en la cual los empleados se utilizaban como medios para alcanzar los resultados y la administración hacía lo que fuera necesario para llegar a estos resultados.

Sorprendentemente, Ken transformó una compañía tradicional y enfocada en los resultados en una empresa de *Fortune 500* con una tasa de rotación de empleados bastante menor al promedio nacional. Su historia describe cómo un líder puede integrar las necesidades de los empleados y las obligaciones de tener rendimientos en situaciones donde todos salgan ganando.

Una nueva filosofía de liderazgo: de «ganancias primero» a «gente primero»

Cuando Ken se convirtió en el director general, se dedicó deliberadamente a redefinir la cultura corporativa para que se transformara de una mentalidad de «ganancias primero» a una de «gente primero». Ken sabía en su corazón que maximizar el potencial de sus empleados eventualmente se traduciría en éxito en los resultados. Como escribe en su libro, *Making the Grass Greener on Your Side*: «Mi filosofía personal es la siguiente: todos tienen el potencial de contribuir a alcanzar las metas de la compañía. Si se puede liberar ese potencial, el liderazgo en el mercado y el éxito financiero se darán de manera natural».[1]

Ken explica que Toro decidió construir una filosofía de negocios que se centraba en poner al empleado primero. «Si se cuida a los empleados y se eliminan los obstáculos y barreras para que alcancen su éxito —dice Ken—, entonces se estará en una mejor posición para satisfacer al cliente. Y si se satisface al cliente, se obtiene liderazgo en el mercado. Y el liderazgo en el mercado ayuda a contribuir a una compañía económicamente sana y productiva».

El primer paso para cambiar la cultura de Toro fue definir la nueva declaración de filosofía. Esta declaración cumplía un doble propósito: comunicaba una nueva manera de alcanzar el éxito en el negocio y proporcionaba un mapa para que todos los empleados estuvieran incluidos en el proceso. La declaración dice lo siguiente:

> Creemos que el factor singular más importante que influye en nuestro éxito como compañía es el empleado de Toro. Por lo tanto, es nuestro privilegio y responsabilidad crear una cultura y un entorno que apoye y promueva que los individuos en Toro alcancen su potencial más alto. Para que los empleados logren alcanzar este potencial, aceptamos la responsabilidad de mostrar a través de nuestras acciones que nos importan como individuos, que comprendemos sus necesidades, que reconocemos sus talentos y que los apoyamos en sus esfuerzos por crecer y cambiar. Al mismo tiempo, todos los empleados debemos aceptar la responsabilidad de nuestro propio desempeño y debemos fomentar un ambiente que facilite esta toma de responsabilidades.
>
> Como compañía, y como la gente de Toro, nos comprometemos a poner en práctica esta filosofía de manera genuina y con excelencia. Al hacerlo, creemos

> que Toro tendrá mucho éxito para alcanzar todas sus metas corporativas generales.[2]

Este documento se convirtió en el estándar para los comportamientos y decisiones de la organización.

Un nuevo estilo: el liderazgo para servir

Después de establecer su nueva filosofía de negocios, Ken supo que necesitaban encontrar una manera de ponerla en práctica. «Necesitamos encontrar una manera realista de respaldar nuestra retórica», explica Ken. Junto con su equipo ejecutivo, se preguntó: «¿Qué clase de estilo de liderazgo le permite al empleado ser lo mejor que potencialmente puede ser?».

Empezaron buscando una idea de liderazgo que mejorara la productividad de los empleados de Toro. «El liderazgo para servir surge en parte de mis creencias cristianas y en parte porque nuestro equipo ejecutivo sabía que nuestros empleados podían hacer un mejor trabajo que nosotros y tenía sentido empoderarlos e involucrarlos en el proceso de hacer crecer el negocio», explica Ken.

Un reto: ayudar a los líderes a cambiar

A continuación se presentó el reto más complejo: enseñarle a los líderes y gerentes a servir a los empleados. Quedaba claro que los líderes y los gerentes de nivel medio tenían el rol principal de encontrar y liberar el potencial de los empleados pero, ¿cómo logra un líder influir de manera importante en el comportamiento de gerentes acostumbrados a recibir recompensas por dirigir y controlar a sus empleados durante años? ¿Cómo reentrenarlos? ¿Cómo evaluarlos? ¿Sobre resultados o sobre el crecimiento de los empleados?

Ken encontró la respuesta estudiando los atributos de liderazgo de Jesús. «Si estudias a Cristo como líder empresarial, puedes descubrir las habilidades de liderazgo que se necesitan actualmente en los negocios —dice Ken—. Ser visionario y buen comunicador, tener buena capacidad de escuchar y motivar a la gente».

Ken se dio cuenta de que la mejor manera de entrenar a sus líderes y administradores era por medio del ejemplo. Su inspiración para demostrar el liderazgo para servir provino de entender cómo Jesús le lavó los pies a sus discípulos. «Como líder —explica Ken—, me centro en las maneras visibles de ser consecuente con lo que digo para influir a los líderes y gerentes. Por ejemplo, nuestros funcionarios y directores periódicamente recorren las oficinas corporativas sirviendo café y donas, o visitamos nuestras plantas y trabajamos hombro con hombro con los empleados que están ensamblando y construyendo componentes. De hecho, intentamos mostrar nuestra vulnerabilidad demostrando que no podemos hacer el trabajo igual de bien que la persona que ocupa ese puesto». Ken reconoció que demostrar el liderazgo para servir no bastaba. Tenía que crear maneras de respaldar sus ejemplos con acciones más generalizadas. No quería fingir que estaba haciendo las cosas; quería que la gente se valiera del liderazgo para servir como una manera de resolver dilemas complejos.

Uno de los mayores retos para los líderes y los gerentes era su obligación de servir a los empleados al mismo tiempo que generar rendimientos. Veían esto como un dilema donde ambas premisas eran mutuamente excluyentes e intentaban encontrar un equilibrio entre las ganancias y la gente. En vez de esto, Ken les presentó a sus administradores el reto de integrar los resultados y las relaciones para crear una solución donde todos ganaran. «Mientras más tenacidad se tenga para perseverar en la integración de ambos lados, mejor líder serás», afirma.

Un ejemplo del dilema de gente *vs.* ganancias ocurrió en una planta en Shakopee, Minnesota, que estaba enfrentando altibajos estacionales en el negocio. La administración de Toro luchaba con la idea de despedir a los empleados de la planta. Coincidentemente, la compañía se enfrentaba a un problema con el uso de un producto al mismo tiempo. Los líderes decidieron cambiar temporalmente a los empleados de la planta y enviarlos a hacer trabajo de campo con los distribuidores para ayudarles a resolver el problema. Estos empleados salieron a los parques y campos de golf y empezaron a trabajar directamente con los clientes de Toro. Esta alternativa fue una solución en la que todos salieron ganando: los clientes de Toro estaban contentos, los empleados no sólo conservaron el trabajo sino que recibieron una gran experiencia de aprendizaje y la decisión fue rentable.

Para reforzar el nuevo enfoque de liderazgo para servir, la compañía desarrolló un nuevo sistema de evaluación de desempeño y modificó los bonos financieros para que se ajustaran a la nueva filosofía y valores corporativos. Ayudar a los demás a tener éxito se convirtió en una medida importante del éxito. Una gran porción de los bonos e incentivos de los gerentes con mayor antigüedad cambió para reflejar qué tan bien ponían en práctica la filosofía de Toro según sus compañeros y subordinados.

Con el cambio de comportamiento, los beneficios del liderazgo para servir empezaron a filtrarse por toda la compañía, desde los líderes hasta los niveles medios y todos los empleados. Ken explica:

> Intento demostrar el liderazgo de una manera que modele los comportamientos esperados para que otros líderes tengan un incentivo para hacer lo mismo con su personal y esto desciende en cascada por toda la estructura organizativa. Terminas con gerentes que no están tratando de dirigir y controlar a su gente sino intentando enseñar y

servir a su gente para que esté más motivada y empoderada y así ir mejorando cada vez más en lo que hacen.

Cuando se le pide a Ken que identifique un factor que haya hecho la mayor diferencia en los últimos veinte años, responde que la confianza. Considera que crear un entorno en el cual la gente confía en los demás es uno de los aspectos más importantes del liderazgo para servir y uno de los que genera resultados. «La gente que trabaja en un entorno de confianza se pondrá de pie para decir "Puedes contar conmigo". Eso genera una disposición para la acción. Le permite al empleado arriesgarse y emprender acciones que lo lleven a tomar las decisiones correctas», dice Ken.

La recompensa: retención de los empleados

La filosofía de liderazgo de Ken resultó en un cambio cultural dramático y crecimientos sin precedente. Después de veinte años de perseverancia y compromiso con el liderazgo para servir, en 1998 Toro tuvo una tasa de rotación de empleados con un promedio muy por debajo del promedio nacional. Desde entonces, la tasa de rotación de empleados de Toro ha permanecido baja.

> ¿Por qué los empleados de Toro quieren trabajar para la compañía? —pregunta Ken—. La mayoría de la gente quiere valorar a otras personas y producir trabajo de calidad. Quieren trabajar en un entorno que valore la confianza y el respeto. Quieren trabajar para alguien confiable, donde puedan arriesgarse sin ser castigados, y ser responsables de sus acciones sin tener miedo a salir perdiendo. Hay un gran potencial en todos los empleados de Toro para hacer trabajo de calidad si se les permite hacerlo.

El liderazgo de Ken está basado en tres atributos claves: fe, valor y perseverancia. Su fe creó un llamado y convicción para vivir según los principios divinos en un momento en que era poco común. Su valor le permitió asumir riesgos enseñando liderazgo para servir en un momento en el cual iba completamente en contra de la teoría contemporánea de liderazgo. Su perseverancia le ayudó a construir una compañía de *Fortune 500* con más de 4 800 empleados en la que se respetaba y apreciaba a la gente y las ganancias permanecían sólidas. E incluso tras su retiro en 2005 (aunque permaneció en la junta directiva como presidente) Ken y Toro han continuado sembrando su labor a través de la filosofía basada en la fe.

☛ HORST SCHULZE
Un respeto inquebrantable por la gente

Se nota claramente dónde reside la pasión de Horst Schulze; tiene un respeto inquebrantable por la gente que proviene de su amor por Dios. Horst vive según un principio bíblico básico: al fomentar el valor y dignidad de los empleados, fomenta su capacidad de proporcionar un servicio excepcional a sus clientes. Este valor central —proporcionar respeto y dignidad a todos los seres humanos— contribuyó a que Ritz-Carlton, empresa de la cual fue presidente fundador, director operativo y vicepresidente (salió en 2002), se convirtiera en una de las cadenas hoteleras más exitosas en el mundo.

«Somos damas y caballeros al servicio de damas y caballeros». El lema del Ritz-Carlton describe el valor que da la compañía a cada empleado, así como el servicio que estos empleados proporcionan a sus clientes. Este principio funciona. La tasa de rotación de empleados en la industria de la hospitalidad excede el cien por ciento al año, pero la Ritz-Carlton Hotel Company tiene una tasa de rotación de empleados de sólo 29 por ciento. Fue la primera organización de hospitalidad que recibió el Malcolm Baldridge National Quality Award. Ritz-Carlton sigue siendo una historia de éxito sobresaliente y un líder en satisfacción de empleados, clientes y rendimientos.

Pero el liderazgo de Horst no es blando. Un líder a quien le importa la gente no debe preocuparse menos por los resultados. Horst es un líder exigente que establece altos estándares de excelencia, calidad y servicio. Durante su mandato en Ritz-Carlton, así como en sus otras posiciones dentro de la industria de los servicios, esperaba que la compañía fuera considerada como la líder en calidad y en el mercado en la industria hotelera. Explica: «Al tomar decisiones, me pregunto: ¿Es bueno para todos los involucrados: Dios, la organización, los empleados, los clientes, los distribuidores? Si así es, entonces hay que impulsarla sin descanso».

Horst estableció el estándar de tener un compromiso equitativo de respeto y dignidad para cada empleado en la organización Ritz-Carlton. «Exijo que cada gerente y cada empleado reciba un total respeto como ser humano —dijo en ese entonces—. Dejo claro que nadie puede pretender ser un mejor humano que otro. Un lavador de loza es tan importante en esta organización como un vicepresidente».

La clave del éxito de Horst en todas las compañías para las cuales ha trabajado está en cómo entrelaza los principios bíblicos y los valores —incluyendo respeto, empatía, confianza, justicia y trabajo en equipo— en el tejido de sus organizaciones. Estos valores y principios fueron el fundamento del éxito de Ritz-Carlton, medido según la retención de empleados, la satisfacción de los clientes y la rentabilidad.

El párrafo de conclusión de la declaración de misión del Ritz-Carlton dice:

> Siempre seleccionamos a los empleados que comparten nuestros valores. Nos esforzamos por satisfacer las nece-

> sidades individuales porque nuestro éxito se basa en la satisfacción, esfuerzo y compromiso de cada empleado. Nuestros líderes constantemente apoyarán y energizarán a todos los empleados para que la productividad y la satisfacción del cliente mejoren continuamente. Esto se logrará creando un entorno de verdadera empatía, confianza, respeto, justicia y trabajo en equipo a través de la capacitación, educación, empoderamiento, participación, reconocimiento, recompensas y oportunidades profesionales.

Horst y el liderazgo en Ritz-Carlton crearon un sistema que le permite a cada empleado conectarse con los valores centrales de la organización de una manera poderosa y significativa. A través de los cuatro componentes primarios: el proceso de selección de empleados, un liderazgo involucrado, capacitación, educación y comunicación diaria, se ha logrado convertir las metas en una realidad viva.

El proceso de selección de empleados

Horst explica que Ritz-Carlton se toma el tiempo de seleccionar a la gente correcta para el empleo indicado y no contrata personas con el único fin de cubrir una posición. «Nuestra industria tiene fama de hacer que las personas cumplan una función, que hagan cosas —dice—. Creo que es irresponsable y de cierta manera inmoral. La gente no debería solamente cumplir con una función. Tienen el derecho a formar parte de algo».

Ritz-Carlton utiliza un proceso altamente sofisticado para determinar los rasgos de carácter necesarios para ocupar una posición particular, así como para determinar la capacidad de un candidato para cumplir con los requerimientos de ese puesto específico. En esencia, la compañía hace un esfuerzo meticuloso para evaluar si las competencias y los valores son los indicados. Horst explica: «Es necesario que el empleado y la organización sean compatibles. Lo mismo sucede con nuestros valores. Es importante que el empleado tenga los mismos valores que nosotros».

Este esfuerzo desde el inicio tiene grandes resultados al final del proceso. La incorporación de este proceso de selección por sí misma contribuyó a un 50% de reducción en la tasa rotación de empleados de Ritz-Carlton.

Liderazgo involucrado

Horst Schulze se exige mucho a sí mismo y a los demás líderes. Le dice a la gente: «El liderazgo establece la visión, los estándares, los valores y las metas de la organización y, con empatía, involucramos a cada uno de los empleados en el proceso. Lo hacemos viviendo los valores, compartiéndolos de manera lenta, cuidadosa y adecuada».

El rol del liderazgo, insiste Horst, es «apoyar y energizar» a los empleados para que la productividad y la satisfacción de los clientes continuamente mejoren. Esto se hace demostrando los valores y modelando la manera correcta de hacer las cosas. En Ritz-Carlton es responsabilidad de todos los directivos trabajar hombro con hombro con sus empleados.

Al abrir un nuevo hotel, Horst comunicaba personalmente los valores de la organización. «Cada hotel que hemos abierto, lo he abierto yo —dice—. He ayudado a capacitar al personal de limpieza, los meseros y demás. Me quedaba por diez días para que supieran que yo estaba ahí para acompañarlos. Y les decía: "Sí, soy importante". Luego señalaba a cada uno de los empleados y les decía: "Pero también eres importante tú, tú y tú."».

Capacitación y educación

Ritz-Carlton proporciona más de 100 horas de capacitación y educación a cada empleado. La capacitación se centra en definir los valores centrales de la compañía. «Es de importancia crítica que todo el mundo entienda los valores claramente», explica Horst. La organización desarrolló «Nuestros estándares de oro» que claramente definen la visión, valores, metas y metodología del Ritz-Carlton. Estos estándares de oro incluyen:

- El credo: refuerza la prioridad y compromiso al servicio.
- Los tres pasos al servicio: define con más detalle las actividades y decisiones específicas de la interacción con el cliente.
- Los básicos de Ritz-Carlton: veinte puntos que se enfocan por completo en la resolución de problemas con los huéspedes y ayudan a eliminar la competencia interna.
- El lema de Ritz-Carlton: refuerza los valores de respeto, dignidad y servicio.

Comunicación diaria

«Creamos un sistema que refuerza los valores de la compañía a cada uno de los 16 000 empleados todos los días», explica Horst. Ritz-Carlton tiene un programa diario llamado La Formación. Todos los días, en cada turno, se hace una junta con los empleados que les brinda la oportunidad de comunicarse, desde recibir las instrucciones del día hasta resolver problemas. Además de la comunicación necesaria que se da a nivel del hotel, la oficina corporativa envía un mensaje diario que refuerza sus metas y valores. Estos mensajes ayudan a los empleados a crecer, personal y profesionalmente. «Por ejemplo —dice Horst—, un mensaje de felicitación a empleados específicos en sus aniversarios o ideas sobre cómo manejar el estrés o una cita inspiradora para el día».

Horst Schulze convirtió este respeto inquebrantable por la gente en una cultura exitosa. Su liderazgo para servir, con su enfoque en principios y valores bíblicos, ayudó a convertir a Ritz-Carlton Hotel Company en un líder mundial.

....

Conclusión

Aunque en el mundo empresarial el tema de atraer y retener a los empleados suele tratarse implementando programas que muchas veces no funcionan, eso no es la solución. La solución al asunto de atraer y retener empleados que comprendan el modelo de servicio es un cambio de paradigma en la definición de liderazgo.

El servicio al cliente y el compromiso de la organización con sus empleados están directamente influidos por tu definición de liderazgo. El mundo de los negocios por lo general define a un líder como una de las personas más poderosas e influyentes en una organización. En otras palabras, un líder es el primero entre muchos. Al estar entre los más poderosos de una organización, el trabajo del líder incluye dirigir a los demás.

La Biblia dice: «Pero no ha de ser así entre vosotros, sino que el que quiera llegar a ser grande entre vosotros, será vuestro servidor, y el que quiera ser el primero entre vosotros será esclavo de todos, que tampoco el Hijo del hombre ha venido a ser servido sino a servir» (Marcos 10:43-45). Dios establece claramente que un líder antepone las necesidades de los demás a las propias. En vez de dirigir a los otros, Dios define a un líder como alguien que sirve a los otros.

El liderazgo para servir se convirtió en un término de negocios durante la década de 1970, cuando Robert Greenleaf acuñó la frase «líder-servidor». Definió al líder-servidor como alguien que primero sirve, un líder que desea asegurarse de que las necesidades de los demás estén satisfechas. A primera vista, ser un líder-servidor parece contraponerse al éxito en un mundo altamente competitivo y orientado a los resultados, pero el liderazgo para servir es la herramienta que Dios le dio a los líderes para tener éxito. Todo lo que Dios diseña es un plano perfecto y confiable para llegar al éxito.

ACNielsen, una empresa de investigación y análisis de mercado, realizó encuestas regulares entre los empleados y vinculó los resultados con los datos de satisfacción de los clientes. Encontraron que la satisfacción de los empleados con el equilibrio entre trabajo/vida y una satisfacción general en el empleo son dos de los predictores más fuertes para la satisfacción de los clientes.[3]

Ken Melrose y Horst Schulze son dos líderes muy distintos. Provienen de pasados diferentes, trabajan en industrias diversas y tienen estilos y enfoques personales hacia el liderazgo para servir. Ken cambió la cultura de Toro y la puso de cabeza haciendo prioritarias a las personas sobre las ganancias y Horst elevó el estándar de servicio de los empleados de Ritz-Carlton. Independientemente de sus enfoques, estilos e industrias, cada uno fue un éxito en los negocios porque encontraron una manera de sacar lo mejor de sus empleados. Como resultado, cada una de sus organizaciones ha disfrutado de los beneficios de una baja tasa de rotación de empleados, mayor satisfacción de los clientes, y crecimiento y rendimientos a largo plazo.

Estos hombres y sus organizaciones comparten algunas cosas en común:

- Aunque su fuente de inspiración se encuentra en su fe en Dios, pudieron comunicar los principios básicos a su fuerza de trabajo de manera relevante y no amenazante.

- Cada líder demostró con el ejemplo, los valores de respeto, integridad y servicio a través del liderazgo.
- La importancia de estos principios centrales se demostró a través de la inversión de tiempo, energía, capacitación y dinero.
- Tanto Ken como Horst dijeron que ayudar al empleado a tener éxito fue la clave del éxito en el servicio al cliente y en el negocio. Respaldaron esta filosofía con actos.
- Crearon atmósferas que equiparon y permitieron a los empleados tener éxito, ya fuera en el proceso de selección, en la capacitación o en el entorno.
- Sus sistemas internos se basaron en un proceso a largo plazo, no en un programa a corto plazo.
- Para Toro y Ritz-Carlton, el liderazgo para servir ha funcionado. Se atrae y se retiene a los empleados, los clientes están satisfechos y las compañías son rentables.

Como líderes servidores, podemos reforzar los comportamientos de los empleados que hagan honor a la filosofía de la organización creando un enfoque diario en las cuatro R:

- ***Recursos:*** Identificar los recursos necesarios para maximizar el desempeño de los empleados. Los recursos pueden incluir capacitación, soporte técnico y soporte financiero, entre otras. La identificación de los recursos necesarios empieza preguntándole a los empleados qué necesitan para hacer un mejor trabajo.
- ***Respeto:*** El respeto empieza con el reconocimiento del empleado como un individuo único en vez de sólo un bulto que ocupa un puesto. Como hemos visto a partir de los casos de estudio, encontrar las habilidades y valores que se ajusten a la empresa es un factor muy importante en la retención de empleados.

La comunicación consistente entre líderes y empleados es esencial para una sociedad continua entre la organización y el empleado.

- *Reconocimiento:* El reconocimiento de un trabajo bien hecho es uno de los mayores refuerzos del buen comportamiento. Y además, el reconocimiento puede ser gratuito. La mayoría de los empleados desean que se les reconozca por sus contribuciones. Crea un plan diario para reconocer las contribuciones. Esto motivará al empleado y le ayudará a moldear el comportamiento que deseamos.
- *Recompensas:* La mejor manera de recompensar a los empleados es preguntarles cómo les gustaría que se les recompensara. Recuerda, cada uno es distinto. Algunas personas prefieren que se les reconozca de manera pública, otras privada. Pide a cada empleado que identifique las recompensas pequeñas y tangibles (comida, certificados de regalo, cursos...) e intangibles (una palmada en la espalda, felicitar verbalmente) y crea formas de celebrar las victorias individuales y por equipo en el camino.

El liderazgo para servir es la clave para atraer, retener y motivar a los buenos empleados. Los líderes que crean un entorno donde se aprecia el talento de los empleados, donde se les ayuda a crecer y se promueve que muestren su mejor lado, podrán, al igual que Ken Melrose y Horst Schulze, cosechar las recompensas de tener empleados leales y a largo plazo. Servir al servidor ayudará a tus empleados y a tu organización a tener éxito.

Guía de discusión

1. ¿Cómo defines la calidad e integridad del «servicio» en tu organización?
2. ¿Cómo defines el liderazgo para servir?
3. ¿Cómo defines tu rol como líder?
4. ¿Cuál es tu reto más difícil cuando se trata de encontrar y conservar empleados?
5. Identifica la lección más importante que aprendiste de estos dos casos de estudio.
6. Identifica una acción que puedas realizar para mejorar la satisfacción del empleado.
7. Identifica una acción que puedas realizar para mejorar el nivel de servicio en tu organización.

1. Karen Lund, "Owners at Every Corner", en Minnesota Business & Opportunities agosto, 1997.
2. Sue Shellenberger, "Surveys Link Satisfaction of Employees, Customers", en Star Tribune, 25 de enero de 1999.
3. Ibíd.

8 AMOR

Del amor *o* los resultados a amor *y* los resultados

El amor es paciente, es amable; el amor no es envidioso, no es jactancioso, no se engríe; es decoroso; no busca su interés; no se irrita; no toma en cuenta el mal; no se alegra de la injusticia; se alegra con la verdad. Todo lo excusa. Todo lo Cree. Todo lo espera. Todo lo soporta.

—I CORINTIOS 13:4-7

Tema: ¿Cómo alcanzo el equilibrio entre las necesidades de los demás con mi necesidad de obtener ganancias?

DAVID Y SARAH SE ENFRENTABAN A UN DILEMA. DAVID recibió una excelente oferta de trabajo con un importante incremento salarial en Florida. Sin embargo, vivía con su familia en Minnesota, cerca de parientes y una escuela en la cual su hijo estaba floreciendo académica y socialmente. Era obvio que mudarse de Minnesota no era lo óptimo para la familia, aunque el aumento salarial sería muy bienvenido. David y Sarah acordaron que la oportunidad podría beneficiar mucho a la familia. Aunque la decisión fue difícil, David aceptó la oferta y se mudó a Florida durante un año. Viajó a Minnesota cada dos semanas para ver a su familia.

John era un líder-servidor que se preocupaba mucho por sus ochenta empleados. Cuando la compañía para la cual trabajaba vendió su división a una compañía más grande y enfocada en los resultados, la empresa compradora exigió que recortara veinte puestos, eliminando una cuarta parte de su personal. No quería trabajar para esta organización con valores distintos ni recortar a veinte empleados que le importaban. Confrontado con este dilema donde todos perdían, renunció.

Solución: Cambia tu enfoque de «amor o resultados» a «amor y resultados.

Liderar con amor y alcanzar los resultados en una compañía parecen ser metas contradictorias. Por ejemplo, el dilema del equilibrio entre trabajo y familia sigue siendo un asunto importante, tanto para empleados como para las compañías. Nos sentimos jalados en dos direcciones opuestas: amar a los demás de un lado y trabajar para alcanzar metas financieras en el otro. ¿Existe una solución para este dilema?

Joel Manby —presidente y director general de Herschend Family Entertainment Corporation— y Cheryl Bachelder —directora general de Popeyes Louisiana Kitchen, Inc.— han transformado la mentalidad de «amor *o* resultados» en la revolucionaria «amor *y* resultados». Manby lo explica:

> Algunas personas piensan que el liderazgo tiene que ver solamente con los resultados. El liderazgo tiene que ver con los resultados *y* con amar a la gente con quien trabajas, hacer de tu comunidad un mejor lugar, obtener una sensación de satisfacción al final del día, y guiar a tus empleados que no pueden imaginarse trabajar en ninguna otra parte. Estas cosas no son mutuamente excluyentes.

De hecho, lo opuesto es verdad: los resultados son mejores cuando los líderes guían con amor.[1]

Los casos de estudio de estos dos directores exitosos están llenos de esperanza. Dirigir con amor no sólo beneficia los resultados, también contribuye al propósito más importante de las compañías.

....

☛ JOEL MANBY
El amor funciona

Joel Manby es una historia de éxito estadounidense. Cuando era joven, Joel estaba decidido a superar sus circunstancias y encontrar la prosperidad. Su padre, dueño de una tienda pequeña de maquinaria para granjas en Battle Creek, Michigan, tenía problemas para proveer de manera satisfactoria a su familia. «Crecer sin medios económicos hizo que no quisiera pasar por las mismas presiones financieras de mis padres», explica Joel. Trabajó arduamente, se convirtió en un estudiante de excelencia y se graduó de la Facultad de Negocios de Harvard. Fue ejecutivo de Saturn Corporation y ayudó a la nueva empresa automotriz a pasar de cero a cinco mil millones de dólares al año en ganancias en tan solo tres años. Su éxito en Saturn le ganó una promoción a director general de Saab para América del Norte, donde llevó a la división a su segundo mejor año en la historia de la compañía.

> Mi esposa, Marki, y yo nos mudamos diez veces en quince años mientras iba aceptando nuevos puestos de liderazgo con creciente responsabilidad y presión. Las constantes mudanzas generaron tensiones muy grandes en nuestra vida en casa y en nuestras cuatro hijas. Pasé más de 250 días de viaje, principalmente en Asia, e incluso cuando

> estaba en casa recibía llamadas a las seis de la mañana de Suecia y a las once de la noche de los mercados asiáticos.
>
> El 13 de septiembre de 1999, estaba en Australia porque había ido a participar en una reunión de distribuidores de Saab y le hablé a Marki para ponernos al día. Cuando empezó a hablar, su voz se quebró. "Es el segundo año consecutivo que no estás el día de mi cumpleaños. Cuando estás en casa, no estás realmente *en casa*. Esto no es lo que yo quiero. Pensé que podía manejarlo, lo intenté. Pero no está funcionando para nuestra familia. Tú estás frustrado. No eres feliz y yo tampoco. Las niñas casi no te conocen. Algo tiene que cambiar"[2].

Las palabras de Marki fueron una llamada de atención. Joel deseaba profundamente ser un buen esposo y buen padre. Así que se acercó a su jefe, el director general de Saab a nivel mundial, y le preguntó si podría volver a ser *solamente* director general de operaciones de Saab en América del Norte, un cambio que le permitiría viajar sólo la mitad del tiempo. Su jefe dijo que no.[3]

Joel tomó la difícil decisión de salirse de Saab y pronto aceptó una posición como el director general de una compañía que iniciaba en California. En su primera semana, Nasdaq cayó y perdió una tercera parte de su valor. Joel empezó a trabajar 24 horas al día y siete días a la semana para intentar salvar la compañía. Rentó un departamento en California y pudo viajar a su casa en Atlanta solamente una o dos veces al mes.

El camino que pensó lo llevaría de vuelta a su familia lo llevó a un departamento vacío y solitario. Una noche lluviosa, deprimido y sin esperanzas, Joel meditó sobre algunas cuestiones serias.

> Durante toda mi carrera he estado muy motivado... ¿para qué? ¿Hay esperanza de logar un equilibrio entre mis metas profesionales y mis metas familiares? ¿Los informes de

ganancias trimestrales son realmente lo que más importa en la vida?[4]

Sonó el teléfono. Era Jack Herschend, presidente de Herschend Family Entertainment Corporation (HFE), una de las compañías de entretenimiento más grandes del mundo. Yo había estado en la junta de HFE durante tres años y tenía una muy buena opinión sobre Jack y la compañía. "Joel, ¿cómo estás, hermano?", preguntó.

Su naturaleza compasiva abrió las puertas de mis emociones y le compartí mi situación. Lo que me respondió me sorprendió. "Me voy a retirar del puesto de presidente el año entrante —me dijo—, y todos en la junta quisiéramos que tú fueras el próximo presidente de HFE. ¿Lo considerarías?".[5]

Lo que Joel no sabía entonces era que la oferta de Jack Herschend revolucionaría su punto de vista sobre el liderazgo y los resultados. Al irse a HFE como presidente y director general, Joel encontró un negocio exitoso y lucrativo donde los resultados eran esenciales. Pero había más: «El liderazgo tiene que ver con los resultados *y*... —descubrió Joel—... y amar a la gente con quien trabajas, mejorar tu comunidad, salir con una sensación de satisfacción al final de cada día de trabajo, y guiar a los empleados que no pueden imaginar trabajar en ninguna otra parte. Los resultados son mejores cuando los líderes hacen su trabajo con amor».[6]

En su última junta de consejo de HFE, Jack Herschend compartió las siguientes palabras: «Es importante que la junta de consejo y los líderes nunca pierdan de vista los tres objetivos familiares más importantes para Herschend:

Un crecimiento específico en las ganancias para que se convierta en una "inversión a largo plazo", ser un "gran lugar de trabajo para grandes personas" y "liderar con

> amor". Es natural que a veces surjan tensiones entre estos objetivos, pero es una tensión que debe manejarse. No es aceptable tener rendimientos pero destruir nuestra cultura de "un gran lugar de trabajo para grandes personas". Tampoco está bien concentrarse en ser un "gran lugar de trabajo" sin lograr nuestros objetivos financieros. Esta es una tensión con la cual deben *trabajar*, no eliminar.[7]

Varios años después, Joel está convencido de que el liderazgo con amor es la mejor manera de administrar una organización. *Cualquier organización.*[8]

Joel no pierde tiempo en aclarar su definición de *amor*, ya que comprende lo fácil que se puede malinterpretar y utilizar equivocadamente la palabra. «El amor no es un sentimiento, sino una acción». En HFE, el principio del amor no obliga a la gente a tener un sistema de creencias particular, ni excluye a nadie, independientemente de su fe. Lo que sí hace es proporcionar libertad a los empleados de poner en práctica sus valores: «El amor ágape es el fundamento para las mejores y más nobles relaciones que pueden tener los humanos. Es un amor deliberado e incondicional que resulta de decisiones y comportamientos más que de emociones y sentimientos».[9]

Joel también entiende cómo la presión por lograr resultados y las malas relaciones pueden perjudicar las culturas empresariales. Las relaciones sanas, sostiene, son la clave de los resultados. «El amor ágape promoverá relaciones sanas entre los empleados y sus líderes, permitiéndole a la gente desempeñarse de manera óptima, mientras logra soportar las presiones y tensiones que se dan en una organización de alto desempeño. El amor ágape es el principio de liderazgo que hace que los líderes sean responsables de sus actos y permite que cualquier organización sea más sana y entusiasta».[10]

En su libro, *Love Works*, Joel identifica siete principios de liderazgo con base en 1 Corintios 13:4-7: «El amor es paciente, es amable; el amor no es envidioso, no es jactancioso, no se engríe; es decoroso; no busca su interés; no se irrita; no toma en cuenta el mal; no se alegra de la injusticia; se alegra con la verdad. Todo lo excusa. Todo lo Cree. Todo lo espera. Todo lo soporta».

Joel explica: «Estos son los principios que transformarán tu organización para pasar de los resultados a los corazones de tus empleados. El amor es…

- Paciente
- Amable
- Confiado
- Generoso
- Honesto
- Indulgente
- Dedicado»[11]

¿Cómo comunica HFE los principios bíblicos en un entorno de negocios diverso? Joel responde: «No necesitamos que creas en ciertas cosas, queremos que te portes de cierta manera». Al principio, mientras Joel presenciaba el amor en acción a través de los comportamientos de los líderes de HFE y sus empleados, se dio cuenta de que «no lo llamaban amor, simplemente así se comportaban». Vio cómo se ponían en práctica los principios de 1 Corintios 13 para construir actitudes y relaciones sanas, el tipo de cosas que hacían que HFE fuera exitosa.

Veamos unos cuantos de estos principios para entender cómo funciona el amor en HFE.

Amabilidad

Aunque la mayoría de nosotros estaríamos de acuerdo en que una cultura de amabilidad sería de gran beneficio tanto para empleados como para clientes, ¿por qué no se da en un mayor número de organizaciones?

Joel contesta: «Es difícil de poner en práctica y requiere de liderazgo y enfoque interminables. En HFE, nos enfocamos específicamente en crear una fuerza de trabajo entusiasta que trate al consumidor final con amabilidad. Se evalúa a todos los empleados (incluyendo a los líderes) en la categoría de amabilidad como parte de su evaluación anual, donde se miden además el entusiasmo, la pasión y el aliento. La amabilidad no es algo adicional, es un componente crítico de cualquier organización bien administrada. La amabilidad se encuentra en la base del aliento, el aliento conduce al entusiasmo y todos se benefician».[12]

Joel admite que es difícil hacer una pausa para dar las gracias a otros que han contribuido al éxito de la organización. Ha mejorado en esta área gracias a su jefe. Las pruebas de la amabilidad de Jack Herschend están por todas partes. «Al caminar por los pasillos de nuestras oficinas, veo notas en todas partes de Jack y de Peter. Están enmarcadas en las paredes o pegadas con cinta adhesiva a las esquinas de los monitores, o en exhibición en álbumes, pero todas se conservan porque todas son especiales».[13]

De hecho, Joel todavía tiene dos cartas que recibió de Jack. La primera llegó en un momento en el cual Joel estaba en gran necesidad de aliento. En medio de la recesión de 2009, Joel tuvo que tomar decisiones muy difíciles. La nota decía: «Joel, como bien dices, el 2009 ha sido un año difícil, estoy de acuerdo. En ciertos aspectos ha sido un buen año porque tú y tu equipo han demostrado que pueden sobreponerse a las situaciones más complicadas que tal vez vayan a pasar en sus carreras. Muchas gracias por el saco increíble y las palabras amables. Jack»

> Su nota era exactamente lo que yo necesitaba. El poder de este tipo de aliento me ayudó a redoblar mis esfuerzos para resolver nuestros problemas y llevar a nuestra empresa en una dirección positiva. Jack no me reprendió por lo que estaba saliendo mal, me alentó por las cosas que iban bien.[14]

Por supuesto, esto significó más horas en la oficina, más comidas familiares a las que no pude asistir, y más viajes. Entonces, unos seis meses después, Marki también recibió una nota escrita a mano de Jack.

Queridas Marki, Lauren, Erinn, Jesse y Anna:

Durante los pasados dos días he tenido el privilegio de ver a su padre realizar las tareas de liderazgo más increíbles al equipo del presidente. Fue el tipo de liderazgo que conduce a acciones que son agradables a Jesús. Me siento muuuy agradecido de que todas ustedes hayan elegido compartirlo con nosotros.

Con aprecio, Jack.

Llamé a Jack y le pregunté: "¿Cómo lo haces? Todos estamos muy ocupados con conflictos y limitaciones de tiempo, ¿cómo haces para siempre saber el momento perfecto para escribir la nota perfecta?".

La respuesta de Jack me ilustró cómo poner en práctica la amabilidad. "Los primeros veinte minutos de cada mañana reflexiono sobre el día anterior —me dijo—. Pienso sobre qué comportamientos observé que deban promoverse y luego escribo una nota para reforzarlos y agradecer".[15]

Generosidad

De muchas maneras, las dificultades económicas contribuyen a la mentalidad de supervivencia, tanto entre los individuos como entre las organizaciones. El tiempo es limitado y los recursos escasos. ¿Cómo hace entonces una organización para crear una cultura de generosidad abierta durante tiempos de escasez? Los líderes de HFE creen que generar una cultura de dar con generosidad es lo más inteligente que se puede hacer.

Mónica era una empleada temporal del parque Wild Adventures en Valdosta, Georgia. Su hermana, Layla, murió de manera inesperada y dejó huérfana a su sobrina de nueve meses. Mónica tenía apenas veintiún años y era soltera, pero decidió adoptar a Layla como propia. Sólo tenía un empleo temporal en Wild Adventures y sus padres tenían recursos financieros limitados, así que HFE la animó a que solicitara ayuda de la fundación Share It Forward. La fundación accedió a ayudar con los gastos del funeral de su hermana. Después, Mónica ingresó a un programa de padres solteros que le proporcionaría un apoyo económico mensual. Mónica es una mujer joven que tomó la decisión generosa de adoptar a la bebé de su hermana y su generosidad se vio apoyada por la de HFE. Su historia es sólo una de cientos dentro de HFE cada año.[16]

La fundación Share It Forward de HFE es un modelo práctico que ayuda a los empleados que requieren apoyo. Funciona de la siguiente manera: los empleados de HFE echan a andar las cosas con sus donaciones (generosidad personal). De sus ganancias, la compañía hace una donación equivalente a la de los empleados (generosidad organizativa). Luego, la familia Herschend entrega una ayuda adicional. Para mostrar su compromiso personal, Joel dona el 100% de sus regalías de *Love Works* a esta fundación. Casi el 10% de los empleados temporales de HFE han recibido alguna forma de ayuda financiera a través de la fundación y a la fecha más de 800 familias han sido beneficiadas.[17]

Joel deja muy claro que los programas como Share It Forward no tienen un impacto negativo en el desempeño financiero corporativo. «De hecho, es lo opuesto. Las fundaciones como Share It Forward crean lealtad y pasión en toda la organización y ayudan a mantener una fuerza laboral entusiasta y motivada así como clientes satisfechos».[18]

Como principio corporativo, la importancia de la generosidad, tanto personal como organizativa, se ha integrado como amor, compasión y apoyo a 800 familias agradecidas.

Honestidad

Llegar a la verdad es una de las tareas más difíciles en el liderazgo. En situaciones difíciles, suele ser más sencillo evitarla que confrontarla. Tanto empleados como líderes necesitan escuchar la verdad, si los individuos o departamentos están en conflicto, o si alguien con mal desempeño necesita irse, la necesidad de compartir la verdad es casi infinita. Decir la verdad, con amor, es esencial en los negocios.

Joel explica cómo la verdad es una parte importante del liderazgo. Los líderes deben definir la verdad del rol real de la organización en el mercado e identificar sus debilidades y fortalezas. De la misma manera, un líder debe garantizar que la verdad se comunique a cada uno de los empleados para que sepan sobre su desempeño y cómo puede mejorarse. Por tanto, la necesidad de comunicar la verdad es a la vez corporativa e individual.[19] Trabajar con la verdad conserva a las mejores personas y genera las mejores decisiones.

«Liderar con amor significa que te importa un individuo o un equipo lo suficiente como para dar y solicitar retroalimentación honesta. Cuando los líderes le proporcionan a sus equipos la verdad sobre su desempeño así como las herramientas para ser exitosos, *independientemente de los sentimientos personales*, esto es señal segura de que se está dirigiendo con amor».[20]

Joel usa una herramienta simple, que puede usarse para comunicación uno a uno o en equipos. En un trozo de papel se hacen tres encabezados con los títulos de «Conservar», «Más de» y «Menos de». Bajo el encabezado de «Conservar» se escriben las cosas que se aprecian más de un individuo y se desea que continúe haciendo. Bajo el encabezado de «Más de» se identifican las cosas que se quieren ver más de parte esa persona. Finalmente, en la columna de «Menos de» se escriben las cosas que son negativas y tienen que reducirse o eliminarse. Este mismo enfoque se puede utilizar en el contexto de grupos donde un equipo entero se está comportando de manera disfuncional. Como explica Joel: «Decir la verdad no siempre es fácil, pero no se puede dirigir con amor a menos de que se ame la verdad».[21]

Desde la primera edición de este libro, las preguntas que surgen con más frecuencia siguen siendo las mismas: «¿Puedo vivir mi fe y tener ganancias en un mundo orientado a los resultados?» y «¿Cómo puedo equilibrar las necesidades de los empleados con las obligaciones de las ganancias?»

Al separarse de la dirección activa de la compañía que creó, el mensaje de Jack Herschend fue que las tensiones entre el aumento de ganancias y guiar con amor eran algo que se tenía que aceptar, no eliminar. Esto continúa siendo un objetivo importante y alcanzable independientemente de las condiciones económicas. Joel afirma:

> Durante los últimos siete años en HFE, hemos crecido más de cincuenta por ciento en las ganancias operativas y hemos ganado más de 14% en rendimiento anual para nuestros dueños, claramente superando el desempeño de acciones de compañías grandes y pequeñas en el mercado de valores durante tiempos muy difíciles. Y lo hemos hecho al mismo tiempo que somos líderes con amor.[22]

Joel Manby y Herschend Family Entertainment ilustran que se puede vivir la fe y liderar una organización hacia el éxito financiero. En HFE, Joel descubrió que la manera de liderar como lo quiere hacer (en su vida profesional) y vivir como quiere vivir (en su vida personal) es una unión perfecta a través del principio del amor. Al aceptar las enseñanzas de Jesús en Mateo 22:37 y 39: «Ama al Señor tu Dios con todo el corazón y con toda tu alma y con toda tu mente... Ama a tu prójimo como a ti mismo», Joel descubrió que el amor funciona.

☛ CHERYL BACHELDER
Liderazgo recordado y destacado: liderar por el bien de los demás

Cheryl Bachelder, directora general de Popeyes Louisiana Kitchen, Inc., estaba en medio de un discurso para otros líderes de negocios, explicando cómo el liderazgo para servir había contribuido a un sorprendente 412% de incremento en el precio de las acciones de Popeyes, cuando con una gran pasión y sinceridad, dijo «¡Amamos a nuestros franquiciatarios!». Su comentario me detuvo. *¿Amamos a nuestros franquiciatarios*? Qué comentario tan extraño frente a un grupo de líderes empresariales. ¿Qué quiso decir? ¿Cómo se traduce "amar a los franquiciatarios" a "ganancias crecientes"? Así que le pregunté.

> En octubre de 2001, mi vida se desequilibró cuando recibí un diagnóstico de cáncer de mama etapa 1. Cuando te percatas de que tus días están contados, eso te motiva a reconsiderar cómo estás usando tu tiempo y, como mínimo, te hace querer pasar el resto de tus días actuando con mucha intencionalidad. Me hizo revisar mi enfoque de la vida laboral y familiar. Creo apasionadamente que debemos tener un propósito intencional en nuestras vidas diarias y debe ser obvio para quienes nos conocen y saben lo que representamos, lo que estamos intentando contribuir, y cómo pretendemos ser serviciales en esta vida, porque el último día creo que todos desearíamos en el fondo haber tenido una vida de significado, una vida que haya marcado, de alguna pequeña manera, una

diferencia. Después de mi diagnóstico de cáncer, me tomó unos cuantos años de búsqueda antes de comprender cuál era mi propósito.

Mi propósito y mi pasión están claros. Es desarrollar líderes con propósito que muestren competencia y carácter en todos los aspectos de la vida. En Popeyes, mi propósito es inspirar y desarrollar líderes servidores como un medio para ofrecer resultados de desempeño excepcionales para los franquiciatarios, miembros del equipo y accionistas.

En una entrevista para womenetics.com, Cheryl describió cómo llegó a esa pasión enfocada:

En mi propia carrera he observado a muchos líderes de los Estados Unidos y, francamente, me he visto desesperadamente decepcionada por el calibre de líderes de mi generación, de mi grupo de iguales... Me parece que los líderes estadounidenses son ensimismados y egoístas, siempre pensando en cómo conseguir un jet más grande, más acciones, casas más grandes. Todo es sobre ellos. He observado el impacto que esto (la actitud) tiene en las organizaciones. Nadie se motiva por la ambición personal de otra persona, a nadie le importa tu ambición personal. Les importa tener un propósito más elevado, hacer algo relevante y trabajar para alguien que se preocupe por ellos.

Empecé a preguntarme cómo serían las cosas si el líder guiara como a él le gustaría, es decir, si tú fueras el jefe para quien quieres trabajar. Es una conversación fascinante con la gente, pedirles que describan las cualidades ideales de un jefe. Siempre dicen: "Se toman tiempo conmigo, se arriesgan conmigo, me enseñan y me apoyan". Después, pregunto: "¿Tú eres ese jefe para alguien hoy?". Su rostro se congela porque nunca lo pensaron de esa manera. Es la naturaleza humana. Estamos diseñados para ser niños egoístas de dos años. Pero tenemos que pelear contra nuestra naturaleza y ser los jefes que nos gustaría tener. Esto fue lo que me acercó al liderazgo para servir, es el estándar más alto.[23]

Para mí, Jesús es el absoluto mejor maestro que haya existido. Amaba a la gente desinteresadamente, le preocupaba de manera genuina y consideraba que todas las vidas tenían dignidad. Eso para mí es la guía que inspira al liderazgo para servir. Siempre le digo a mi gente, no somos líderes servidores; simplemente estamos intentando ser líderes servidores. Todos los días nos toparemos con problemas provocados por nosotros mismos, nos equivocaremos y no alcanzaremos el tipo de amor desinteresado demostrado por Cristo. No somos Él pero qué gran ambición seguirlo y tratar de ser como Él. No puedo imaginar un estándar más alto para vivir la vida.

En el sitio web de Cheryl, www.thepurposeofleadership.com, comparte el texto del discurso que dio sobre el tema de liderazgo recordado y destacado. Para ser un líder recordado y destacado, explica, el propósito de tu liderazgo debe ser algo por encima de tus intereses personales. Debes guiarte por el bien de los demás.

> En Popeyes, estamos en medio de un "Gran Experimento". Estamos transformando la cultura de liderazgo de la compañía de un marco mental de interés personal (*¿Qué gano yo?*) a uno de servicio a otro (*¿Qué doy?*). La pendiente de nuestra curva de aprendizaje es alta.
>
> Nuestra primera decisión fue "¿A quién servimos?" ¿Intentaríamos mejorar el servicio a nuestros clientes? ¿Nos enfocaríamos en los intereses de nuestros accionistas? ¿Serviríamos a los dueños que habían invertido los ahorros de toda su vida en un contrato de veinticuatro años para ser franquiciatarios de Popeyes?

> Con base en mis palabras, deberían responder, por supuesto, los franquiciatarios.
>
> Pero esta no es la norma en nuestra industria. Típicamente la corporación sirve sus propios intereses, enfocándose en el cliente (que significa aumentar las ventas) y dando resultados a los inversionistas (que significa que se logrará elevar el precio de las acciones). En la vida real, el franquiciatario se considera típicamente como el pequeño empresario quejumbroso y emocional que siempre está presentando retos a los líderes y frenando el progreso. Nuestro equipo decidió ir contra las ideas convencionales y ver qué sucedería si nos enfocábamos en servir a nuestros franquiciatarios como nuestros clientes principales.
>
> Creímos que si realizábamos acciones que sustancialmente mejoraran sus vidas y sus ingresos, todos los demás interesados se verían beneficiados... nuestros empleados, nuestros clientes y nuestros accionistas.[24]

Cheryl está de acuerdo con Joel Manby en que el amor es un verbo activo.

> En nuestro negocio, tenemos muchas oportunidades de amar a los dueños de nuestros negocios y a toda la gente que trabaja en nuestros restaurantes. Casi 60 000 personas trabajan en nuestros restaurantes alrededor del globo. Cada una de estas personas es una oportunidad para expresar amor.
>
> Recientemente, tuvimos una experiencia muy conmovedora en la que un individuo de nuestra compañía murió inesperadamente a los cuarenta y tantos años de edad dejando a su esposa y un hijo. En cuestión de horas, un grupo de nuestra oficina central y un equipo de franquiciatarios se pusieron en acción, y reunieron un fondo de 50 000

dólares para la educación del hijo de este hombre. Sucedió gracias a los valores que residen en nuestra compañía.

El amor no es blando. Es una estrategia de desempeño. Tenemos 300 dueños de negocios. Una de las maneras en las cuales demuestro amor es establecer una relación de confianza con ellos. Los escucho, estoy en el momento y les dedico mi tiempo. Uno de los empresarios sintió que merecía un trato especial de mi parte. Pidió términos financieros preferenciales en su acuerdo de negocios. Le expliqué que mi rol es tratar a todos los dueños de franquicias de la misma manera para que puedan confiar en que seré justa en todas las transacciones de negocios y que nunca se pueda sospechar que estoy ofreciéndole trato preferencial a nadie. Amar no significó darle lo que quería. El amor puede ser un mensaje difícil, ya sea para un socio de negocios o para un hijo adolescente. No siempre es un abrazo o ser blando. Tiene que consistir en hacer lo amoroso incluso si es difícil o si no es la respuesta que deseas.

En www.thepurposeofleadership.com, Cheryl describe los resultados del enfoque de Popeyes en el servicio del franquiciatario.

Cinco años después de decidir construir relaciones *con* y resultados *para* nuestros franquiciatarios, las ventas del restaurante promedio de Popeyes aumentaron de un millón por restaurante a 1.2 millones por restaurante, veinte por ciento. Ese crecimiento en ventas, combinado con una iniciativa de ahorro en costos de 36 millones de dólares, aumentó las ganancias del restaurante promedio en 35 por ciento o 63 000 dólares por restaurante. Nuestros 350 restaurantes recién abiertos ahora proporcionan rendimientos de excelencia a nuestros franquiciatarios, comparados con rendimientos de casi cero hace cinco años.

> Y a los demás involucrados, ¿cómo les fue? El compromiso de nuestros empleados ahora es bastante más alto que las normas de la industria. La evaluación de la experiencia de nuestros clientes en el restaurante mejoró en diecisiete puntos porcentuales. Y nuestros inversores han sido recompensados con un aumento del valor de las acciones de 412 por ciento.[25]

Una de las citas que más inspira a Cheryl es de Max Stackhouse, profesor del Seminario Teológico de Princeton, quien dice: «Los líderes de negocios son cada vez más los líderes de la civilización. Observaremos con cuidado mientras otras instituciones fracasan: el gobierno, la familia, el sistema educativo, etcétera. Sin embargo, los negocios se encuentran en la mira de estos cambios en la civilización con la oportunidad de tener un impacto positivo».

En respuesta, Cheryl dice:

> Lo veo en nuestros negocios diarios. Ponemos en práctica nuestro modelo de negocios en todas las culturas, todas las fes religiosas y en todo tipo de gobiernos, ya sean dictaduras o democracias. Tenemos una oportunidad de enseñar competencias en negocios pero también rasgos de carácter y valores de negocios para crear entornos en los cuales la gente pueda florecer. Es una carga y una responsabilidad muy grande que descansa sobre los hombros de los líderes de negocios. ¿Qué tipo de líderes seremos en el momento que se nos dé la oportunidad para establecernos en esta tierra o en otros países? ¿Cómo será eso parte de nuestra guía de la civilización que avanza hacia el futuro? No creo que ésta sea una cita demasiado esotérica para describir lo que Dios nos está pidiendo que hagamos. Se nos llama para hacer una diferencia positiva en la gente para que puedan conocer a un Dios amoroso. Para mí, esta es la máxima oportunidad para ser una guía.

Cheryl Bachelder es el nuevo tipo de líder de negocios, un líder que considera el modelo de liderazgo para servir como una oportunidad para impactar personas de todas las religiones, culturas, gobiernos y países. Como Directora General, su trabajo no sólo consiste en obtener resultados, sino en impactar de manera positiva miles de vidas en una escala global.

....

Conclusión

El amor no es otra estrategia para alcanzar la rentabilidad de un negocio. Es un cambio revolucionario de paradigma en la manera en que vemos el liderazgo. Joel Manby y Cheryl Bachelder son líderes intencionales y con propósito que, al guiar con amor, inspiran y motivan a los demás. ¿Recuerdas cómo describía Joel el liderazgo? Dijo: «El liderazgo tiene que ver con los resultados *y* con amar a la gente con quien trabajas, hacer de tu comunidad un mejor lugar, obtener una sensación de satisfacción al final del día y guiar a tus empleados, que no pueden imaginarse trabajar en ninguna otra parte. La mejor manera de llegar a los resultados es tener líderes que guíen con amor».[26]

Amar es un verbo activo. La generosidad se promueve por encima de la ambición egoísta. El servicio a los demás se recompensa por encima de las agendas personales. *Paciencia*, *amabilidad*, *amor*, *respeto* y *honestidad* no sólo son palabras en una placa, son acciones y comportamientos que se entrenan, se miden, se monitorean y se refuerzan.

Implementar los principios del amor puede requerir algo de introspección. En el mundo orientado a resultados en el cual trabajamos, ser un líder con amor no es sencillo. No es la manera más rápida de guiar ni necesariamente la más eficiente. Cheryl recibió un diagnóstico de cáncer e inició un viaje de liderazgo de varios años para descubrir lo más importante antes de encontrar su verdadero llamado.

Joel encontró la claridad después de viajar 250 días al año y estar alejado de su familia. Ambos líderes pensaron sobre los beneficios de este enfoque desde una perspectiva de negocios personal, espiritual y práctica.

Independientemente de cuál sea tu enfoque de liderazgo, éste tiene un valor y un precio o, en otras palabras, dos lados de la misma moneda. Si tu enfoque es llegar a los resultados, probablemente tienes un buen dominio del valor financiero que le ofreces a tu compañía. Pero, ¿alguna vez has pensado en el costo de tu liderazgo a tu compañía? En sus libros *Built to Last* y *Good to Great*, Jim Collins explica que las compañías exitosas y sustentables tienen el valor y la disciplina para confrontar los hechos brutales de sus negocios, en particular los relacionados con la cultura de su organización. Como uno de los verbos activos del amor es la honestidad, te insto a que evalúes honestamente los costos ocultos que representan cada una de las siguientes amenazas para tu negocio.

Cinco amenazas ocultas: ¿cuál es el costo?

1. Codicia. La ambición es de gran beneficio para los negocios, ya sea en iniciativa personal, motivación o determinación. Sin embargo, cuando la ambición personal se convierte en ambición egoísta, la codicia puede presentarse para detrimento de la compañía. El diccionario define la codicia como un «afán excesivo de riqueza».[27]

¿Tu negocio se ha visto impactado de manera negativa por la codicia de alguno de los involucrados (empleados, líderes, clientes, accionistas)? ¿Cómo impacta la presión del dueño o de los accionistas de manera negativa en la cultura de tu organización?

2. *Deshonestidad.* La deshonestidad, a cualquier nivel, daña la reputación de un negocio y cuesta dinero. A nivel general, la ética de las prácticas de negocios de una compañía tiene un impacto en las decisiones de compra del cliente de esa compañía. En el nivel del empleado, la deshonestidad como el robo por parte de los empleados, la falsificación de hojas de trabajo, la mentira o el acoso le cuestan dinero real a la compañía.

¿Has perdido oportunidades de negocio debido a la práctica poco ética o deshonesta de alguien dentro de la organización? ¿Detectas una falta de confianza de alguna de las partes de la compañía? ¿Cuál es el costo de la deshonestidad del líder o del empleado en tu negocio?

3. *Desvinculación.* En 10 Reasons Your Top Talent Will Leave You, forbes.com informó que más del 70 por ciento de los empleados no sienten que sus jefes los valoren o los aprecien.[28] Subvaluar a los empleados lleva a una baja satisfacción en el trabajo y la desvinculación. Incluso tus talentos principales dejarán la compañía y se irán con la competencia.

¿Cuál es el nivel de satisfacción y vinculación de los empleados en tu compañía? ¿Cuál es la tasa de rotación de personal? ¿Sabes por qué los empleados se van? Si se están yendo porque sienten que no se les aprecia, ¿cuál es la razón de raíz dentro de tu cultura?

4. *Valores diferentes.* El artículo de Forbes, "10 Reasons", también reportó que más del 50 por ciento de los empleados dicen que sus valores son diferentes a los de su empleador.[29]

¿Cómo has comunicado la visión y valores de tu empresa? ¿Tus acciones diarias son coherentes con lo que comunicas? ¿Conoces los valores de tus empleados y qué valores buscan en un líder? ¿Tienes un método para alinear los valores de la compañía con los valores de los empleados?

5. *Conflicto.* CPP Inc. comisionó un estudio a nivel mundial sobre el conflicto en el lugar de trabajo. El estudio, de 2008, encontró que «el conflicto en el lugar de trabajo es una constante en el mundo empresarial. Los empleados pasan más de 2.8 horas a la semana resolviendo conflictos». Según el reporte, esto suma aproximadamente 359 mil millones de dólares en horas pagadas para lidiar con conflictos (con base en el salario promedio por hora de 17.95). Este estudio también encontró que 22 por ciento de los empleados decían que evitar el conflicto ha provocado una enfermedad o ausentismo en el trabajo. Según el informe, probablemente lo más importante es que el conflicto se *maneje adecuadamente*, lo cual, de hecho, puede beneficiar a una organización.[30]

¿Cuánto le está costando el conflicto a tu negocio? ¿Cuáles son las causas de fondo de los conflictos y cómo puedes ayudar a manejarlos y resolverlos?

Ahora que has evaluado los costos en dinero contante y sonante de dirigir con un enfoque en los resultados, veamos brevemente el otro lado de la moneda: ¿cómo y por qué podría revolucionar tu negocio dirigido con amor?

Tres beneficios claros de dirigir con amor: ¿cuál es el valor?

1. El amor construye relaciones saludables entre los involucrados. Construir relaciones positivas y de confianza con los empleados, clientes y accionistas contribuye a la sustentabilidad a largo plazo, tanto personalmente como para la compañía. Reflexiona por un momento en el número y alcance de las interacciones de negocios que se dan en cualquier día. Las relaciones de confianza mejoran la eficiencia y reducen los costos a largo plazo del conflicto, deshonestidad y desvinculación. En HFE promover las relaciones sanas entre líderes y empleados les permite a todos desempeñarse a su máximo potencial. Los resultados en HFE y Popeyes indican que las relaciones sanas, de hecho, conducen a un desempeño excepcional.

2. El amor alinea los valores personales de los empleados con sus valores de trabajo. Por lo general, la gente desea encontrar significado y propósito en su trabajo y busca la libertad de expresar sus valores en y a través de su trabajo. Como explicó Joel: «Cuando tus valores personales están en línea con tus valores de trabajo, tienes las mejores probabilidades de estar satisfecho. He recibido ofertas para irme de HFE, pero siempre las he rechazado porque mi vida profesional y mi vida personal están alineadas y esa satisfacción no tiene precio».[31]

3. Una cultura basada en el amor aumenta sus probabilidades de rentabilidad y sustentabilidad. Popeyes y HFE son modelos que demuestran que el amor funciona. No deberíamos sentirnos tan sorprendidos. Cuando desarmamos la palabra *amor* y vemos sus componentes activos, observamos que es un mapa práctico del comportamiento humano. El amor promueve y sustenta las mismas actitudes y comportamientos que benefician a los negocios.

Al principio no nos proponemos crear culturas de mal comportamiento; permitimos que el mal comportamiento infecte nuestra cultura empresarial, en especial cuando estamos bajo presión. Una cultura que persevera bajo presión (que mantiene sus valores centrales) aumenta las probabilidades de sustentabilidad a largo plazo porque los principios del amor proporcionan una constancia de propósito que trasciende los déficits temporales en los resultados.

Por otro lado, las acciones del amor protegen a los individuos y, si se gobierna de la manera correcta, también protegen a las culturas contra comportamientos egoístas que de otra manera las destruirían. ¿Por qué? Los líderes e individuos rara vez fracasan debido a sus competencias; fracasan por sus fallas de carácter. Las expectativas de comportamiento claramente definidas, en todos los ámbitos, limitan nuestras posibilidades de fracasar.

Los principios de liderazgo en 1 Corintios 13 construyen relaciones sanas y compañías fuertes. En *Love Works*, Joel Manby parafraseó los siete principios de liderazgo de 1 Corintios 13:4-7 donde se describe el amor como paciente, amable, confiado, desinteresado, honesto, indulgente y dedicado. HFE incorporó estos principios en uno de los valores centrales de su organización: *Servir a los demás: siendo paciente, amable, humilde, respetuoso, generoso, indulgente, honesto* y *comprometido.*[32] Al igual que hizo Joel en HFE, estos principios bíblicos pueden ponerse en práctica en otros entornos de negocios, con un enfoque en los comportamientos esperados, aplicado en todos los niveles de una organización.

No obstante, siendo realistas, muchos de nosotros trabajamos para líderes que están gobernados exclusivamente por los resultados. Si el «amor» es un comando que se nos da de manera individual, sin importar para quién trabajamos, ¿cómo podemos implementar sus principios? Veamos cómo podemos aplicarlos personalmente, sin importar el nivel que ocupemos en una organización.

En primer lugar, relee 1 Corintios 13:4-7, pero piénsalo desde una perspectiva de negocios: «El amor es paciente, es amable; el amor no es envidioso, no es jactancioso, no se engríe; es decoroso; no busca su interés; no se irrita; no toma en cuenta el mal; no se alegra de la injusticia; se alegra con la verdad. Todo lo excusa. Todo lo Cree. Todo lo espera. Todo lo soporta».

¿Qué palabras te vienen a la mente? Paciente, amable, generoso, humilde, respetuoso, indulgente, desinteresado, honesto, confiable, confiado, comprometido… ¿Acaso no posee cada una de estas palabras una aplicación práctica en los negocios, independientemente de nuestro rol en una organización?

Amor	*Aplicación en los negocios*
Es paciente	Diligente
Es amable	Amable
No envidia	Generoso
No presume	Genuino
No es orgulloso	Humilde
No es grosero	Respetuoso
No es egoísta	Desinteresado
No se enoja fácilmente	Paciente
No lleva registro de los errores	Indulgente
Se regocija con la verdad	Honesto
Protege	Cuida
Confía	Confiado; confiable
Tiene esperanza	Valiente
Persevera	Comprometido

Llevemos esto un nivel más allá. ¿Cómo se ve el amor en un entorno de negocios? Invertir (sacrificar) tiempo para ayudar a un compañero de trabajo. Tal vez haya alguien que necesite de tu experiencia, aliento, generosidad o como mentor.

- Tener el valor de ser honesto con un cliente o compañero cuando te equivoques, disculpándote y pidiendo que te perdonen.
- Mostrar consideración y perdonando a quien haya cometido un error que haya costado al negocio.
- Respetar a la competencia. Desarrollar las reglas básicas para el juego limpio.
- Estar dispuesto siempre a escuchar, esperar antes de hablar y esperar aún más antes de enojarse.
- Dirigir con discreción poniendo cuidado en cómo te comportes y hables en circunstancias sensibles.
- Mostrar aprecio a quien te ha ayudado o alentado con una carta personal, un correo electrónico o una conversación uno a uno.

- Compartir la verdad con amor, aunque fuera más sencillo evadirla.
- Siendo responsable y exigiendo que los demás sean responsables por sus acciones y comportamientos; considera un pequeño grupo de rendición de cuentas con compañeros de confianza.
- Ser humilde ante la verdad: escuchar los consejos o retroalimentación de los demás con una mente abierta.
- Mostrar control y paciencia cuando estés lidiando con un empleado o cliente difícil. Como sugiere Joel Manby: «No seas paciente con el mal desempeño, sé paciente con cómo respondes al mal desempeño».[33]
- Tener el valor de ser claro. Aclara los roles, responsabilidades y expectativas entre tú y los involucrados.
- Ser consistente entre quien dices que eres y lo que prometes, en todas tus transacciones de negocios.
- En vez de evitar el conflicto, acéptalo como una oportunidad de honrar a Dios. Aprende resolución de conflictos y técnicas de mediación como una manera de reconciliar, sanar y restaurar relaciones dañadas por luchas territoriales, políticas y conflicto organizacional.
- Ser responsable de todas las comunicaciones que salgan de tu boca. Tus palabras, verbales y escritas, tienen el poder de destrozar o sanar. Las palabras descuidadas dañan. Quejarse desalienta a los demás, las mentiras engañan, los chismes promueven el conflicto. Por otro lado, una palabra amable de aliento, un consejo sabio y el apoyo hacen la vida del otro algo mejor. Comunicarse con amor y apoyo hace la vida de los demás mejor. Comunicarse con amor significa comprender el poder que tienes y usarlo de manera sabia, con cuidado y discernimiento.
- Acepta la adversidad, la incertidumbre y la volatilidad como una manera de confiar en Dios y alienta a los demás que estén pasando por retos similares.

- Reconoce con humildad que el amor redentor de Dios está en el corazón de tu éxito y relevancia como líder tanto en el trabajo como en el hogar.
- Ser generoso con todo lo que tienes y todo lo que eres.

La historia se ha formado a partir de acciones individuales, acciones que fueron el equivalente conductual al amor. Abraham Lincoln, George Washington, Martin Luther King y William Wilberforce, entre otros, compartieron este rasgo de amor resuelto y perseverancia ante la oposición.

Dios nos da a cada uno la libertad de elegir cómo conduciremos nuestros negocios y nuestra vida. De los principios para el éxito que nos ha proporcionado Dios, el concepto del amor está entre los más fuertes y los más prácticos. ¿Recuerdas el pensamiento poderoso de Charles Reade?: «Siembra un acto y cosecharás un hábito; siembra un hábito y cosecharás un carácter; siembra un carácter y cosecharás un destino». Cosechamos nuestro destino con base en cada acto individual que sembramos. ¿Estás cosechando un destino con base en el amor *o* los resultados, o con base en el amor *y* los resultados?

Guía de discusión

1. Repasa las «cinco amenazas ocultas» y responde las preguntas. ¿Cuál es la mayor amenaza a tu negocio?
2. ¿Qué nociones presentadas en este capítulo resuenan más contigo? ¿Por qué?
3. Identifica los pros y los contras de dirigir con amor en tu negocio. ¿Los beneficios contrarrestan los costos? Explica tu respuesta.
4. Repasa el amor en acción con ejemplos. ¿Qué ejemplos tienen un significado más importante para ti? Identifica tres acciones que estás dispuesto a incorporar en tu negocio.
5. ¿Para qué tipo de líder te gustaría más trabajar? Describe las cualidades de un líder ideal.
6. ¿Eres ese líder para alguien hoy? Identifica dos acciones que necesites realizar para convertirte en el líder que aspiras ser.

1. Joel Manby, Love Works: Seven Timeless Principles for Effective Leaders, Zondervan, 2012, p. 24.
2. Íbid., p. 18.
3. Íbid., p. 19.
4. Íbid., p. 20.
5. Íbid., p. 20.
6. Íbid., p. 23-24.
7. Íbid., p. 29.
8. Íbid., p. 22.
9. Íbid., p. 32.
10. Íbid., pp. 33 y 34.
11. Íbid., p. 34.
12. Íbid., p. 61

13. Íbid., pp. 66-67.
14. Íbid., p. 62.
15. Íbid., pp. 64 y 66.
16. Íbid., p. 97.
17. Íbid., p. 98.
18. Íbid., p. 99.
19. Íbid., p. 112.
20. Íbid., p. 122.
21. Íbid., pp. 119-121, 122.
22. Íbid., p. 122.
23. Patty Rasmussen, "Cheryl Bachelder Serves Chicken, her Franchises and the World", en www.womenetics.com, 30 de mayo de 2013.
24. Cheryl Bachelder, "Remembered and Remarkable", en www.thepurposeofleadership.com, 30 de mayo de 2013.
25. Bachelder, www.thepurposeofleadership.com.
26. Manby, pp. 23-24.
27. http://lema.rae.es/drae/, "codicia".
28. Mike Myatt, "10 Reasons Your Top Talent Will Leave You", en www.forbes.com, 21 de mayo de 2013.
29. Myatt, www.forbes.com.
30. CPP Global Human Capital Report, Workplace Conflict and How Businesses Can Harness it to Thrive, Mountain View, CPP Inc., 2008.
31. Manby, p. 180.
32. "Core Values & Mission", en www.hfecorp.com/commitment, 30 de mayo de 2013.
33. Manby, p. 50.

9 PRIORIDADES

Del agotamiento a reavivar tu espíritu

Estad siempre alegres. Orad constantemente.
En todo dad gracias, puesto es lo que Dios, en Cristo
Jesús, quiere de vosotros.

—I TESALONICENSES 5:16

Tema: ¿Cómo puedo lidiar con el agotamiento en el trabajo?

A MARY LA CARCOME UN PROBLEMA IMPORTANTE QUE está arruinando su vida y la de su familia: es adicta al trabajo y éste la consume. Despierta a las 4:30 de la mañana y llega a la oficina a las 6:00 a.m., para poder adelantar algo en su día. Alrededor de las 7:30 p.m. llega exhausta a su casa. También trabaja el sábado y medio día el domingo. El domingo, va a la iglesia con su esposo y luego llega a casa, trabaja unas horas y hace sus tareas de la semana. El lunes en la mañana se despierta y empieza el ciclo de nuevo. No hay descanso, una semana se avalancha sobre la siguiente.

Hablamos sobre cómo Mary podría encontrar un equilibrio en su vida. Mary rompió en llanto diciendo: «Sé que debería encontrar un mayor equilibrio, pero las exigencias de mi trabajo no paran de acumularse. Nunca logro estar al corriente». Después de secar sus lágrimas, Mary prometió: «Las cosas se tranquilizarán en un par de meses. Cuando estén un poco más tranquilas, hablaré con mi jefe sobre mi horario». Yo ya había escuchado esta historia varios meses antes. Las exigencias que el jefe de Mary colocaba sobre ella eran muy reales. Sin embargo, me parecía que ella hablaba como si no tuviera alternativa en el asunto. Pensé, ¿quién es responsable de esta situación? ¿Es la compañía que le exige cosas injustas a una empleada excelente, o es la empleada, que ha aceptado las circunstancias, incluso a expensas de su salud y su familia?

Solución: Dale importancia a las cosas importantes.

En el mundo acelerado y exigente de hoy es fácil perder la perspectiva sobre qué es lo realmente importante. Debemos darle importancia a las cosas importantes diariamente. De otra manera, nos desviaremos de la voluntad de Dios y nos arriesgaremos a sufrir de agotamiento.

Equilibrar la vida personal y profesional es un asunto serio y complejo que aqueja a muchas personas en la actualidad. Aunque es verdad que no se resolverá este asunto en un capítulo de un libro, podremos llegar a algunas introspecciones aprendiendo sobre dos líderes muy ocupados que están disfrutando de una vida abundante. Aprenderemos cómo su «perspectiva» y prioridades les permiten trascender las presiones del trabajo. S. Truett Cathy —fundador y presidente de Chick-fil-A, una cadena de casi mil restaurantes— siguió el Cuarto Mandamiento de Dios: descansar, cambiando su vida y teniendo un impacto en los miles de empleados que trabajan en Chick-fil-A. Bob Naegele, expresidente y copropietario de Rollerblade, la compañía que convirtió el patinaje en línea en un fenómeno de ejercicio, demuestra cómo una apreciación de las bendiciones de Dios se tradujo en mostrar su aprecio a los empleados de Rollerblade. En ambos casos, estos líderes mantuvieron la perspectiva de qué es lo más importante y, como resultado, disfrutaron de una cosecha de amor, paz y dicha.

S. Truett Cathy conoce bien el trabajo duro. También entiende los retos de encontrar tiempo para descansar. Hace más de cincuenta años, Truett y su hermano, Ben, abrieron un pequeño restaurante llamado el Dwarf Grill en un suburbio de Atlanta. En 1946, cuando terminaron la jornada tras la primera semana en el negocio, Ben y Truett se sentaron, exhaustos, después de que se había ido la clientela de la cena del sábado. Entre los dos hermanos habían trabajado seis turnos consecutivos de veinticuatro horas. «¿Qué opinas, Truett?», preguntó Ben. «Creo que tenemos que cerrar mañana», contestó Truett. Desde el principio, los hermanos Cathy dijeron a sus clientes: «Estamos abiertos veinticuatro horas al día, pero no los domingos».[1]

> Cerrar los domingos se ha convertido en un principio distintivo de mi pasado cristiano —dice Truett—. Desde la infancia, mis maestros de catecismo y mis pastores insistían en que el domingo era el día del Señor. Yo veo otra razón. Dios le dijo a los israelíes que trabajaran sólo seis días para que el séptimo se pudiera usar para descansar. Nuestros cuerpos y mentes necesitan tiempo de descanso para recargar energía. Por último, cuando era joven, el domingo se convirtió en un día importante para que las familias pasaran tiempo juntas. Durante los últimos cincuenta y cuatro años, he aceptado eso como un principio y he honrado a Dios haciéndolo. Dios nos ha honrado y a nuestro negocio debido a eso.[2]

Los resultados hablan por sí mismos. Los domingos, encontrarás a Truett haciendo las dos cosas que más ama: dando clases de catecismo a adolescentes (lo cual ha hecho los últimos cuarenta y cinco años) y pasando tiempo con su familia. En el frente profesional, ese restaurante en 1946 se convirtió en la piedra angular de Chick-fil-A, ahora una cadena de 1000 restaurantes.

Truett tomó la decisión de no abrir los domingos en 1946 y ha permanecido comprometido a este principio desde entonces. Como resultado, ni Truett ni ninguno de los 40 000 empleados de los restaurantes de Chick-fil-A trabajan los domingos. El mundo empresarial tradicional califica esta decisión como una locura porque Chick-fil-A pierde entre 15 y 20 por ciento de ventas potenciales. Truett, el fundador y presidente de Chick-fil-A, lo ve de otra manera. «Creo que Dios estableció sus leyes no para hacer las cosas más difíciles, sino para hacerlas mejores —explica—. Esta es la fórmula que Dios nos ha dado para el éxito. En este caso, es definitivamente más fácil tener éxito que trabajar siete días a la semana y perderse de la bendición».

S. Truett Cathy vive su vida siguiendo un principio sencillo: conservar la importancia de las cosas importantes en la vida. Le dice a la gente que el éxito no se define por un área de la vida sino por varias.

> Tenemos que preguntarnos qué es lo realmente importante. He visto gente que es muy exitosa en los negocios pero un fracaso total en las relaciones con su familia y otras áreas importantes. He visto muchos padres que aman a sus hijos y que se sienten ansiosos por darles las cosas materiales que ellos nunca tuvieron de niños, pero que fracasan en darles lo que es realmente importante. Para mí, lo más importante es mi relación con el Señor y vivir mi vida como un modelo a seguir para mis hijos. Es agradable tener las cosas materiales que llegan con lo que la gente clasifica generalmente como "éxito en los negocios", la casa bonita y los carros. Todo eso es secundario cuando se trata de mi familia.

Conocí a Truett en las oficinas centrales de Chick-fil-A en Atlanta hace varios años. Me imaginé que iba a conocer al ocupadísimo presidente y fundador de un negocio de comida rápida que ganó casi 800 millones de dólares netos en ventas el año previo (en 2012 la compañía tuvo ventas de 4.6 mil millones de dólares). En vez de eso, la persona que conocí podría haber sido mi abuelo. Al entrar a las oficinas, una sensación de paz y serenidad me invadió mientras conducía por un camino sinuoso que atraviesa los setenta y tres acres de bosques y estanques. Después de estacionarme, caminé a la entrada principal y vi la declaración de propósito corporativo de Chick-fil-A. Decía:

Glorificar a Dios siendo un administrador fiel
de todo lo que se nos confió.
Ser una influencia positiva en todo
Lo que entre en contacto con Chick-fil-A.

Entré y le informé a la recepcionista sobre mi cita. Rápidamente me recibió la asistente de Truett diciendo: «Le pido una disculpa. El Sr. Cathy está atrasado veinte minutos porque está en un almuerzo con dos visitantes importantes. ¿Quiere almorzar en nuestro restaurante mientras espera?»

Cuando me reuní con Truett, estaba despidiéndose de sus visitantes importantes: dos chicos de trece años de edad que querían conocer la operación de Chick-fil-A. Además de su familia natural de tres hijos, doce nietos y once bisnietos (en febrero de 2012), Truett es abuelo de más de 150 «nietos adoptivos» a través de WinShape Homes, un programa de cuidado temporal establecido por Truett y su esposa Jeannette en 1987.

Mientras conversaba con Truett sobre su negocio y su liderazgo, pude notar dónde se encuentra su pasión: en su fe en Dios, su familia, el personal corporativo y los 40 000 empleados, en su mayoría jóvenes, que considera familia. Cuando terminamos, Truett me dio un tour por su museo del automóvil y me acompañó de regreso a la entrada de las oficinas. El verano en Atlanta es caluroso y este día no era la excepción. Cuando estábamos en el estacionamiento, Truett me volteó a ver y me dijo: «Súbete. Te llevaré a tu auto».

«¿Este es tu coche?», pregunté cuando vi un viejo pickup de Toyota. Truett respondió: «No, lo conseguí para uno de mis chicos que va a entrar a la universidad. Lo compré y lo arreglé para que tuviera algo en qué moverse. Necesito conducirlo para asegurarme de que todo esté funcionando bien».

Cuando pasamos junto a la placa de bronce con la declaración de propósito corporativo, releí la primera frase: «Glorificar a Dios siendo un administrador fiel de todo lo que se nos confía». *Guau, apuesto que le dan problemas por esto,* pensé. Como si pudiera leer mis pensamientos, Truett explicó:

> Nuestro personal ejecutivo inicialmente diseñó esa declaración en un retiro en el norte de Georgia. Estábamos pasando por una época difícil en 1982 y teníamos la urgencia de resolver algunos asuntos serios de negocios. Durante una discusión larga, mi hijo Dan habló: "¿Por qué estamos en este negocio? —preguntó—. Por qué estamos aquí? ¿Por qué estamos vivos?". Al principio consideré que estas preguntas eran simples. "¿Por qué estamos perdiendo tiempo hablando de los 'por qués' cuando tenemos que discutir cómo vamos a superar esta crisis?". Pero, en vez de pasar por alto sus cuestionamientos, hice una pausa y dije: "Tal vez sí necesitamos responder estas preguntas".

Truett continuó explicando que escribieron la declaración de propósitos corporativos para proporcionar claridad y definir lo que consideraban más importante. En 1983, su personal hizo una placa con esta declaración y se la regaló en Navidad. «Me sentí honrado —recuerda—. Esa declaración resume mi actitud mejor que cualquier otra cosa. Siempre he querido influir en la gente de nuestra organización no imponiéndoles nada sino por medio de mi actitud, mi estilo de vida».

Cuando iba de regreso en mi auto hacia la carretera interestatal para tomar un vuelo de regreso a casa, reflexioné sobre mi visita. Me di cuenta de que Truett vivía de acuerdo con esa declaración de propósitos corporativos. Honraba a Dios siendo un buen administrador y ciertamente su influencia en mí fue positiva. A pesar de las exigencias y presiones de negocios que pesan sobre el presidente de una cadena de mil restaurantes, este abuelo estaba viviendo su vida con la convicción de respetar lo más importante para él.

Entender las prioridades de Truett en la vida aclara su decisión de cerrar todos sus restaurantes los domingos. El domingo es tradicionalmente el tercer día más activo para las ventas en los restaurantes y genera aproximadamente 14 por ciento del negocio semanal y anual. Se gastan unos 50 mil millones de dólares en los restaurantes los domingos y ninguno de estos dólares se gastarán en Chick-fil-A. Eso no sólo se traduce en pérdida de rendimientos potenciales, sino que también significa que Truett tiene que lidiar con la considerable presión que generan los desarrolladores de centros comerciales en el país. Quieren que Chick-fil-A esté abierto para que puedan alimentar a sus clientes.

En su autobiografía, *It's Easier to Succeed Than to Fail*, Truett recuerda cuando recibió una carta de uno de estos desarrolladores que tenía un centro comercial de los más grandes en los Estados Unidos. Recibió dicha misiva en un momento de aumento en la competencia y reducción en las ventas. Aunque la carta era amable, presionaba a Truett para que abriera el Chick-fil-A del centro comercial los domingos. Incluía varias razones válidas.

La carta cerraba con una explicación: «Tenemos miles de empleados y paseantes domingueros a quienes se les está negando el derecho a comer en tu restaurante en la tarde de los domingos. Si tú sientes que los puntos que presentamos en esta carta son válidos, y si consideraras abrir el Chick-fil-A los domingos, nos gustaría ofrecerte nuestra contribución de 5000 dólares a las iglesias u organizaciones de tu elección».

Truett respondió, explicando su decisión a detalle. La carta de Truett cerraba diciendo: «Sus pensamientos son bien recibidos. Son justo el tipo de persona a quien nos gustaría complacer con su solicitud razonable, pero por favor comprendan que no podemos comprometer ciertos principios».[3]

Aunque Truett ha sentido considerable presión externa del mundo de los negocios, nunca ha sentido presión interna para ceder. Sabe lo que es importante. «No se puede complacer a todos —dice—. Incluso la gente que está en desacuerdo contigo te respetará por tus convicciones. Además, ¿cómo puedo enseñar a mis chicos del catecismo que respeten el día del Señor si las cajas registradoras están tintineando en mis restaurantes?»[4]

Los principios que mueven la vida personal y profesional de Truett vencen las presiones del negocio. En vez de reaccionar ante las zanahorias que ofrece el negocio (las recompensas) o los acicates (las exigencias del negocio), responde a la prescripción que Dios le presentó. Esto lo libera de los grilletes que le colocan las exigencias de los negocios.

Llegué con Truett en busca de respuestas al tema complejo de equilibrio entre trabajo y familia. Lo que encontré fue un hombre que ni siquiera lo consideraba un problema. Simplemente estaba viviendo la vida que Dios tenía diseñada para él y conservaba la importancia de las cosas importantes.

Cuando me reuní con Bob Naegele en sus oficinas en el centro de Minneapolis una soleada tarde de octubre, vi a un hombre que se divertía. De inmediato percibí el entusiasmo y dicha de su comportamiento. Este entusiasmo me pareció extraño, considerando que Bob estaba esperando saber si su oferta para comprar el equipo de beisbol de los Twins de Minnesota sería aceptada. Considerando la magnitud de esta oportunidad, asumí que Bob estaría estresado y distraído. No fue el caso. Las circunstancias de

Bob no tenían importancia, él estaba disfrutando la vida independientemente de ellas.

Bob no siempre fue así. Al igual que la mayoría de la gente, ha tenido su ración de tiempos difíciles. «Mi vida ha consistido en una serie de desastres y rescates», explica Bob. Sin embargo, hoy en día ya no vive con temor, vive con aprecio. Aprecia lo que la vida le ha dado porque sabe que todo es un regalo de Dios.

> El miedo solía ser una parte importante de mi vida —dice Bob—. Tenía un temor profundo de no dar el ancho. Cuando era niño, e incluso como adulto, temía a la muerte. El miedo también desempeñó un papel importante en mi vida de negocios. El miedo era la motivación. El miedo me exigía que hiciera el trabajo o me costaría el empleo. La motivación total era la autopreservación. He tenido mis altibajos en la vida, pero al ver hacia el pasado, cada vez que se me presentó un desastre tuve un rescate.

No tarda en relatarme sobre su encuentro personal con Jesucristo, uno que alteró la dirección de su vida, la vida de su familia, y las vidas de amigos, empleados y socios de negocios.

> Descubrí que Dios me amaba tanto que había enviado a su hijo para que muriera por mí. Nunca había conocido ese amor. Además, entendí que Dios estaba profundamente interesado en mí, personal y profesionalmente, y quería que tuviera éxito en todas las áreas de mi vida. Dios vino a rescatarme. En el ámbito profesional, me convertí en un líder más empático. En casa, me convertí en mejor esposo y padre. Aprendí a enfocarme en las cosas importantes como la confianza, el respeto y en honrar a mi esposa. Todo eso marcó una gran diferencia. Fue sorprendente ver el impacto positivo en mi matrimonio.

La carrera de Bob ha abarcado casi cincuenta años, la mitad de los cuales estuvo en una agencia de publicidad de exteriores. El periodo entre 1985 y 1995 fue el más agitado. Bob y otras quince personas transformaron un patín en línea desconocido en Rollerblade, la compañía que creó una nueva alternativa de diversión y ejercicio para millones de personas.

Bob y su equipo enfrentaron su ración de retos en Rollerblade. «Mi experiencia en Rollerblade reflejó mi vida: altas y bajas y un desastre que requirió un rescate», cuenta Bob. Lucharon por años intentando ser reconocidos. Aunque tenían un gran producto, nadie lo conocía. La compañía luchaba económicamente y no tenía los recursos para lanzar su producto al mercado de la manera en que debía hacerse.

Bob narra:

> Me acuerdo de una noche en particular cuando me estaba dando miedo y me sentía ansioso sobre si lograríamos salir adelante. Recuerdo haber leído Filipenses 4:6: "No os inquietéis por cosa alguna; antes bien, en toda ocasión, presentad a Dios vuestras peticiones mediante la oración y la súplica, acompañadas de la acción de gracias". Grité: "¡Dios, por favor ayúdanos! ¡Nadie conoce Rollerblade!".

Dos semanas después los Vikings de Minnesota estaban jugando contra los Bears de Chicago en el partido de futbol de lunes en la noche. Durante la semana del partido, en televisión nacional, Mike Ditka, entrenador en jefe de los Bears de Chicago, comentó: «Estaremos jugando contra los Vikings en el Rollerdome en Minneapolis». La gente de mercadotecnia de Rollerblade aprovechó esto y «Rollerblade» se convirtió en una palabra muy reconocida y en un éxito de la noche a la mañana.

El incidente del Rollerdome le ayudó a Bob a recordar quién estaba en realidad al mando. Hoy en día este incidente le ayuda a apreciar lo bueno que Dios ha sido con él. También le da una gran apreciación por la gente a su alrededor que contribuyó al éxito de Rollerblade.

Tras vender su parte de 50% de Rollerblade a Nordica, una manufacturera italiana de botas para esquiar, Bob quiso mostrar su aprecio por los empleados de Rollerblade. «Mi padre solía decir: "La gratitud que no se expresa en palabras es ingratitud". Así que, ¿cómo se muestra la gratitud? Diciendo "gracias" de una manera significativa».

Ann, una empleada de Rollerblade con seis meses de embarazo, llamó a su esposo, llorando. Él asumió lo peor de inmediato pero su reacción se convirtió en dicha cuando Ann describió la nota de agradecimiento y el cheque de 11 000 dólares que habían recibido de parte de Bob Naegele y su esposa Ellis. Ann no fue la única empleada en recibir un regalo generoso de agradecimiento de parte de los Naegele. Los 280 empleados de Rollerblade recibieron regalos financieros que sumaron más de 4 millones de dólares. Cada empleado, desde el trabajador en la bodega hasta el gerente del departamento, recibió un cheque con base en los años de servicio a la compañía.[5]

> Ellis y yo sabíamos que queríamos hacer algo —dice Bob—. Sabíamos que estábamos motivados pero no sabíamos bien cómo hacerlo. Teníamos ciertas preguntas: "¿Cómo damos el regalo?", "¿quién debe recibir el regalo?", "¿cómo hacemos esto de manera justa?". Ya teniendo la motivación, buscamos la ayuda de Dios para saber cómo y a quién. Eso es lo mejor de tener una relación con Dios. Cuando haces Su voluntad, las cosas parecen avanzar. Todo se resolvió sin problema. No hubo mucho que averiguar ni muchas proyecciones de contabilidad que hacer.

El momento de la venta de Rollerblade y los detalles coincidieron perfectamente con la temporada navideña. Las acciones de Bob se vendieron en noviembre de 1995 y los detalles de su plan de regalos estaban en marcha una semana antes de Navidad.

> Todo coincidió en un momento que era muy significativo para Ellis y para mí, un momento en el cual se espera que ocurran los milagros navideños. Nos coordinamos con el vicepresidente de relaciones humanas de Rollerblade para informarle qué era lo que queríamos hacer. Se elaboró una lista de todos los empleados y Ellis y yo nos sentamos en la mesa de la cocina para hacer los cheques. Nos invadieron oleadas de dicha cuando vimos la cara de cada empleado en nuestras mentes, escribimos una nota de agradecimiento y firmamos los cheques.

Los regalos se enviaron por correo una semana antes de Navidad y empezaron a llegar a las casas de los empleados el 21 de diciembre. La dicha se esparció rápidamente. La portavoz de Rollerblade, Deborah Autrey, dijo: «Fue una gran sorpresa que eso surgiera de la nada. La gente reía y lloraba, abrazándose. Nunca he visto a la gente en semejante estupor». Cuando Matt, el director de mercadotecnia de productos, se enteró de las buenas noticias, inmediatamente llamó a su esposa y le dijo que abriera el correo. Cuando lo hizo, Matt escuchó sollozos. Llevaba once años con la compañía y su cheque se calculó en 21 120 dólares. «Fue muy conmovedor. Fue muy sincero para nosotros. Estábamos extremadamente sorprendidos y extremadamente agradecidos por su generosidad».[6]

Cuando entrevisté a Bob me quedó muy claro el significado del término bíblico «dador alegre». La dicha era parte de su persona. Durante nuestra entrevista, Bob utilizó la palabra *dicha* quince veces, hablando repetidamente sobre las olas de dicha que crea el dar. «La dicha es infecciosa, es explosiva, no se puede reprimir —explica—. Intentamos dejar caer la roca en el estanque de manera silenciosa cuando le hicimos el regalo a los empleados. Lo que aprendimos fue que dar motivado por Dios genera un efecto de ondas expansivas que generan olas grandes de dicha».

La primera ola de dicha que describió Bob fue cuando él y Ellis llenaron los cheques en la mesa de la cocina.

Ellis y yo recibimos la segunda oleada de dicha cuando las cartas de agradecimiento empezaron a llegar a casa —dice Bob—. Carta tras carta tras carta, ¡fue maravilloso! Llegaron casi diariamente por meses. Una joven pareja describió cómo habían dado el enganche de su primera casa, otra pareja escribió que habían depositado el dinero en un fondo destinado a la educación de su hijo, otro empleado y su esposa nos enviaron una fotografía de la casa que acababan de comprar. Fue un impacto financiero, un impacto material, pero lo más importante fue que tuvo un impacto espiritual.

Estas son algunas de las cartas de los empleados:

Quiero agradecerles desde lo más profundo de mis préstamos estudiantiles por recordar incluso a una pasante de Rollerblade. Estaba completamente sorprendida, aturdida y llena de dicha, todo al mismo tiempo.

Mindy

Para poder expresar nuestro sincero agradecimiento por su regalo, hemos hecho una donación al fondo de deuda de la construcción de nuestra iglesia. Tenemos mucho que agradecer.

Jay y Kathy

Su regalo fue increíblemente generoso y lo hemos depositado a nombre de nuestro hijo para su educación. Un día podré contarle a Carson sobre mi vida en Rollerblade y específicamente sobre ustedes y su familia. No puedo realmente explicar o describir nuestro aprecio en esta tarjeta; las palabras no son suficientes. Impactaron mi vida de más maneras de las que pueden imaginar. Les agradezco

> ahora y algún día me gustaría que Carson les agradeciera en persona.
>
> John y Jane

> Su regalo ha sido una fuente de aliento. No sólo ha sido importante financieramente sino que ha transmitido un mensaje espiritual poderoso. Nunca olvidaremos su regalo. Que Dios los bendiga siempre.
>
> Bill y Angela

La tercera ola de dicha provino de una fuente improbable, los medios de comunicación. La intención original de Bob era mantener privada la entrega de estos regalos, pero no pasó mucho tiempo antes de que los medios se enteraran de los regalos generosos. Bob recuerda haber recibido una llamada telefónica de uno de sus administradores, Matt. «Matt me habló y me dijo: "Bob, la prensa se va a enterar, ¿qué vamos a hacer?". Mi reacción inicial fue mantener las cosas en silencio. Después dije: "De acuerdo, es una gran oportunidad de darle la gloria a Dios"».

Los medios comunicaron un mensaje maravilloso. Los encabezados por todo el país incluyeron «Regalos a los trabajadores distinguen a Naegele», «Generoso bono de agradecimiento va contra actual tendencia empresarial» y «Compartir la riqueza, una buena acción pone un buen ejemplo». Cuando se difundió la noticia, también empezaron a llegar cartas de todo el país. El mensaje de dar había conmovido a una amplia gama de personas. Un maestro escribió:

> Después de enseñar durante 31 años en las escuelas públicas de Wayzata, aún no he recibido algo más que una manzana en el Día de la Educación Americana. Lo felicito por dar parte de sus ganancias de regreso a sus empleados.
>
> Larry

El senador de los Estados Unidos, Byron Dorgan, del estado de Dakota del Norte, se sintió tan conmovido que decidió hacer una presentación en la tribuna del senado del país:

> Señor presidente, me gustaría hablar brevemente sobre dos estadounidenses que quiero que conozcan mis colegas, dos héroes míos. Nunca he conocido a estos hombres. Hablé con uno de ellos por teléfono el otro día, un hombre llamado Bob Naegele. Supe del Sr. Naegele y su compañía por un artículo que leí en el *Star Tribune* cuando viajaba en avión en Minneapolis.
>
> Lo que este hombre estaba diciéndole a sus empleados era: ustedes fueron importantes. Ustedes, las personas que trabajaron en la planta y en las fábricas, y que ayudaron a fabricar este producto, ustedes son quienes me hicieron exitoso. Me ayudaron a ganar algo de dinero y quiero compartirlo con ustedes. Qué historia tan maravillosa. ¡Qué héroe! Me parece que si más directores generales en este país comprendieran lo que el Sr. Naegele comprende, este país sería un mejor lugar.

La dicha es un término que puede malentenderse; a veces se presenta como sinónimo de felicidad o de euforia. Es fácil centrarse en la bondad de la persona más que en la fuente de su inspiración. Bob explica: «Solía sentirme estresado y temeroso al no saber lo que me aguardaba en el futuro, pero ahora sé quién tiene mi futuro en sus manos».

Bob define la dicha que vive y habla de la siguiente manera:

> La dicha es una sensación interna que proporciona Dios, mientras que la euforia es la emoción del momento. Eso es lo que buscan las personas en el mundo de los negocios, la emoción del momento, la emoción del logro, de cerrar el trato. Por eso los negocios son tan atractivos para la

gente. También es la razón por la cual los empresarios se agotan. Siempre están intentando alcanzar algo más sin apreciar del todo lo que tienen. Pero la euforia es una dosis de corta vida motivada por las circunstancias. La dicha es mucho más profunda que la euforia. La dicha proviene de estar motivado por Dios a hacer cosas que importan, que le dan la gloria a Él.

....

Conclusión

Estaba en el centro de Minneapolis, corriendo entre dos citas. Aunque por lo general soy tranquilo y mesurado, ese día estaba de muy mal humor. Acababa de salir de una junta frustrante y tenía treinta minutos para llegar a mi siguiente cita. Las calles que estaban cubiertas de nieve blanca y pura, ahora estaban mojadas y lodosas. Iba viendo cómo mis zapatos se enlodaban cada vez más y eso me molestaba porque quería verme bien en la siguiente cita. Sabía que había dos puestos de lustrado de zapatos en el camino a mi siguiente cita, así que corrí rápidamente al puesto que prefería. Era conveniente, tenía servicio rápido y quedaba justo en mi ruta. Había que esperar, así que me dirigí al otro puesto, como una cuadra más lejos.

Afortunadamente, en el segundo puesto no había fila. El hombre que trabajaba ahí estaba sentado en la silla grande y cómoda comiendo un sándwich. Cuando me vio apresurarme hacia el puesto, el hombre mayor se puso de pie con lentitud para saludarme. Estaba pulcramente vestido con pantalones azul marino y una camisa azul. El emblema de la camisa mostraba su nombre con orgullo: Jake. Sonriendo, vio mis zapatos lodosos y dijo: «Vaya, vino usted al sitio indicado. Súbase y deje que Jake se encargue de todo».

Subí a la silla y empecé a rumiar molesto sobre la junta de la cual acababa de salir. Pensé sobre mi presentación, que había dado a diez cirujanos de un prestigiado consultorio médico. Les había ofrecido mis servicios para ayudar a los médicos a entender la importancia de mostrar respeto a sus pacientes. Era una oportunidad que consideraba importante personalmente, ya que un miembro de esta clínica me había operado de la espalda poco antes. Sentí que me habían tratado como una espina dorsal, no como una persona, y esperaba mostrarles cómo ser más respetuosos del paciente y cómo tratar a los pacientes como clientes.

La junta fue un desastre. Los cirujanos se indignaron y dijeron: «No podemos darnos el lujo de hacer eso. ¿Sabes el tipo de presión con la que trabajamos? El tiempo es dinero y ya estamos de por sí más llenos de pacientes de lo que podemos. No tenemos tiempo de estar dándole la mano a cada uno de los pacientes».

Yo había estado trabajando largas horas bajo bastante presión intentando hacer crecer mi nuevo negocio. Recordar los detalles de la junta provocó una reacción en cadena de pensamientos negativos: No se aprecian mis esfuerzos. Estoy retrasado en mi trabajo. Probablemente tenga que trabajar hasta tarde para preparar mi presentación de mañana. Estoy cansado. ¡Este día ha sido fatal! Me descubrí repasando mi lista de quejas y dejé de hacerlo.

Miré a Jake mientras limpiaba mis zapatos meticulosamente y se aseguraba de quitar cualquier rastro de lodo. Lo vi cuando envolvió una vieja tela alrededor de dos dedos y los metió en la crema negra para zapatos. Usando lentos movimientos circulares, frotó la crema para que penetrara mis zapatos. Me sentí fascinado por el minucioso detalle que usó para lustrar mi calzado. Cada movimiento empezó a transformar mis pies fríos y cansados transportándolos a un sitio cómodo y caliente donde podía descansar del día. Empecé a relajarme.

Sin levantar la vista, Jake dijo: «La vida en verdad es buena, ¿no?». Yo respondí sarcásticamente: «Eso depende de tu perspectiva». Jake me miró y dijo: «Yo no sé usted, pero el buen Señor me ha bendecido con noventa maravillosos años». Le pregunté: «¿Cuál es la clave de su éxito?». Sonrió y me dijo: «Apreciación. Aprecio todo lo que el Señor me ha dado». Jake continuó describiendo una vida de pobreza, conflicto y tiempos difíciles, sin embargo, sus historias estaban llenas de muchas bendiciones, incluyendo un trabajo que disfrutaba y una familia amorosa.

Sus comentarios me detuvieron. Pensé acerca de mi junta con los cirujanos. Ellos estaban molestos por las presiones de tiempo que tenían y claramente no se sentían en paz. Financieramente tenían todo lo que necesitaban, pero estaban estresados y quejándose por sus circunstancias. Pensé: Esos cirujanos tienen mucho que agradecer pero no aprecian lo que tienen. Por otro lado, Jake ha vivido una vida difícil y tiene muy pocas posesiones materiales, pero realmente está lleno de paz y dicha.

Un lustrado de zapatos de siete minutos transformó mi día malo en un día bueno. Mis circunstancias no habían cambiado, pero mi perspectiva sí. Por primera vez, comprendí lo que significaba ser dichoso siempre y dar las gracias en todas las circunstancias. Francamente, nunca había podido terminar de comprender el concepto de «ser dichoso siempre». Pensaba, ¿cómo puedo ser dichoso cuando estoy bajo tanta presión y me siento tan mal? La cosa se veía mucho más complicada cuando llegábamos a la parte de «dar las gracias bajo todas las circunstancias». Una cosa era fabricarse un poco de dicha pero, además, ¿dar las gracias en *todas* las circunstancias? ¿Incluso las malas? ¡Eso sí era una exageración! Jake me ayudó a adquirir perspectiva sobre lo importante. Me ayudó a ver cómo Dios no desperdicia nada; utiliza todas sus circunstancias para el bien de quienes lo aman.

Truett, Bob y Jake nos ayudan a comprender cómo ser dichoso a pesar de las circunstancias, presiones financieras y presiones de tiempo. Todos nos enfrentamos a momentos en los cuales tenemos demasiado trabajo y nos sentimos abrumados. Para muchos, esto es una condición temporal que mejora con el paso del tiempo. Para otros, la situación se extiende y resulta en agotamiento y desesperanza. Ya sea que estemos teniendo un mal día o estemos lidiando con un caso serio de desesperanza, no caigamos en la desesperación. Podemos reavivar el espíritu que yace dentro de nosotros independientemente de nuestras circunstancias presentes.

A pesar de las diferencias en sus pasados, Truett, Bob y Jake tenían similitudes sorprendentes. Como dijo Thoreau una vez, caminan al ritmo de «un tamborilero diferente». Vivieron sus vidas como una expresión del dar dentro de la voluntad de Dios. No definieron su felicidad según los estándares del mundo, sino según la voluntad de Dios. Dictaron su paso en vez de que se les dictara a ellos.

Aunque nunca tuvieron esa intención, sus decisiones fueron declaraciones públicas que impactaron a otros. La decisión de Truett de mantener cerrados sus restaurantes los domingos fue una declaración a sus empleados sobre la importancia del descanso y el tiempo con la familia. Los regalos de Bob a sus empleados de Rollerblade dijeron: «Ustedes son importantes y aprecio lo que hacen». La declaración de Jake: «Agradezco en todas las circunstancias» ha tenido un impacto significativo en mí y probablemente en muchos otros que pensaban que sólo necesitaban que les lustraran los zapatos. Mantuvieron la perspectiva. Conservaron la importancia de las cosas importantes y colocaron las circunstancias en su debida perspectiva.

Cada uno de estos hombres tomó una decisión simple en un mundo complejo. La decisión de Truett de cerrar sus tiendas podría haberse vuelto compleja si le hubiera dado importancia a la pérdida de ingresos y las relaciones tensas con los desarrolladores de centros comerciales, pero para él la decisión era sencilla; simplemente estaba siguiendo las instrucciones de Dios para alcanzar el éxito. La decisión de Bob de dar una recompensa a sus empleados estaba llena de detalles legales y de contabilidad, sin embargo su deseo de mostrar aprecio era sincero y simple. Sabía que las complejidades de su decisión se resolverían. Jake podría haberse quejado sobre las cosas que nunca tuvo, sin embargo eligió apreciar y sacar el mejor provecho de lo que sí recibió.

¿Alguna vez has conocido a alguien y has sentido cierta vibra positiva o negativa? ¿Alguna vez te has sentido tenso cuando alguien más estaba tenso o tranquilo cuando alguien más estaba relajado? De estos hombres yo percibí amor, paz y dicha. Estos fueron los productos secundarios de vivir vidas de fe dentro de un mundo complejo. Cada uno de ellos tenía una vida abundante con un espíritu desbordante. Salí de cada encuentro sintiéndome energizado, amado e inspirado.

Cuando estamos agotados, drenamos también a los demás. Cuando tenemos un espíritu desbordante, inspiramos y energizamos a los demás. El agotamiento no se debe tomar a la ligera. Tal vez una analogía simple nos ayude a movernos en la dirección correcta. A veces nosotros, como los carros, tenemos dificultades para echarnos a andar.

Diagnóstico: revisa si tienes los siguientes síntomas.

- Necesito recargar la batería. (Tengo dificultad para activarme en las mañanas.)
- Mi motor está demasiado acelerado. (El ritmo de mi vida es demasiado apremiante.)
- Dejé las luces encendidas toda la noche. (No dejo de pensar en el trabajo cuando voy a la cama.)
- Mi motor está haciendo ruido y necesito una revisión. (No soy tan eficiente en el trabajo como me gustaría.)

Paso de reparación 1: Recarga la batería

Dios es la fuente de mi energía y fortaleza. Reza, da las gracias y aclara la perspectiva. Un ejercicio sencillo es contar tus bendiciones (literalmente). Cuando te estés sintiendo particularmente estresado, tómate un momento para hacer una lista de las cosas por las cuales te sientes agradecido.

Paso de reparación 2: Ajusta el motor para que funcione a la velocidad correcta

Vive al paso que es el correcto para ti, no al paso del mundo. Haz que las cosas importantes sean importantes y simplifica tu vida eliminando los factores externos innecesarios.

Paso de reparación 3: Apaga las luces todas las noches

Cierra cada día. Crea un tiempo para descansar todos los días y semanalmente y asegúrate de que una buena noche de sueño separe cada día.

Paso de reparación 4: Afinación

Crea un plan de rejuvenecimiento diario para la mente, el cuerpo y el alma. Asegúrate de que cada día tenga un descanso en la mañana, en la tarde y en la noche.

Paso de reparación 5: Sal al campo

A veces lo único que necesitamos es un cambio de paisaje. Tal vez un descanso breve o unas vacaciones sean suficientes. En otras ocasiones, necesitamos cambiar nuestro entorno. Si ya realizaste los pasos del 1 al 5 y sigues drenado de energía, tal vez necesites encontrar otro entorno, uno que rejuvenezca tu alma.

Guía de discusión

1. ¿Qué te provoca agotamiento en tu trabajo? ¿Cuál, específicamente, es la razón de raíz?
2. ¿Cuál es tu perspectiva? ¿Estás satisfecho o no con tu situación actual? ¿Por qué?
3. ¿Tus acciones están en línea con las cosas que son más importantes para ti?
4. ¿Qué cambios harías para conservar la importancia de las cosas importantes?
5. ¿Qué puedes hacer para rejuvenecer tu espíritu diariamente?

1. S. Truett Cathy, *It's Easier to Succeed Than to Fail*, Nashville, Oliver-Nelson Books, 1989, p. 69.
2. Ibíd., p. 70.
3. Ibíd., p. 75.
4. Ibíd., p. 70.
5. "Rollerblade employees rewarded for service", en *Naples Daily News,* 7 de enero de 1996.
6. Ibíd.

10 REDENCIÓN

De la esclavitud a la libertad

Pues habéis sido salvados por la gracia mediante la fe; y esto no viene de vosotros, sino que es un don de Dios.

—EFESIOS 2:8

Tema: ¿Cómo me recupero de un fracaso personal o profesional?

«MIKE, ESTO ES UNA INTERVENCIÓN».

Mike se sorprendió muchísimo. A sus veinticinco años, se sentía dueño del mundo. Llevaba algunos meses en su empleo nuevo y prometedor y en tres semanas contraería matrimonio.

Pero antes de que terminara el día, empezaría a darse cuenta de algo que podría describirlo de manera importante.

Hola, me llamo Mike y soy alcohólico.

Mike no está solo. Varios amigos también han estado luchando por recuperarse de fracasos del pasado. Tom es un director general talentoso, motivado y con éxito que no alcanza a percibir el rol que tuvo en su divorcio doloroso ni en el distanciamiento emocional de sus hijos. Sigue siendo terco y obstinado en su manera de hacer las cosas; simplemente no está dispuesto a hacer los cambios necesarios para superar sus fallas. Jeff, por otra parte, perdió su empleo en un recorte de personal de su compañía; también perdió la esperanza y se dio por vencido. Tiene cincuenta y cinco años, gran talento, habilidades y experiencia, pero se ha creído lo que dicen sobre su generación: que es irrelevante en la economía actual.

En cada una de estas situaciones, el orgullo está en la raíz del asunto. La palabra griega para orgullo se puede traducir como «ceguera» y «egoísmo». Ya sea por orgullo, negación o miedo, podemos estar cegados a la transformación personal que necesitamos para mejorar nuestras vidas y las vidas a nuestro alrededor.

Solución:
Confía en el Dios de las segundas oportunidades.

La redención y transformación personal no son un programa ni un plan de crecimiento personal. La redención es un don de Dios. A través de este don, nuestros fracasos se pueden convertir en nuevos inicios, resultando en vidas de éxito y significado. El propósito de Jesús era darnos una vida, independientemente de nuestras imperfecciones pasadas.

En este capítulo, conoceremos a dos líderes que tuvieron caídas estrepitosas pero que, a través de la gracia de un Dios amoroso, encontraron nueva vida desbordante de significado y propósito. Mark Whitacre y Mike Sime tomaron malas decisiones una y otra vez. Estaban cegados a sus debilidades. Al final, al igual que cada uno de nosotros, la única manera de cambiar fue a través de Dios. El resultado fueron dos individuos cuyas vidas se transformaron radicalmente.

☛ MARK WHITACRE
De esclavizado a redimido

Era una mañana cálida de agosto en Chapel Hill, Carolina del Norte. Mark Whitacre tomó lo que parecía ser la última de una serie de malas decisiones. Entró a su cochera, encendió el auto y, con una foto de su familia en la mano, esperó a que los gases terminaran con su pesadilla. «No quería vivir y dudaba que lo mereciera. Mi egoísmo y orgullo le habían robado a mi familia la estabilidad y seguridad que debe proveer un padre». ¿Cómo cayó tan lejos de la gracia y tan rápido un ejecutivo brillante y talentoso?

> Empecé a trabajar en Archer Daniels Midland (ADM) en 1989, cuando tenía treinta y dos años, como presidente de la división de bioproductos —explica Mark—. En aquel entonces, ADM era la compañía número cincuenta y seis según *Fortune 500* y una de las compañías de complementos alimenticios más grande del mundo, con más de 70 mil millones de dólares en ingresos y 30 000 empleados. Los ingredientes de ADM están en los alimentos que la gente consume todos los días: Kellogg's, Kraft Foods, Tyson Foods, Coca-Cola y Pepsi.
>
> En el transcurso de tres años, me promovieron a vicepresidente corporativo y director corporativo. Los analistas de la industria en la revista *Fortune* decían que era probable que me convirtiera en el siguiente director de operaciones y presidente de ADM cuando se retirara el entonces presidente que tenía setenta años. Mi compensación total era de siete cifras. Vivía con mi esposa hermosa y mi familia cariñosa en una mansión y tenía acceso a los jets de la empresa.

Para 1992, la codicia y el orgullo estaban cambiando a Mark. «El trabajo me consumía. Era codicioso. No importaba cuánto ganara, nunca era suficiente». La esposa de Mark, Ginger, notó los cambios.

> En noviembre de 1992, Ginger empezó a profundizar en nuestras conversaciones. Fue directa. ¿Qué sucede en el trabajo? ¿Por qué me comportaba con tal intensidad? ¿Por qué parecía ser tan desdichado? Así que al fin le dije. Los ejecutivos más altos en ADM, incluido yo, estábamos en medio de un esquema ilegal de fijación de precios a nivel internacional. Le expliqué cómo nos estábamos reuniendo con la competencia y estableciendo los precios de varios ingredientes clave. Así que fundamentalmente habíamos formado un cártel internacional. Estábamos robando mil millones de dólares al año de nuestros clientes grandes en la industria de los alimentos y las bebidas, y eso a su vez aumentaba el costo de los productos que se transfería a los consumidores. Básicamente, le estábamos robando a toda persona que comprara alimentos en el mundo.
>
> A Ginger no le gustó lo que oyó y me dijo que debería entregarme al FBI. Le dije que podría ir a prisión y que perderíamos nuestra casa, nuestros coches y nuestro estilo de vida. Ella persistió. "O te entregas al FBI o yo lo haré por ti". Lo dijo en serio.
>
> Una hora después estaba confesándole todo sobre mi delito de cuello blanco a un agente del FBI. En el proceso, me convertí en informante con la distinción de ser el ejecutivo denunciante de nivel más alto de una empresa de *Fortune 500.* En realidad, Ginger fue la verdadera denunciante. Si no hubiera sido por una madre de tres niños de treinta y cuatro años, el mayor escándalo de fijación de precios en la historia de los Estados Unidos tal vez nunca hubiera salido a la luz.
>
> Después de confesar mi papel en el esquema, accedí a trabajar encubierto para el FBI. Trabajar encubierto fue

una vida extremadamente estresante, una vida en contraposición consigo misma. Por ejemplo, actuaba como ejecutivo leal, construyendo la compañía durante el día, y destruyéndola en las noches. A las 6 de la mañana me reunía con los agentes del FBI, que me afeitaban el pecho para pegar micrófonos diminutos. Revisaban las baterías en las grabadoras de mi portafolios y en un cuaderno especial. Durante el día, grababa a mis compañeros. De las 6 de la tarde a la media noche, me reunía con el FBI para entregarles las cintas y soportar lo que parecían ser interrogatorios interminables.

Las juntas de fijación de precios no sólo se realizaban en las oficinas centrales de ADM en Decatur, Illinois. Se realizaban por todo el mundo: París, la Ciudad de México, Vancouver, Hong Kong y Zúrich, por mencionar algunas ciudades, y yo las grabé todas con tres dispositivos de audio.

Después de dos años de usar el micrófono, estaba agotado. Ya no sabía si trabajaba para el FBI o ADM. Empecé a perder el control, y sufrí una especie un colapso nervioso. Un día, durante una terrible tormenta eléctrica, saqué el soplador de hojas a nuestra entrada a las 3 de la mañana, intentando limpiar las hojas secas para conservar las apariencias. Todavía traía puesta mi camisa y corbata. Ginger escuchó el ruido desde la ventana de la recámara y salió con un paraguas.

Aunque yo no había sido un apoyo para Ginger, ella extrajo fuerza de su fe. Su relación personal con Cristo la había sostenido desde los trece años. En contraste, yo iba a la iglesia pero solamente iba por ir. Si alguien me hubiera preguntado si era cristiano, le hubiera dicho: “Sí, voy a la iglesia casi todos los domingos”.

Ginger me gritó: "¡Tienes que entrar a la casa. Tienes que regresar con tu familia. Pero sobre todo tienes que tener a Dios en tu vida!".

"¿Quién necesita a Dios? —respondí—. Voy a ser el siguiente presidente de la compañía número cincuenta y seis en Estados Unidos".

La vi lo más molesta que la he visto jamás. "Estoy orgullosa de lo que estás haciendo —dijo—, que estés trabajando con el FBI, pero *no* serás el presidente de ADM. Necesitas comprender eso. Estás derribando a esos ejecutivos, probablemente vayan a la cárcel. Te despedirán cuando sepan lo que hiciste".

Me dejó en la entrada de la casa y yo sabía que ella tenía razón. No podría permanecer en ADM. No podía imaginarme viviendo sin mi posición y mis ingresos. Era como si fuera adicto al éxito. Estaba obsesionado con las cosas materiales. Empecé a pensar en cómo me iba a proteger.

Concluí que podría robar lo que me hubieran dado como liquidación: 9.5 millones de dólares. ¿Cómo podría denunciarme ADM por robar millones cuando ellos estaban robando miles de millones? Me sentía inmune. Así que ingresé varias facturas falsas a ADM de compañías que eran de mi propiedad, hasta que ADM me pagó 9.5 millones.

A cambio de usar el micrófono, recibí total inmunidad de cualquier caso criminal, siempre y cuando no violara ninguna otra ley. En junio de 1995, ADM supo que yo era el informante. Inmediatamente contactaron al FBI y le notificaron que yo no era ningún ángel. Había robado 9.5 millones de dólares. Se supo todo. Perdí el acuerdo de inmunidad.

Los cuatro agentes con quienes había trabajado durante casi tres años tenían todas las razones para rechazarme, pero sorprendentemente siguieron apoyándome. Me ayudaron a conseguir un excelente abogado. Trabajaron tras bambalinas con los fiscales para ayudarme a negociar un acuerdo.

Los fiscales escucharon los argumentos de los agentes del FBI y de mi abogado y accedieron a un trato de tres años. Pero había más. Como parte del acuerdo, los agentes del FBI podrían presentar los mismos argumentos al juez que impondría la condena que los que habían presentado a los fiscales. Mi abogado sentía que podría negociar una sentencia de seis meses de cárcel. Nos llamó a Ginger y a mí a su oficina de Chicago para revelar los detalles del "mejor trato de la vida". Ahí, demostré que seguía siendo mi peor enemigo. Rechacé el acuerdo y despedí a mi abogado.

Contraté nuevos abogados y empecé a prepararme para el juicio. Un año después, me sentenciaron a diez años y medio de cárcel.

Podría haber aceptado el consejo de humildad de mi abogado en Chicago. Debería haber cedido en ese momento. Las decisiones que tomé, aislado en mi propia mente, estaban regresando a atormentarme. ¿Cómo iba a sobrevivir una década en prisión? ¿Cómo sobreviviría mi familia? Estaba perdiendo toda esperanza.

En la bancarrota emocional y espiritual, los pensamientos y decisiones de Mark lo llevaron al punto del suicidio esa mañana, el 9 de agosto de 1997. Su mente estaba torturada por un futuro aparentemente sin esperanza: ¿Cómo sobrevivirá mi matrimonio? ¿Cómo voy a proveer para mi familia? ¿Cómo conseguirá un trabajo un ex convicto? ¿Cómo me van a perdonar esos cuatro agentes del FBI? En la desesperanza total, Mark perdió la conciencia mientras los gases de monóxido de carbono tomaron el lugar del oxígeno.

Esa mañana, el cuidador de la mansión de los Whitacre llegó a trabajar... dos horas antes de lo esperado y salvó la vida de Mark. A pesar de la intervención de Dios en su vida, Mark se sentía completamente deprimido al ver el infierno en el que se había convertido todo. Rezó: «Dios, si quieres conservarme con vida, ¡muéstrame tu propósito!».

> Aproximadamente un mes después, me hice amigo de Ian Howes, un director financiero en la industria de la biotecnología, quien había leído sobre mi caso y mi intento de suicidio. Ian mostró genuino interés en mí como persona y me escuchó sin condenarme. Este hombre tenía algo distinto que no había visto en otras amistades.
>
> Estuvo ahí cuando todos mis demás amigos me habían abandonado. Ian formaba parte de un grupo de hombres de negocios, Christian Business Men's Connection (CBMC). Cuando nos reuníamos, leíamos la Biblia y usábamos un estudio llamado *Operation Timothy*. Me hizo considerar las declaraciones de Cristo. ¿Quién era Él? ¿Qué hizo? ¿Qué diferencia hizo? Ian me dio mi primer rayo de esperanza en una época de desesperación. Pasó tiempo conmigo todas las semanas, plantando las semillas del Evangelio que más tarde me conducirían a Cristo.
>
> El 4 de marzo de 1998 entré a la prisión federal en Springfield, Missouri, como prisionero número 07543-424. Poco después, me transfirieron a la prisión en Yazoo, Mississippi. En Yazoo, Chuck Colson, el "matón" de Nixon y fundador de *Prison Fellowship*, vino a visitarme. Chuck se convirtió en uno de mis mentores, compartiendo las mismas verdades de la Biblia que Ian me había enseñado. Me dijo que Dios me amaba y que sin importar los errores que hubiera cometido, Dios me podía perdonar.
>
> Por primera vez, comprendí que ser cristiano no es ir a la iglesia todos los domingos ni lo que yo hacía o dejaba de

hacer; era sobre una relación con Dios. En una celda de la prisión en junio de 1998, me arrodillé, le pedí a Dios que me perdonara y me rendí a Cristo. Al fin encontré la paz.

Fue la primera vez que sentí paz en mis cuarenta y un años de vida. No supe entonces cuál era mi propósito. No tenía idea de qué era lo que estaba en mi futuro. Simplemente tenía la fuerte sensación de que Dios se haría cargo de mi familia.

En las siguientes semanas, Mark continuó preocupándose sobre sus pendientes: en particular sobre cómo sobreviviría financieramente su familia. La diferencia era que ahora estaba hablando abiertamente con Dios sobre sus miedos.

> Tenía apenas tres meses de mi sentencia de una década, pero por primera vez en la vida me sentía conforme. El vacío de mi vida, que había intentado llenar con dinero, mansiones, carros y éxito en los negocios, ahora estaba lleno. Antes de entrar a prisión, pensé que sería el final de mi vida, pero comprendí que fue el principio.
>
> En realidad, encontré que mi vida estaba más satisfecha en la prisión, ganando 20 dólares al mes, que cuando recibía un salario de siete cifras. Despertaba todas las mañanas muy emocionado, rezando: "Señor, guíame hacia la persona que puedo ayudar hoy". ¡Y vaya que me concedió lo que pedía! Cada día tenía una nueva misión de ayuda… ayudar a un prisionero a aprender a leer, ayudar a otro a graduarse del bachillerato, ayudar a otro a escribir una carta a un ser amado. Al mirar hacia el pasado, mi tiempo en la prisión fue muy productivo y satisfactorio.

Apenas dos meses después de cederle la carga de la supervivencia financiera de su familia a Dios, un abogado se puso en contacto con Ginger. Cuenta Mark:

> Le informó que varias compañías, incluyendo Tyson Foods, Pepsi, Coca-Cola y Kraft, que habían ganado cientos de millones de dólares en demandas contra ADM, querían ayudar a nuestra familia mientras yo estaba en prisión. Establecieron un fideicomiso que le permitió a Ginger regresar a la universidad para terminar sus estudios. Se graduó como maestra de educación primaria y fue la Maestra del Año en 2007 en Pensacola, Florida. El fideicomiso también apoyó las educaciones universitarias de nuestros hijos, pagos de la casa y otros gastos.
>
> Como dijo Mark: «¡Es un milagro sorprendente! ¡Las víctimas de un caso de fraude ayudando a la familia de quien lo cometió!»

Mark también estaba preocupado sobre cómo mantener su relación con su familia, y con razón. Las estadísticas indican que 99 % de las personas encarceladas más de cinco años se divorcian.

> A lo largo de mi sentencia, me cambiaron de prisión tres veces, y cada vez mi esposa y mis hijos se mudaron cerca de la prisión y me visitaban. Las horas de visita en las prisiones federales son de 5 a 8 p.m. los viernes, y de 8 a.m. a 3 p.m. los sábados y los domingos. Básicamente diecisiete horas a la semana. Mi familia vino todos los viernes, sábados, domingos y días festivos durante nueve años. Conocí a mis hijos mejor en la prisión que cuando vivía en casa. Es un milagro que siga casado y tenga una buena relación con mis hijos.

> A las ocho de la mañana del 21 de diciembre de 2006, salí de prisión como un ex convicto de cuarenta y nueve años de edad. Al día siguiente, me contrató Paul Willis, director general de Cypress Systems, Inc., en la misma industria que trabajaba antes.

Hoy, Mark vive una vida plena y muy activa con un propósito. Además de su trabajo de tiempo completo como director operativo y director científico de Cypress Systems, Inc., Mark da conferencias en todo el mundo compartiendo su historia de redención, dándole a la gente que está pasando por la adversidad esperanzas de un Dios amoroso. También tiene un ministerio activo en las prisiones, preparando gente que va a ingresar y ayudándoles a hacer la transición de regreso a su vida cuando salen. La historia de Mark se documentó en un libro muy vendido, *The Informant,* y también inspiró una película con el mismo título, que protagonizó Matt Damon como Mark.

Mark estaba viviendo la mejor vida posible en este mundo y entiende ahora que eso no era una vida. «Ese día en mi celda, cuando pedí perdón y acepté a Jesús como mi Salvador y Señor, experimenté la redención y empecé a vivir».

....

☛ MIKE SIME
11 000 días de rendición y sobriedad

El viernes 18 de septiembre de 1981 era un día típico en Creative Carton. Vendí cajas corrugadas en la compañía que fundó mi padre y de la cual era copropietario. Mi papá se asomó a la oficina y me dijo: "¡Vámonos! Quiero que me acompañes a una reunión". No me pareció raro, tomé mi café y nos fuimos a una zona cercana, al estacionamiento de un edificio indistinto. Era color café claro, rectangular y de cuatro pisos de altura, con ventanas largas y delgadas. El letrero en la puerta de entrada me anunció que estaba entrando al Johnson Institute.

Papá me llevó a una habitación interior que era aun más anodina. La pequeña habitación insulsa tenía las paredes vacías y unas cuantas sillas acomodadas en círculo. Algunas eran sillas plegables y otras simples sillas de oficina. En conjunto, era como la pesadilla de un diseñador de interiores. Al entrar a la habitación, vi a mi mamá, mi prometida, Marcia, y a mis dos hermanos —mi hermana mayor, Suzie, y mi hermano menor, Steve— junto con una mujer joven, la terapeuta, quien serviría de moderadora en la intervención. Estaban sentados en círculo con dos sillas desocupadas.

Supe que algo sucedía, pero no podía imaginar de qué trataba.

"Mike, todos están aquí porque te aman —dijo la terapeuta con una voz al mismo tiempo suave y autoritaria—. Lo que quisiéramos hacer es ir en círculo y darle la oportunidad a cada miembro de tu familia de decirte algo, uno por uno. Nos gustaría que permanecieras en silencio y simplemente escuches lo que están diciendo. Por favor no interrumpas. Solamente escucha. Cuando todos hayan tenido oportunidad de hablar, entonces tú tendrás tu turno para decir algo".

Asentí para indicarle que entendía y estaba de acuerdo. Para ser honesto, recuerdo vívidamente algunos de los incidentes que mencionó mi familia ese día, pero de verdad no puedo recordar qué dijo quién. Pero, siguiendo las instrucciones, cada uno tomó su turno para compartir sus preocupaciones.

"Mike, hace dos meses estábamos juntos en la Raspberry Parade —empezó a decir un miembro de mi familia con tono lento pero enérgico—. Y aunque era temprano, tú ya estabas borracho". Agaché la cabeza porque sabía a dónde se dirigía esta historia.

"Había caballos Clydesdale en el desfile y no puedo olvidar lo triste que fue cuando corriste por la calle persiguiendo a los Clydesdales gritándonos: '¡Quiero acariciar el caballito!'."

Ahora ya empezaba a entender de qué iba esta reunión.

"Luego estuvo aquella ocasión en la cual ibas conduciendo una minimotocicleta borracho —dijo otro miembro de la familia—. Gracias a Dios la policía te vio antes de que realmente lastimaras a alguien o te lastimaras a ti mismo. Recuerdo que tuvimos que ir por ti a la estación de policía para llevarte a casa. Fue un regreso largo, ¿recuerdas? Fue un milagro que no te arrestaran o te levantaran algún tipo de cargo. Pero nos asustó, nos asustó mucho de todas maneras".

Otro más de los miembros de mi familia empezó a contribuir: "Y luego está ese día que sacaste el Cadillac azul de papá, ¿recuerdas, Mike? El azul marino con el techo de cuero?".

Asentí débilmente y dejé caer la cabeza. Era un recuerdo especialmente doloroso.

"Estabas borracho e ibas conduciendo por una vía de acceso a la autopista. Había muchas curvas y vueltas, ¿recuerdas? De alguna manera lograste pasar la primera curva en la lateral, pero ibas demasiado rápido para lograr librar la segunda. El Cadillac chocó contra la cerca de alambre que dividía la lateral de la autopista. Parecía que un gato gigante había arañado el coche de papá de adelante hacia atrás y de arriba abajo. Todavía recuerdo el techo, con toda la tela rasgada cuando la rebanó esa cerca y las rayas que quedaron marcadas en la pintura desde el cofre hasta la cajuela. Es sorprendente que no te hayas matado esa noche, Mike. O a alguien más."

Cuando todos dijeron lo que tenían que decir, la terapeuta me volteó a ver y dijo en voz baja: "Bien, Mike, ahora ya escuchaste todo lo que estas personas que te aman querían decirte, ¿tienes algo que responderles?".

Permanecí en silencio en esa silla dura e incómoda en la habitación anodina durante otro momento antes de abrir la boca. Elegí mis palabras con cuidado y dije la verdad desde el fondo de mi corazón. Miré alrededor de la habitación y contesté:

"¿Por qué tardaron tanto?"

La intervención fue un alivio. Pensé que sabía ocultarlo. Nunca me habían arrestado por beber. Nunca había perdido un empleo o faltado un día al trabajo. Tampoco era un borracho iracundo ni abusivo. En parte, por eso no sentía que tuviera un problema. Honestamente, sí tenía un problema. Aunque no lo pareciera desde el exterior, sabía en mi interior que estaba fuera de control.

La terapeuta sugirió un programa de tratamiento de cinco semanas que incluía asistir semanalmente a una junta de Alcohólicos Anónimos. Con mi boda programada en tres semanas, la terapeuta y yo estuvimos de acuerdo en que entraría al tratamiento después de casarme con Marcia.

Bebiendo con la puesta del sol

Era la noche del 18 de octubre de 1981, exactamente treinta días después de la intervención. Me senté a solas en nuestra diminuta mesa de la cocina viendo por la ventana mientras el sol se ponía tras el lago Minnetonka y pensando sobre mi vida. Mis pensamientos empezaron claros al anochecer y fueron tornándose confusos cuando empezó a pasar el tiempo. Porque sí estaba solo, en tanto que no había otra persona conmigo en la habitación. Pero en otro sentido, no estaba solo. Me estaba acompañando mi compañero constante de los últimos diez años. Conmigo estaba una botella de escocés. Me terminé casi toda la botella.

Y continué pensando sobre mi vida. ¿Cómo llegué a un sitio donde yo era el objeto de una intervención a los veinticinco años? Mi estómago se revolvió por la ansiedad que sentía de entrar al centro de tratamiento al día siguiente. ¿Qué sucedería? La escena se disolvió a negro cuando perdí la conciencia, igual que me había pasado tantas veces antes.

Y ahora, puedo decirles, ese sería el último trago que tomaría.

Rezando al amanecer

El amanecer de ese día de finales de 2011 fue particularmente hermoso. Mike era director general de Rapid Packaging y también tenía varias posiciones de liderazgo en diferentes juntas de programas de tratamiento de drogas y alcohol en la Hazelden Foundation, el Johnson Institute y el Augsburg College. Adicionalmente, era el líder activo de la comunidad de fieles de las Ciudades Gemelas, como presidente del *Minnesota Prayer Breakfast* de 2012.

Acabábamos de mudarnos a nuestra casa recién construida. Fiel a mi ritual matutino de años, empecé el día rezando y leyendo mi devocionario favorito. Recuerdo ver la hermosa escena del amanecer sobre el lago Minnetonka y preguntarle a Dios: "¿Qué me quieres decir hoy?". Y en mi corazón escuché: *Reza con los ojos abiertos*. En ese momento (y un poco por mi déficit de atención), miré hacia el teléfono. En grandes letras, decía "11 000 días de sobriedad".

¡Dios mío!, pensé. ¡Han pasado más de treinta años desde que tomé mi último trago viendo el atardecer en el lago Minnetonka!

Mike recordó ese primer paso en su recorrido, no sólo hacia la sobriedad, sino también hacia una vida llena de sentido y propósito. Mientras estuvo en tratamiento, Mike aprendió que por su cuenta carecía del poder para sobreponerse a su adicción al alcohol. Su única esperanza era ceder el control a Dios. En Alcohólicos Anónimos Mike hizo su primera conexión espiritual con Dios.

Para mí, todo ha tenido que ver con el viaje y no con el destino. A lo largo de los años, he aprendido sobre Dios y Jesús, pero hasta que descubrí que podía tener una relación personal con Jesús, mi vida empezó a tener más sentido. Mi mundo cambió de bueno a maravilloso. El programa de doce pasos de Alcohólicos Anónimos fue como un rompecabezas, en el que todas las piezas empezaron a unirse. Cada día sentía como si Dios me estuviera dando una segunda oportunidad. Empecé a relajarme más y preocuparme menos. Empecé a disfrutar la vida. Con el paso del tiempo, las pequeñas diferencias empezaron a ser grandes.

En retrospectiva, puedo ver cómo Dios me protegió a pesar de mis decisiones malas y peligrosas. Me siento muy bendecido de que Dios haya intervenido antes de que perdiera todo.

Mi viaje avivó mi pasión por ayudar a la gente a pasar de la adicción a la recuperación. También siento una pasión por la gente y por los negocios. Siempre que tengo la oportunidad de presentarme frente a grupos de empresarios, o cualquier otro grupo, no importa cuál sea el tema, les comparto: "Me llamo Mike y soy alcohólico. Por la gracia de Dios y la ayuda de otros, estoy sobrio desde el 18 de octubre de 1981. Por eso estoy eternamente agradecido".

....

Conclusión

En los primeros días de su ministerio, Jesús fue a su poblado natal de Nazaret. Al llegar a la sinagoga para predicar, se puso de pie y leyó las siguientes palabras del profeta Isaías: «Me ha enviado a proclamar la liberación a los cautivos y la vista a los ciegos, para dar la libertad a los oprimidos...» (Lucas 4:18).

La redención está disponible para todos, independientemente de nuestras circunstancias y decisiones pasadas o presentes: para el prisionero, el ciego, el oprimido, el ejecutivo corrupto, el miembro leal del personal, el alcohólico, el empleado, el desempleado... tú y yo. «La justicia de Dios se ha manifestado, atestiguada por la ley y los profetas, justicia de Dios por la fe en Jesucristo, para todos los que creen —pues no hay diferencia; todos pecaron y están privados de la gloria de Dios— y son justificados por el don de su gracia en virtud de la redención realizada en Cristo Jesús» (Romanos 3:22-24).

La redención es simplemente el intercambio de la vida de Cristo por nuestra libertad. El diccionario define *redimir* como «comprar de nuevo algo que se había vendido, poseído, o tenido por alguna razón o título» o «dicho de quien cancela su derecho o de quien consigue la liberación: dejar libre algo hipotecado, empeñado o sujeto a otro gravamen. Liberar de una obligación o extinguirla. Poner término a algún vejamen, dolor, penuria u otra adversidad o molestia». Pensamos en las palabras que están más allá de nuestra capacidad de logro, como *rescate*, *restaurar*, *cumplir*, *aclarar*, *intercambiar* y *liberar*.

Para algunos de nosotros, la redención sucede en una sola instancia; para otros es un proceso. Independientemente de esto, nuestros errores pueden convertirse en el punto de partida para alcanzar una vida relevante y con sentido. El Dios de las segundas oportunidades nos da la libertad que no podemos ganarnos y no merecemos: la libertad de vivir vidas de amor, sentido y propósito. Reflexionamos sobre las historias de Mark y Mike y recordamos que a pesar de sus talentos individuales, sus fortalezas y sus habilidades, su redención no se debió a sus propios esfuerzos sino que fue exclusivamente el resultado del trabajo de Dios en sus vidas. Como escribe Oswald Chambers: «Un hombre no puede redimirse a sí mismo, la redención es obra de Dios».[1]

En su libro, *Radical*, David Platt escribe: "En directa contradicción con el sueño americano, Dios de hecho se deleita en exaltar nuestra incapacidad. De manera intencional pone a su gente en situaciones donde se enfrentan a la necesidad de Él. En el proceso, demuestra poderosamente su capacidad de proporcionar todo lo que su gente necesita de maneras que nunca podrían haber pensado o imaginado"[2]

En la redención, descubrimos el don que más cambia nuestras vidas. ¿Pero cómo debemos responder? ¿Cuál es nuestro rol? ¿Qué significa ser redimido en nuestras vidas prácticas y en el día a día?

Cuatro respuestas a una vida redimida

Acepta el regalo de Dios
«Y que la paz de Cristo reine en vuestros corazones...»

—COLOSENSES 3:15

«Dejar» que la paz de Cristo gobierne en tu corazón significa aceptar, recibir o permitirla. Hemos pasado toda la vida aprendiendo a asumir el control, a crear planes de acción, a trabajar arduamente y alcanzar metas. Para la mayoría de nosotros, tener el control es mucho más simple que cederlo. Rendirse requiere de humildad y de mucho valor.

Cuando Mike Sime alcanzó los 11 000 días de sobriedad, se dio cuenta de que eso significaba 11 000 días de rendición, 11 000 días de la misericordia de Dios y 11 000 días de confiar en el poder de Dios para sobreponerse a los demonios personales. La redención es un regalo diario de Dios. Aceptarla significa vivir una vida de fe, confiando de todo corazón en Dios y recibiendo la paz diaria, independientemente de las circunstancias del día.

Agradece: «Estad siempre alegres. Orad constantemente. En todo dad gracias, pues esto es lo que Dios, en Cristo Jesús, quiere de vosotros» (1 Tesalonicenses 5:16).

La gratitud es una postura que le da perspectiva al día. Como empresarios, solemos insistir en manejar situaciones difíciles valiéndonos de nuestras propias capacidades; no sentimos que Dios nos dará lo que necesitamos para manejar las circunstancias de la vida. La gratitud enfoca nuestra conciencia sobre la presencia de Dios. Es una parte esencial de nuestra transformación.

En Lucas 17, leemos sobre la sanación que realiza Jesús:

> De camino a Jerusalén, pasó por los confines entre Samaría y Galilea. Al entrar en un pueblo, salieron a su encuentro diez hombres leprosos, que se pararon a distancia y, levantando la voz, dijeron: «Jesús, Maestro, ten compasión de nosotros!». Al verlos, les dijo: «Id y presentaos a los sacerdotes». Y sucedió que, mientras iban, quedaron limpios. Uno de ellos, viéndose curado, se volvió glorificando a Dios en alta voz, y, postrándose rostro en tierra a los pies de Jesús, le daba las gracias; y éste era un samaritano. Tomó la palabra Jesús y dijo: «No quedaron limpios los diez? ¿No ha habido quien volviera a dar gloria a Dios sino este extranjero?» Y le dijo: «Levántate y vete; tu fe te ha salvado».

En *Un cuento de Navidad*, de Charles Dickens, Ebenezer Scrooge despierta en la mañana de Navidad absolutamente deleitado con la dicha de tener una segunda oportunidad. Se transformó de mísero a dador dichoso. Cuando entendemos las profundidades de lo que significa ser salvado por el amor y la misericordia de Dios, nuestra naturaleza continúa transformándose conforme crecemos en apreciación del amor de Dios.

Vive con libertad: «Para ser libres nos ha liberado Cristo. Manteneos, pues, firmes y no os dejéis oprimir nuevamente bajo el yugo de la esclavitud» (Gálatas 5:1).

A veces nos quedamos atascados en la esclavitud. Estamos perdonados, pero tenemos el reto de perdonar a los demás y perdonarnos a nosotros mismos. Nos vemos salvados gracias a nuestra fe, pero continuamos intentando ganarnos la salvación. Recibimos una segunda oportunidad, pero estamos atascados en el pasado, renunciamos al presente y realmente no tenemos esperanza de un mejor mañana.

La redención nos rescata de los pensamientos y comportamientos negativos. Nos siguen tentando nuestros pensamientos insistentes y autodestructivos. Seguimos teniendo puntos ciegos que obstaculizan nuestras decisiones. Nos enfrentamos a la carga de la culpa, la preocupación y el miedo. Nuestras circunstancias retan nuestros pensamientos. Y de todas maneras seguimos fallando. Pero ahora podemos elegir.

En Deuteronomio 30:19, Dios le dice a Moisés: «Pongo hoy por testigos contra vosotros al cielo y a la tierra; te pongo delante vida o muerte, bendición o maldición. Escoge la vida». La redención nos proporciona la libertad de elegir: elegir el amor sobre el odio, la paz sobre la preocupación, la dicha sobre el descontento y la esperanza sobre la desesperanza.

Desbordarse: «Y poderoso es Dios para colmaros (se desborda) de toda gracia a fin de que teniendo, siempre y en todo, lo necesario, tengáis aún sobrante (te desbordarás) para toda obra buena» (2 Corintios 9:8).

Como resultado de tu redención está el desbordamiento de la gracia de Dios al mundo a través de ti. No puedes desbordarte si no estás lleno para empezar. Se te ha consolado para que consueles a otros, has recibido la misericordia de Dios para ser compasivo, se te ha perdonado para que perdones y se te ha bendecido para que seas una bendición.

Los líderes que seguimos en este capítulo, Mark y Mike, caminaron por diferentes senderos en su recorrido hacia la redención. Lo que tienen en común es su nuevo sentido de propósito para impactar el mundo a su alrededor. El compromiso y pasión de Mike es ser un mensajero de esperanza para aquellos que están física y espiritualmente oprimidos. La segunda oportunidad de Mike le generó una pasión por ayudar a los demás a alcanzar y conservar la sobriedad. Ambos aceptaron su profundo sentido del llamado como respuesta amorosa al Dios que les proporcionó amor y gracia cuando no se la habían ganado ni se la merecían.

Como seguidores redimidos de Cristo, hemos sido rescatados y restaurados, rescatados de nuestra situación y restaurados al designio que Él creó para nosotros.

El Salmo 40:1-3 pinta un hermoso relato de la redención: «Yo esperaba impaciente al Señor: hacia mí se inclinó y escuchó mi clamor. Me sacó de la fosa fatal, del fango cenagoso; asentó mis pies sobre roca, afianzó mis pasos. Puso en mi boca un cántico nuevo, una alabanza a nuestro Dios».

Uno de los nombres de Jesús es Immanuel, que significa «Dios está con nosotros». Un amigo mío está pasando por tiempos difíciles, ya que su esposa está luchando contra el cáncer. En uno de sus devocionales diarios, escribió:

> No puedo concebir algo más maravilloso que estar con Dios. Una puesta de sol es tanto más hermosa al estar con quien la creó. Una situación de temor es más tolerable al lado de quien controla tu futuro. Un momento triste es más llevadero con quien secará cada una de las lágrimas. Incluso un momento de cometer errores es mejor con Dios porque hay perdón y restauración. Y para mí lo mejor no es que Dios "estuvo conmigo" o "estará conmigo" sino que está conmigo hoy.

En la parábola de la Oveja Perdida, Jesús describe la dicha absoluta del pastor al salvar a la oveja que se había separado de las otras noventa y nueve.

Cuando la encuentra, se la pone muy contento sobre los hombros y, llegando a casa, convoca a los amigos y vecinos y les dice: «Alegraos conmigo, porque he hallado la oveja que se me había perdido. Os digo que, de igual modo, habrá más alegría en el cielo por un solo pecador que se convierta que por noventa y nueve justos que no tengan necesidad de conversión» (Lucas 15:5-7).

Si te estás sintiendo derrotado, perdido o solo, ¡ánimo! Estás en la presencia del Dios de las segundas oportunidades, quien apasionadamente desea redimirte y restaurarte. Permítele transformar tu rendición en significado.

Guía de discusión

1. ¿Qué pensamientos o comportamientos te esclavizan?
2. ¿Estás esclavizado porque tienes problemas para perdonar o para pedir perdón, o puedes identificar alguna otra causa (como temor, negación, racionalización, etcétera)?
3. ¿Has aceptado completamente, o estás abierto a recibir, el don de la redención de Dios? Si no, ¿qué te lo impide?
4. En Marcos 10:51, Jesús le preguntó al ciego: «¿Qué quieres que haga por ti?». Si Jesús te hiciera esa pregunta, ¿qué le pedirías que hiciera por ti?
5. ¿Cuál es el significado de tu redención?
6. ¿Cómo puedes encontrar un significado y propósito renovados al avanzar en tu camino?

1. Oswald Chambers, *My Utmost for His Highest*, Grand Rapids, Discovery House Publishers, 1992. Devotional October 7.
2. David Platt, *Radical: Taking Back Your Faith from the American Dream*, Colorado Springs, Multnomah Books, 2010, p. 47.

11. SABIDURÍA ATEMPORAL DE VEINTE LÍDERES

Este libro nunca hubiera visto la luz si yo no hubiera tenido mentores poderosos en mi vida. Dios nos bendice y nos enseña a través de los demás. Pablo afirmó esto cuando proclamó: «Somos embajadores de Cristo, como si Dios exhortara por medio de nosotros.

En nombre de Cristo os suplicamos: ¡reconciliaos con Dios!». (2 Corintios 5:20). En sus últimos días, Pablo compartió su consejo más importante con Timoteo, transmitiéndole la sabiduría de Dios al líder de la siguiente generación.

De la misma manera, los líderes en este capítulo compartieron sus historias para poder transmitirte lo que han aprendido. Las veinte historias que presento a continuación son personales e importantes y van más allá de los resultados en los negocios. Es un grupo de líderes diversos en sus estilos, industrias y experiencias de vida, pero todos tienen experiencia y práctica en sus profesiones.

Prepara tu corazón y mente para recibir la sabiduría individual y colectiva de estos veinte líderes. Tal vez te sientas inspirado, convencido, advertido o animado, o experimentes una mezcla de estas reacciones. Dentro de estas historias hay un mensaje que es específicamente para ti.

☛ OS GUINNESS
Autor de The Call

El llamado es la realidad de que Dios nos llama hacia Sí de manera tan decisiva que todo lo que somos, todo lo que hacemos, y todo lo que tenemos, está revestido de un dinamismo especial, una dirección experimentada en respuesta a sus llamados y su servicio.

En el mundo de hoy, nuestra identidad está envuelta en "lo que hacemos". El llamado significa "hacer lo que somos". Todos tenemos un llamado (general) corporativo, que es la respuesta de nuestra vida a Dios y que asumimos en común con otros seguidores de Cristo. Pero también tenemos un llamado individual o único. ¿Quién te ha hecho Dios para que seas? ¿Cuáles son tus talentos, recursos y esferas de influencia únicos?

Los grupos célula, los grupos de responsabilidad, los pequeños grupos de estudios bíblicos, y las hermandades están recorriendo todo el país hoy y esto es un avance positivo. Sin embargo, falta un elemento: los individuos en el grupo no tienen una noción clara del llamado de los demás.

Los reto. Los reto a aprender sobre el llamado de los demás para que puedan inspirar y alentar a otros para que sigan su llamado. Todos nos enfrentamos a retos increíbles. Seguir nuestro llamado puede ser muy difícil porque se nos exige de muchas direcciones y tenemos muchas distracciones que compiten por nuestra atención. En cualquier momento dado necesitamos de nuestros hermanos y hermanas para que nos mantengan en nuestro sitio, nos recuerden y nos alienten.

¿Cuál es tu llamado único, quién te ha hecho Dios para que seas? ¿Cómo puedes animar a otros a seguir su llamado?

....

☛ DENNIS DOYLE

Presidente ejecutivo, Welsh Companies; cofundador, Hope for the City

Desde sus inicios en el año 2000, Hope for the City ha distribuido más de 575 millones en el valor al mayoreo en alimentos y bienes. Recuerdo claramente cómo empezó todo. Mi esposa Megan y yo estábamos rezando para que Dios nos iluminara y saber cómo nuestro negocio podría ser parte de Su plan. Nos preguntamos, ¿qué está en nuestras manos? ¿qué nos ha dado Dios?

Llegamos a tres conclusiones:

1. Conocíamos a mucha gente en el área de Minneapolis/St. Paul, en especial directores de empresas.
2. Éramos propietarios de muchos terrenos comerciales, en particular ciertos espacios industriales vacantes.
3. Conocíamos algunos ministerios geniales y empresas sin fines de lucro que estaban haciendo obras importantes pero que necesitaban ayuda.

Se nos ocurrió una idea simple. Nos acercaríamos a nuestros amigos directores empresariales y les pediríamos que nos donaran sus excedentes, cosas como alimentos, computadoras, artículos de oficina. Lo que tuvieran, lo pondríamos en nuestro espacio vacante en las bodegas. Luego, una vez al mes, le diríamos a las asociaciones sin fines de lucro que apoyamos que se llevaran lo que necesitaran para distribuirlo entre la gente que atienden y que está necesitada.

Lo que empezó como una buena idea se convirtió en una idea divina. El concepto funcionó de inmediato, aunque era mucho trabajo y, en especial al principio, fue abrumador. Megan y yo nos dimos cuenta de que debíamos tranquilizarnos, esperar a Dios y permitirle que trabajara en nosotros antes de que pudiéramos empezar de verdad.

Al mirar atrás, he aprendido mucho más de lo que he dado. Empiezas a ver a Dios en una dimensión totalmente distinta cuando ves cómo trabaja Él a través de tanta gente y en tantos lugares.

¿Qué está en tus manos? ¿Qué (recursos, capacidades, circunstancias) te ha dado Dios?

....

☛ WARD BREHM
Ex presidente, United States African Development Foundation

Dos momentos definitorios me han servido para hacerme humilde y han transformado mi vida.

El primero llegó cuando tenía cuarenta años. Tenía más éxito económico de lo que jamás soñé. Pensé que tenía todo resuelto. Y entonces fui a África, donde descubrí que, como dijo Stephen R. Covey: "Estaba trabajando arduamente para subir por la escalera al éxito sólo para descubrir que la escalera estaba recargada contra la pared equivocada". Fui testigo de una pobreza obscena. En África descubrí mi llamado: ser una voz para la gente que no podía hablar por sí misma. Siempre estaré agradecido con África por hacerme humilde y ayudarme a encontrar un significado y propósito en mi trabajo.

El segundo momento definitorio llegó cuando estaba sentado en el consultorio del médico en la Clínica Mayo con mi esposa, Kris, y nos dio la noticia de que le quedaban entre tres semanas y un mes de vida. Solía hablar mucho sobre Jesús y cómo lo amaba y lo seguía, pero si me hubieran preguntado "¿Confías en Jesús?", mi respuesta hubiera sido "Creo que sí, pero no lo sé en realidad porque nunca he estado en una posición en la cual haya tenido que hacerlo". Ahora tenía que hacerlo. Mi esposa iba a morir.

En las semanas que siguieron, descubrí qué quería decir confiar en Jesús. Primero, fui testigo de un amor incondicional como nunca antes lo había experimentado. Fue una combinación inesperada de profunda tristeza y maravillosa belleza. Observé a mis hijos sobrepasados por las lágrimas e inundando a su madre con expresiones de amor. Jesús estaba presente. No había rabia ni desesperación, sólo aceptación. Nos vimos rodeados por una presencia de paz distinta a cualquier cosa que haya entendido o experimentado antes.

Poco después, recibimos un milagro. Encontramos un cirujano que estaba dispuesto a realizar una cirugía extremadamente peligrosa para retirar el tumor canceroso de la trompa de Falopio de Kris… y lo logró. El equipo médico de Kris lo llamó un milagro médico, pero nos advirtieron que había un 70 por ciento de probabilidades de que el cáncer regresara. Han pasado cuatro años y sigue sin cáncer. Le estaré eternamente agradecido a Dios por enseñarme la humildad al punto de confiar en Jesús y encontrar la paz en medio de mi dolor. Todo cambió. Todas las tonterías sin importancia que generan discusiones y preocupaciones desaparecieron. Fue un efecto secundario maravilloso.

Tendemos a querer superar los retos y dificultades de nuestra situación presente. Mi consejo es que vivamos la vida de manera intencional en el presente con una mejor noción de gratitud. La gratitud supera a todas las demás emociones. No puedes sentirte preocupado, molesto o gruñón, y agradecido al mismo tiempo. En todas tus circunstancias, buenas o malas, busca las cosas que debes agradecer.

Y, por último, si pudieras meterte entre las líneas delgadas que son frecuentemente difíciles de discernir, y en las que es incluso más difícil mantenerse, ahí es donde encontrarás el punto exacto que representa el llamado de Dios en tu vida. Puede ser encontrar tu propia África o confrontar tus problemas más difíciles. Si puedes encontrar ese punto, ahí es donde te encontrarás en el sitio donde el apóstol Pablo dice: "Sé andar escaso y sobrado. Estoy avezado a todo y en todo: a la saciedad y al hambre; a la abundancia y a la privación. Todo lo puedo con Aquel que me da fuerzas" (Filipenses 4:12-13).

¿Qué necesitas para encontrar tu África?
¿Cómo han contribuido tus momentos
definitorios para que encuentres tu
significado, propósito, paz y satisfacción?

....

☛ RON JAMES
Presidente y director general, Center for Ethical Business Cultures, Universidad de St. Thomas

Cada persona fue creada de manera única para cumplir con un propósito que Dios diseñó para cada uno de nosotros. Pero debemos ser obedientes en los momentos a lo largo del camino. Esa obediencia se refleja en nuestra disposición a escuchar, aprender y seguir la verdad de Dios. En cada circunstancia donde nos coloca Dios, crea un conjunto específico de experiencias de las cuales podemos aprender. El aprendizaje que sucede se convierte en el fundamento para el siguiente paso de tu viaje.

De niño, mi madre era la pianista de la iglesia, lo cual significaba que yo pasaba muchas horas en la iglesia. Inicialmente me quejaba, pero nutrirme con la Palabra de Dios desde tan temprana edad ayudó a construir mis habilidades de liderazgo. En la escuela, quería ser ingeniero químico, sólo para descubrir que mis talentos estaban en los negocios. Así, mi compañía me mudó a una ciudad pequeña, un sitio que mi esposa y yo encontramos complicado para vivir. Aproveché la oportunidad y me involucré con la United Way Campaign, experimentando momentos de aprendizaje que no podrían haberse dado en una ciudad más grande. En 1992, como presidente de la United Way Campaign, hice frente a grandes retos exitosamente tras un escándalo nacional provocado por problemas éticos. Y esa experiencia de aprendizaje me ayudó a prepararme para mi papel actual.

Disfruta el sitio donde estés en el presente sin preocuparte sobre el futuro o arrepentirte del pasado. Cuando nuestras mentes están enfocadas en los errores pasados o en los planes futuros, nos perdemos de los valiosos momentos de aprendizaje que provienen de las experiencias únicas que Dios coloca frente a nosotros. En esos momentos llegan las experiencias que le darán forma a nuestro destino.

¿Cuál es tu momento de aprendizaje en este momento?

....

☛ MARC BELTON
Vicepresidente ejecutivo, General Mills

No puedo recordar cuántas veces me hice un mejor líder por medio de las oportunidades complejas de transformación de las cuales no huí.

Cuando era más joven, pasé por un divorcio increíblemente difícil. Sentía poca empatía por la gente que estaba luchando con diferentes situaciones porque realmente no apreciaba la gracia divina en mi propia vida. Hasta ese momento, la vida para mí había sido fácil. Daba por sentadas las relaciones. No podía ver las cosas desde la perspectiva de los demás. Ciertamente, no apreciaba el esfuerzo que se requiere para ayudar a las personas necesitadas. Esa temporada de adversidad me ayudó a emprender un camino distinto para convertirme en un mejor ser humano y un mejor líder. Si no hubiera pasado por eso, no sería el líder que soy hoy.

Profesionalmente, he estado en trabajos muy estresantes donde por todas partes me decían que era una nulidad aunque, dada la dificultad de la tarea a realizar, debería ser el héroe. En un trabajo incluso me enviaron al "exilio corporativo". Fue interesante que, mientras estuve exiliado, tuve la oportunidad de desarrollar verdadera humildad, aprender cosas nuevas y mejorar. Esos momentos me ayudaron a entender lo que significa estar en Su servicio. Aprendí a representar al Rey amando y construyendo personas, ayudando al desempeño de la compañía haciendo las cosas con excelencia, y sirviendo a la comunidad. Todo esto se refleja muy bien en la compañía en la que estés trabajando así como en Él, a quien sirves.

Te animo: permite que los tiempos difíciles te transformen. Permite que Cristo te ayude a cambiar a través de la adversidad. Serás un mejor líder gracias a eso.

En los tiempos difíciles, ¿a quién servirás y en quién confiarás? ¿Qué te está enseñando Dios?

....

☛ HORST SCHULZE

Presidente y director general, Capella Hotel Group; ex presidente y ex director operativo, The Ritz-Carlton Hotel Company

Una de las personas más influyentes en mi vida fue un lavaloza. Me dijo: "Me gusta ser excelente en todo lo que hago". Me enseñó a no ir al trabajo sólo por ir al trabajo, sino a buscar la excelencia en todo lo que hago. Me mostró que el liderazgo empieza por uno mismo.

El liderazgo implica guiar a otros hasta un destino. Ese destino tiene que ser valioso para todos los involucrados. Un líder alcanza a ver algo hermoso, excelente, emocionante, y hacia donde vale la pena moverse.

En primer lugar, hay que buscar la guía de Dios sinceramente y preguntarle: "¿Este destino te sirve a Ti y sirve a otros?". Cuando distingas el valor y propósito de tu visión, ya no hay excusas. Las excusas no te llevarán a ninguna parte. Con fortaleza y perseverancia, muévete hacia tu destino sin importar lo demás.

En segundo, tu trabajo como líder es encontrar la belleza de la visión y luego estimular a la gente a tu alrededor compartiendo el sitio a donde te diriges y por qué. Entonces, con integridad y honor, conduce a tu gente no sólo estableciendo el curso, sino también un estándar alto de desempeño.

¿A qué destino estás conduciendo a los demás? ¿Cómo puedes guiar con un mayor estándar de excelencia?

....

☛ AL QUIE

Ex gobernador y congresista, estado de Minnesota

Cuando miro hacia el pasado, una de mis mayores satisfacciones fue amar a mis enemigos y convertirlos en mis amigos. Una noche tuve una experiencia que cambió mi vida. Sentí cómo me transformó profundamente el Espíritu Santo respecto a mi manera de juzgar a mis enemigos. Esa experiencia cambió la manera en que me acercaba a la gente.

Cuando era candidato a gobernador de Minnesota, me pregunté, si resultaba electo, ¿quién sería el demócrata más importante? Cuando fui gobernador, lo busqué para conversar, pero él no estaba interesado en tener una relación conmigo. Se convirtió en mi principal némesis. Me di cuenta de que yo quería que él me ayudara, pero no estaba dándole nada a cambio. Le pregunté: "¿Qué estás tratando de lograr para este país? ¿Cuáles son tus principios y tus metas?". Mi forma de amar y de dar fue prestar atención a su trabajo y preguntarle sobre su propósito. Tomó tiempo, pero eventualmente construimos una amistad sólida y de confianza.

Pueden suceder cosas sorprendentes si los individuos se comportan como hizo Jesús. Teníamos un pequeño grupo de oración de republicanos y demócratas. Aunque nuestros puntos de vista en política eran muy diferentes, acordamos que Jesús nos amaba aunque todos fuéramos pecadores, y que entonces podíamos amarnos los unos a los otros a pesar de nuestros distintos puntos de vista. Utilizamos la "disputa amigable", discutíamos unos con otros para llegar a la verdad, pero también éramos lo suficientemente valientes para ser vulnerables y nos tomamos el tiempo, y nos comprometimos, para construir relaciones de confianza. Aprendimos a amarnos los unos a los otros a pesar de nuestras diferencias.

¿A quién necesitas acercarte de otra manera?
¿Cómo puedes mostrarle amor a esa persona hoy?

☛ ROGER ANDERSEN
Ex director general, Young America Corporation

Asistir al Wheaton College fue algo que me impactó, pero también fue confuso. Yo estaba interesado en los negocios y la economía mientras mis amigos estaban estudiando para convertirse en pastores y misioneros. Pensaba: ¿Por qué no recibí yo el llamado? Me llevé esa confusión a mi vida de negocios. No conecté mi fe y mi trabajo para nada; eran dos esferas totalmente distintas. Mi fe se 'llenaba' los domingos en la iglesia y para el miércoles, mi tanque estaba vacío. Estaba viviendo una vida esquizofrénica. Para cuando tenía cuarenta y tantos años, era exitoso, pero algo me faltaba.

Empecé a investigar el propósito de Dios en el trabajo y se encendió una luz. Al entenderlo, comprendí el gran significado de mi labor. Me dio sentido. Vi cómo Dios nos creó como compañeros de trabajo para Su propósito. Cuando me convertí en director general de Young America Corporation, vi mi responsabilidad como capitán de los empresarios. Young America es propiedad en parte de firmas de capital de riesgo, pero también pertenece en 40 por ciento al Ontario Teachers' Pension Plan. Me imaginé que era el supervisor de los dólares de diez mil maestros. Era responsable de su inversión, de sus fondos para el retiro. Asumí que la calidad de su vida dependía de qué tan bien administrara la compañía. También me vi a mí mismo como el administrador del bienestar de cada uno de los empleados (nuestros bienes humanos). Resultó satisfactorio dirigir con respeto, honestidad e integridad y, al mismo tiempo, buscar resultados.

Al igual que yo, muchos de nosotros pensamos que el trabajo y la religión se encuentran en dos departamentos distintos. Todos son lo mismo. Nuestro trabajo es nuestra alabanza a Dios.

¿Cómo alabas a Dios en tu trabajo? ¿Cómo encuentras significado y propósito en tu trabajo?

....

☛ PHIL STYRLUND

Director general, *The Summit Group*

En 2009, acababa de adquirir un negocio, mi madre murió y la economía se había evaporado. Estaba trabajando día tras día para poder pagar las deudas. Me agoté. Estaba mental y espiritualmente exhausto, y me detuve en seco. Hasta ese momento había pensado que podía resolver y trabajar alrededor de cualquier problema.

¿Soy una mejor persona por haberlo vivido? ¡Por supuesto que sí! Literalmente me hizo caer de rodillas. Llegué a un sitio de total y absoluta dependencia de Dios. Todo el orgullo y arrogancia desaparecieron.

Esta experiencia de humildad me ayudó a despojarme de las actividades menos importantes e invertir en las que realmente eran relevantes. Descubrí el valor de la relevancia: *importar a los otros por los otros.* Quiero servir e impactar a tantas personas como pueda, y para lograr esto hay que ser relevante. Estos son los cuatro generadores de la relevancia:

1. Autenticidad: Las relaciones profundas, ser vulnerable, compartir mi verdadero yo, y ser auténtico con los demás ayudó a renovar mi propósito. La autenticidad te ayuda a conectarte con otros en un nivel más profundo.
2. Maestría: La adversidad te ayuda a comprender en qué eres realmente bueno, pero también te ayuda a ponerte en contacto con tus limitaciones. Esta sabiduría te da resilencia.
3. Empatía: Recibir amor de la gente que se preocupó por mí más de lo que me preocupé yo mismo me enseñó empatía que me permitió conectarme con las necesidades de los otros.
4. Acción: No hay relevancia sin acción. Es la diferencia entre una vida de relevancia y una vida de vagancia.

La relevancia importa más que la inteligencia. Al alinearse con lo que le importa a la gente, la relevancia se convierte en el combustible del significado.

¿Eres relevante? ¿Cómo puedes tener un mayor impacto en las vidas a tu alrededor?

☛ ERIC VERSEMAN
Vicepresidente, Thrivent Financial

Los primeros tres años que tuve cáncer, mi actitud fue 'lidiemos con esto y sigamos adelante'. Ahora me queda claro que los días finales no están tan lejos. El cáncer ha sido un catalizador y una bendición, en especial en estos últimos meses. Me ha ayudado a darme cuenta de lo preciado que es la vida y a enfocarme en lo que más importa.

Dediqué los primeros quince años de mi vida profesional a mi trabajo. Me di cuenta de que trabajar hasta la muerte no era la respuesta a nada. Pensaba que estaba trabajando por el bien de mi esposa y mis hijos, pero estaba entendiendo las cosas al revés. Me perdí de muchas cosas. Debería haber estado ahí. Lo que aprendí es que no hay que dar nada por sentado, en particular la familia y las amistades.

Aunque Dios me ha bendecido toda la vida, experimenté la riqueza de la vida con más intensidad durante el último año que en cualquier otro momento. Mi amor tiene un mayor propósito, en particular con aquellos más cercanos a mí.

Cuando empecé a trabajar en Thrivent, aprendí a ser más activo en mi propósito de incluir a Dios en mi vida laboral. Ha marcado una diferencia. Así que, si de algo me arrepentía, era de no ser más atrevido en expresar mi fe en el trabajo, en particular los primeros quince años.

Nunca pensé mucho sobre la vida como una acumulación de pequeños acontecimientos que mejoran tu calidad de vida y le dan forma a tu futuro. Cuando anuncié que iba a renunciar para estar con mi familia, recibí más de mil correos electrónicos. ¡No tenía idea! La gente se acercó para compartir conmigo algún momento en que tuve un impacto en sus vidas. Al ver al pasado, fueron cosas como una conversación de nueve minutos, una junta en la tarde o una interacción breve. Todas esas cosas pequeñas regresaron y me devolvieron los mejores dividendos.

Posdata: Eric murió el 9 de agosto de 2013, a los cincuenta y cinco años de edad, apenas unas semanas después de compartir su historia conmigo. Yo fui una de las personas que Eric impactó los últimos cuatro años de su vida, ya que lo conocí una semana después de su diagnóstico. Así fue como se presentó:

«Quiero agradecerte por hacer tu seminario de God Is My Coach. Me sorprende cómo trabaja Dios. En tu sesión conocí a

David Frauenshuh, y él me presentó con el director general del Frauenshuh Cancer Center. Justo después de tu seminario fui a mi colonoscopía y supe que tenía cáncer en etapa 3».

Mi reacción fue de sorpresa y temor. Eric estaba alegre y positivo.

Eric se convirtió en un gran amigo. Lo curioso fue que pensé que si me hacía amigo de Eric podría ser una bendición para él. ¡Vaya que lo entendí al revés! Durante cuatro años, Eric me enseñó que nuestra respuesta a las circunstancias de la vida es una decisión que tomamos nosotros. Fue constantemente positivo, siempre optimista y agradecido. La gente le preguntaba con frecuencia: «¿Cómo estás?». Y él respondía: «Bendecido». Muchos se sorprendían con su respuesta, en especial cuando ya se acercaba el fin. Eric sabía hacia dónde se dirigía, así que «estaba bendecido».

El funeral de Eric exudó dicha. Como tuvo tiempo para prepararse, Eric eligió sus canciones y versos bíblicos favoritos. Así que en una cálida mañana de agosto, cantamos "Joy to the World" y escuchamos "What a Wonderful World", de Louis Armstrong.

Las palabras griegas para dicha *significan "conciencia de la gracia de Dios" y "gracia reconocida". La vida de Eric trató sobre la dicha, recibir la gracia de Dios y permitirle que desbordara a los demás. El amor ganaba sobre el miedo. El propósito ganaba sobre el dolor. La esperanza ganaba sobre la incertidumbre. La dicha reinaba.*

Nuestras vidas son apenas un suspiro. ¿Qué cambios necesitas hacer hoy para que tu vida tenga más propósito y sentido?

☛ JERRY COLANGELO

Expropietario de los Suns de Phoenix y los Diamondbacks de Arizona

Los tiempos más difíciles me enseñaron a confiar en Jesús y entender que Dios tiene un plan para mi vida. Como atleta universitario exitoso, tenía grandes sueños, pero las lesiones terminaron con mi carrera en los deportes. A los veintiséis años las cosas pintaban muy mal. No estaba seguro de qué se presentaría al día siguiente.

Cuando te haces humilde, aprendes que no eres capaz de manejar la adversidad por tu cuenta. Yo aprendí a buscar la guía de Dios, incluso cuando las cosas no tenían sentido.

Mi éxito en el mundo de los negocios, por ejemplo, no tenía sentido en papel, pero Dios tenía un plan. Durante los tiempos difíciles, conservé mi relación con Jesús. Fui constante con quien era. Al mirar atrás, he aprendido más de mis errores y contratiempos que de mis éxitos. He jugado el plan de juego que Dios me dio, lo mejor que he podido.

Irónicamente, mi carrera como jugador terminó en la universidad, pero he tenido el privilegio de servir a la comunidad de Phoenix a través de los deportes —específicamente los Suns de Phoenix y de los Diamondbacks de Arizona— y de representar a nuestro país con el equipo olímpico de basquetbol de los Estados Unidos.

Con mucha frecuencia, la gente se queja sobre su situación y se regodea en su miseria. Como resultado, no ven la oportunidad que está frente a sus ojos. Mi consejo es mantener la integridad. Incluso si las cosas se ven sin esperanza, hay que estar abierto a las oportunidades frente a ti.

¿Qué tienes frente a ti que te parezca imposible o sin esperanza? ¿Qué pasos

pequeños puedes dar para explorar las posibilidades dentro de esas imposibilidades?

☛ KEN BLANCHARD
Director espiritual, The Ken Blanchard Companies; autor de The One Minute Manager

El momento definitorio de mi vida provino de un éxito más que de un fracaso. *The One Minute Manager* tuvo tanto éxito (se vendieron más de 13 millones de ejemplares) que encendió mi fe. Me di cuenta de que alguien más debía tener el control. Cuando escribí *The One Minute Manager* no era creyente, pero miro hacia atrás y puedo ver la mano de Dios en mi vida. Después de la publicación del libro, la gente empezó a compartir conmigo cómo Jesús era el perfecto administrador de un minuto. Dios abrió las puertas a las grandes personas que me ayudaron en mi camino para conocer a Jesús en un nivel más profundo.

La definición de éxito en el mundo es el dinero, el poder, el reconocimiento y el estatus. El significado es lo opuesto: es servicio y relaciones amorosas. Si te concentras en el éxito, nunca alcanzarás el significado. El éxito *le sigue* al significado. Consideremos, por ejemplo, a la madre Teresa, a quien no le preocupaba ni el dinero ni el reconocimiento. Todo tenía que ver con el servicio, la generosidad y las relaciones amorosas y, sin embargo, en todo el mundo la gente se peleaba por intentar darle dinero, reconocimiento y estatus.

Hay que mantener la vista en el campo de juego de Dios, con la intención de glorificar a Dios. Lo glorificas creando relaciones amorosas y de cuidado con tus empleados para que ellos a su vez puedan crear relaciones amorosas y de cuidado con tus clientes. Esto te da éxito.

El atributo clave de un gran líder es la humildad. La gente con humildad no piensa que es menos, simplemente piensan menos en sí mismos. Los grandes líderes se dan cuenta de que el liderazgo no tiene que ver con ellos, sino con la gente que están intentando influir. Esto se hace a través de la verdadera humildad, que es el antídoto al falso orgullo, al miedo y la duda. Muchos líderes egoístas son como niños atemorizados. No creo que se pueda hacer sentir bien a la gente alrededor de uno si uno no se siente bien consigo mismo. Ahí es donde la confianza en el amor incondicional del Señor es realmente importante.

Con frecuencia le digo a las personas de mi público: "¿Quiénes de ustedes aman a sus hijos?". Todos los que tienen hijos levantan la mano. Entonces continúo: "¿Cuántos de ustedes amarían a sus hijos sólo si tuvieran éxito?". Nadie levanta la mano. Entonces preguntaría: "¿Quieren decir que aman a sus hijos incondicionalmente? Entonces, ¿por qué no confían en Dios Padre? Los ama incondicionalmente".

Con el entendimiento de que Dios nos ama incondicionalmente, cuando nuestro desempeño no es bueno o cuando la gente está molesta con nosotros, podemos preguntar: "¿Qué puedo hacer para cambiar este desempeño? ¿Podrían decirme más sobre qué hice para molestarlos?". En pocas palabras, nuestro valor no es el tema porque somos incondicionalmente amados. Estamos bien, pero también sabemos que podemos aprender porque no somos perfectos.

Al final, la humildad es el motivador. No se trata de ti. Todos los grandes líderes lo entienden. Si te sales de tu camino y te das cuenta de que estás aquí para servir y no para que te sirvan, es sorprendente todas las cosas que pueden suceder.

¿De qué maneras puedes darle prioridad al significado sobre el éxito? ¿Cómo cambia

tu respuesta a la retroalimentación el saber que eres incondicionalmente amado?

....

☛ KEN SANDE

***Fundador de Peacemaker Ministries; presidente de Relational Wisdom 360; autor de* The Peacemaker**

«Edificar un pasaporte» consiste en relacionarse con las personas de tal manera que te permitan entrar más y más profundamente en sus vidas. Puedes pasar de la fachada superficial que todos tenemos y llegar a conocerlos de verdad, sus fortalezas, debilidades, victorias y miedos. La gente no te permitirá entrar a sus vidas sólo porque sí; son muy selectivos, tienes que ganarte ese privilegio.

En el fondo, la gente por lo general está haciéndose tres preguntas:

1. ¿Puedo confiar en ti?
2. ¿Realmente te importo o me amas?
3. ¿Realmente puedes ayudarme?

Los negocios exitosos se construyen sobre relaciones de confianza. Construir un equipo con un nivel alto de confianza es crucial para el éxito individual y del equipo. Lo mismo sucede con los clientes y distribuidores. Si real y sinceramente estamos buscando ver por los intereses de los demás —sus intereses personales, de negocios y financieros— y los tratamos de la manera que nosotros quisiéramos que nos trataran, la gran mayoría de la gente nos tratará de la misma manera.

Invertir, escuchar, cuidar y hacer algunos sacrificios por ellos en el camino generalmente nos devolverá la bendición de amistades reales, confianza real y respeto real. Estas cualidades son de enorme valor, tanto personalmente como en el mundo de los negocios.

Pregúntate: "¿Cómo quiero que me traten?". La noción de que alguien me cuide, me escuche, me comprenda y vea por mis intereses es agradable. Si eso es lo que quiero, entonces eso es lo que quiero hacer por los demás. Es una brújula simple pero poderosa que cambia las relaciones.

¿Cómo se puede edificar un pasaporte con las personas con las que buscas una relación más profunda?

☛ DAVID FRAUENSHUH

Director general y fundador, Frauenshuh, Inc.

Mi primer empleo consistía en arrendar y administrar un espacio de oficinas para un edificio en el centro de St. Paul, Minnesota. Ganaba un salario pequeño, apenas para cubrir mis gastos, pero con la venta pendiente del edificio que administraba, no sabía cómo continuaría manteniendo a mi familia. Durante esa época de incertidumbre, una mañana de domingo el pastor anunció que la iglesia necesitaba dinero. Me incliné hacia Sandy y le dije en voz baja: "Creo que tenemos que poner cien dólares en la bandeja". Sandy y yo nos quedamos viendo dándonos cuenta de que no teníamos el dinero. Haciendo un voto de confianza, escribí un cheque con protección al sobregiro.

A la mañana siguiente, un hombre entró a mi oficina y dijo: "No me conoces, pero trabajo en el banco del otro lado de la calle. Estamos buscando a un nuevo administrador de la propiedad y quisiéramos ofrecerte el trabajo".

El domingo escribí un cheque por 100 dólares y el lunes me ofrecieron un empleo con un aumento sustancial que me permitió cubrir ese cheque y más.

Me di cuenta de que ese dinero era de Dios, no mío. A partir de ese momento, me concentré en ser un buen administrador. Busqué la sabiduría divina en todas mis transacciones de negocios. Siento que el Señor me ha guiado de la mano y me ha ayudado a tomar buenas decisiones de negocios.

Me he vuelto exitoso haciendo cosas sencillas, siendo confiable, pagando mis préstamos a tiempo, haciendo lo correcto, tomando buenas decisiones financieras, siendo abierto y honesto en mis transacciones e invirtiendo en la gente.

Hacer estas cosas no garantiza el éxito financiero, pero el Señor recompensará tu buen manejo de muchas maneras.

¿Cómo honras a Dios con tus decisiones financieras?

....

☛ LESLIE FRAZIER

Entrenador en Jefe de los vikingos de Minnesota

Modelar la fe empieza en casa. Mis hijos necesitan ver a un padre que ama a Jesucristo, que reza, que es vulnerable y que puede comunicarse y no sentir que las cosas se tienen que hacer como yo digo. Necesitan ver a Jesús a través de su padre. Mi esposa necesita saber que tiene un esposo amoroso y que perdona y que la honrará y la respetará. Eso es muy importante para mí.

Yo crecí sin un padre y con una madre que no estaba presente. Fue difícil. Sin embargo, tenemos muchos jugadores con un pasado similar al mío. Probablemente entre 60 y 70 por ciento de nuestros jugadores crecieron en un hogar monoparental. Soy muy consciente del hecho de que muchos de nuestros jugadores no crecieron con una autoridad masculina en casa. Sé que mi rol es más que sólo ser entrenador y comunicarles las x y las o en el plan de juego.

Debo modelar la manera correcta de tratar a la gente, cómo manejar las confrontaciones y cómo tratar a mi esposa, por ejemplo. Entiendo mi impacto, en especial como hombre de familia afroamericano, en esta generación de jugadores y reconozco lo que puede significar para algunos de ellos que están en contacto conmigo diariamente.

Para mí es importante modelar consistencia y el carácter de Cristo, servir a la gente a mi alrededor y ser desinteresado. Quiero ser un ejemplo como líder. Me contrataron para ganar un campeonato en Minnesota y quiero ganar ese campeonato con chicos que tengan.

¿Modelas tu fe de la manera que lo deseas? ¿En casa? ¿En el trabajo?

....

☛ TAD PIPER

Presidente y director general retirado de Piper Jaffray Companies

Encuentra tu inspiración. Hay dos componentes en la inspiración: ser inspirado e inspirar.

Si apenas estás empezando tu carrera, necesitas encontrar algo que te motive a avanzar que sea más que un salario. El salario puede motivarte pero no es inspirador. Busca cosas que sean significativas. Ábrete y busca activamente cómo inspirarte con tu fe, una misión o alguien que admires. Debes estar dispuesto a invertir tiempo y energía para encontrar el llamado de Dios en tu vida.

Si ya eres un líder, entonces necesitas ser inspirador. Asegúrate de que tu misión tenga un propósito y significado más allá de los resultados. Dale a tus empleados una razón para levantarse en las mañanas y haz algo que importe, algo que les importe a ellos, a la gente con quien trabajan, a sus clientes y a la sociedad.

Independientemente de la capacidad que tengas (o la que creas tener), no puedes ser líder de una organización tú solo. Si eres inspirador, tendrás mucha gente que quiera trabajar *contigo*, lo cual es mucho mejor que tener a la gente trabajando *para* ti. Todos queremos formar parte de algo mayor que nosotros mismos.

El liderazgo establece el tono de una organización. Lidera con el ejemplo. Cómo te comportes, las palabras que uses y cómo trates a los demás es parte de ser inspirador. Si estás demasiado seguro, la vida no es tan rica o disfrutable. Encuentra tu inspiración y vívela con pasión, te divertirás más.

¿Qué te inspira?
¿Cómo inspiras tú a los demás?

☛ BRAD HEWITT
Director general, Thrivent Financial

En mis inicios como director general, mi motivación era ganar y tener éxito. El cansancio de mis viajes me dejaba con poco tiempo para dedicar a mi familia. El punto de quiebre fue una mañana de sábado cuando mi esposa, Sue, me pidió que cuidara a nuestra hija de tres años para que ella pudiera hacer unas diligencias. Nuestra hija gritó: "¡No quiero estar con papá!". Yo era un desconocido para ella. Nunca le había dado el regalo del tiempo y me lastimó profundamente darme cuenta de mi falta de generosidad.

La generosidad era tan natural para mí como brincar frente a un tren en movimiento. Parecía casi imposible. A raíz de esto, descubrí que los beneficios de la generosidad contrarrestan por mucho los beneficios del egoísmo. Cuando pienso en las veces que le he dado a alguien, yo me he beneficiado más. La generosidad tiene el sorprendente poder de estimular la satisfacción, la dicha y la paz.

Veo mi propósito como iniciador de una revolución de generosidad, ayudando a las familias a ser cuidadosas con su dinero e inspirándolas a ser generosas. Dios tiene sentido del humor, toma a la persona más avara del mundo y le pide que aliente a los demás hacia la generosidad.

En términos de los atributos que busco en un líder, digo en broma, "Quiero músicos zurdos". Mis amigos músicos tienden a ser zurdos y tienen dos de las características que más valoro: disciplina y creatividad. La disciplina es combinar el trabajo arduo con la práctica. La creatividad es ver ciertas cosas de manera diferente. Sin embargo, hay un tercer rasgo que hace que los otros dos funcionen bien juntos: la humildad. Con creatividad y disciplina, se puede tener éxito un tiempo, pero no a largo plazo. La humildad le da a los líderes la perseverancia para dirigir en las buenas y en las malas.

¿Con quién necesitas ser generoso hoy?
¿Cómo puedes mejorar tus rasgos de «líder zurdo»?

☛ MARILYN CARLSON NELSON
Ex presidenta y ex directora general de Carlson

Siempre he considerado la oportunidad de dirigir Carlson como un llamado. Imaginen la gratificación de saber que nuestro negocio familiar le ha dado empleo toda la vida a millones de personas y sus familias durante setenta y cinco años. Después de todo, la mejor filantropía es un empleo. Dirigir una compañía global también me ha dado la oportunidad de dirigir con amor, como me exige mi fe. Pero debo confesar que me ha hecho 'ejercitar' mi fe de maneras retadoras y gratificantes.

Siento que dirigí con amor cuando necesitamos hacer un importante recorte de personal durante un serio revés en la economía. Alguien me preguntó si tenía el corazón para hacer esto. "No, no tengo el corazón —le respondí—, pero tengo la cabeza". Sabía que era necesario para la supervivencia a largo plazo de la compañía y de los empleados que permanecerían. Solamente podía conservar la esperanza de que algún día, los que tuvieron que irse, regresarían... y muchos lo hicieron.

Estoy segura de que mi liderazgo también ha estado influido por mi crianza en la Iglesia Metodista. El fundador de la iglesia, John Wesley, dijo lo siguiente:

> Haz todo el bien que puedas,
> Por todos los medios que puedas,
> De todas las maneras que puedas,
> En todos los lugares que puedas,
> A toda la gente que puedas,
> Tanto tiempo como puedas.

¡Vaya que es una manera de cerrar el trato! Pero la verdad es que dirigir con amor sí nos exige mucho. A veces es amor severo, valiente y solitario. Pero con más frecuencia es amor considerado, creativo, empático y gratificante. Como todos sabemos, el mundo está hambriento de este tipo de liderazgo.

¿La gente puede ver tu fe a través de tu estilo de liderazgo?

☛ JEANNINE M. RIVET
Vicepresidenta ejecutiva, UnitedHealth Group

La mayoría de la gente no cambia, pero tú puedes hacerlo. Cambia de tono y el diálogo puede abrir la puerta a una comunicación productiva y significativa.

Hace varios años, nuestra organización adquirió una compañía grande y eso hizo que nos reorganizáramos. Me acerqué a nuestro director general y le dije: "Estoy dispuesta a hacer el trabajo que se requiera de mí para apoyar a la organización". Él apreció mi acercamiento y pronto me dieron más responsabilidades. Más que enfocarme en cómo podía tener éxito, estaba abierta a nuevas oportunidades, cualesquiera que éstas fueran.

Una parte importante de cambiar el diálogo es cómo hablas con la gente. En las conversaciones difíciles, la gente suele enojarse o sentir miedo. Es fácil quedarse atascado en el diálogo negativo que puede presentarse. Pero si cambias tu enfoque para concentrarte en uno positivo, la gente responderá de manera positiva; se concentrarán más y sus niveles de energía serán mayores.

En una ocasión me encontraba negociando un asunto difícil con un grupo de médicos. Nuestras negociaciones habían llegado a un callejón sin salida. La gente se había enojado, estaba a la defensiva y simplemente no quería hablar. A la mañana siguiente llegué a la junta con una bolsa de tomates y la coloqué en el centro de la mesa con forma de U. Visitiendo un chaleco protector, me paré frente a ellos y les dije: "No sé qué tengan en mente, pero ¡siéntanse en libertad de lanzarme los tomates y dejar salir todo!". Sorprendidos, empezaron a reírse. A pesar de que pareció ser muy radical, mi enfoque les dijo que yo quería tener un diálogo productivo con ellos.

Cuando necesitas tener una conversación significativa, en particular cuando tu interlocutor es sensible o está a la defensiva, ¿cómo puedes cambiar el diálogo y orientar la conversación hacia un resultado positivo?

☛ RICHARD STEARNS
Presidente de World Vision U.S.

Tal vez te imagines que una persona que dirige una organización humanitaria grande y global que se dedica a alimentar a los hambrientos, a ayudar a las víctimas de desastres y a cuidar a viudas y huérfanos por todo el planeta es una especie de héroe espiritual o un santo. Estás muy equivocado. Yo fui el recluta más renuente en esta causa, de muchas maneras, un cobarde.

En mis oraciones en las semanas que precedieron a mi nombramiento como presidente de World Vision, le rogué a Dios que enviara a alguien más para hacer el trabajo. Como director general de Lenox, una empresa de vajillas finas, estaba viviendo el sueño americano, tenía un trabajo prestigiado con riquezas financieras y un hogar con diez recámaras en cinco acres de terreno.

El cazatalentos que representaba a World Vision quería reunirse conmigo, pero yo me negué. Entonces me hizo una pregunta poderosa: "¿Está usted dispuesto a abrirse a la voluntad de Dios para su vida?".

Dios me estaba pidiendo ese día que tomara una decisión. Me estaba retando a decidir qué tipo de discípulo estaba dispuesto a ser. ¿Qué era lo más importante en mi vida? ¿Era mi carrera, mi seguridad financiera, mi familia, el Jaguar XK8, mis cosas? ¿O estaba comprometido a seguirlo a Él independientemente del costo, sin importar lo demás?

Poco después, estaba sentado en mi cocina y pensé: ¿Qué tal si hay niños que van a sufrir de alguna manera porque yo no obedecí a Dios? ¿Qué tal si mi cobardía le cuesta la vida a un niño en alguna parte del mundo?

Desde el inicio, mi esposa Reneé dijo: "Necesitamos estar donde Dios quiere que estemos, y si es en World Vision, entonces tenemos que ir".

En abril acepté oficialmente la invitación de la junta. En mayo renuncié como director general de Lenox. En junio empecé mi trabajo como presidente de World Vision U.S. En julio la camioneta de mudanzas se acercó a nuestra vieja granja de doscientos años de antigüedad. Y en agosto estaba en la selva en Uganda, con un niño y sus hermanos huérfanos. Me pregunté si ese niño era sobre quien me había preocupado aquella noche lejana en mi cocina, el que podría haber muerto si yo desobedecía a Dios. Creo que Dios me estaba mostrando que sí lo era.

Que Dios siga eligiendo entre los seres humanos imperfectos como yo me resulta sorprendente y alentador. Y si puede usarme a mí, puede usarte a ti.

¿Cómo te está llamando Dios a moverte de la creencia a la acción? ¿Qué tipo de discípulo estás dispuesto a ser?

Resumen

Cuando le pidieron a Woody Allen que resumiera *La guerra y la paz* de León Tolstoi, exclamó: «¡Es sobre Rusia!». Así es más o menos como me siento cuando me piden que resuma las lecciones y sabiduría que compartieron estos veinte líderes. Aunque quería capturar el mensaje más importante de cada líder de manera concisa, nunca imaginé la profundidad de introspección y significado que quedarían en el proceso de edición.

Esto me generó un dilema interesante. Por un lado, la brevedad de cada mensaje trasmite su importancia, pero también se corre el riesgo de que sea percibido como un mero cliché, simplemente por las limitaciones de espacio que nos evitan compartir el resto de la historia de cada líder.

Como mensajero de estas historias, he tenido el privilegio de adquirir más visión sobre el individuo detrás de cada mensaje. Los líderes que se presentan en este libro llegaron a sus mensajes de varias maneras, ninguna de las cuales fue sencilla. Más allá de lo que ganemos a partir de sus enseñanzas individuales, creo que también podemos aprender de la naturaleza del grupo. Encontré que los veinte líderes compartían cuatro características similares, y, de hecho, son cuatro características de carácter cruciales para ser un líder exitoso: humildad, valor, fidelidad y amor.

Humildad. Cuando un líder demuestra humildad y cede el control a Dios, Dios transforma su liderazgo y lo usa para cambiar el sentido de la vida del líder.

A través de la humildad que adquirió en África, Ward Brehm descubrió su llamado: ser un defensor de la gente que no podía hablar por sí misma. En el proceso, Ward encontró un significado y propósito en su trabajo.

Con un enfoque en la guía y en hacer bien las cosas sencillas, David Frauenshuh alcanzó el éxito buscando la sabiduría de Dios en todas sus decisiones de negocios.

Cuando Dios le pidió que eligiera qué tipo de discípulo estaba dispuesto a ser, Richard Stearns dejó un empleo cómodo y prestigioso para atender las necesidades de las víctimas de desastres en el mundo y a los pobres a través de World Vision.

Valor. Puede ser difícil reconocer las oportunidades entre los obstáculos. La presión externa por alcanzar resultados combinada con las tentaciones internas que provienen del poder, dinero y posición puede resultar abrumadora. El valor le permite a un líder seguir el llamado de Dios a pesar de los imponderables.

Os Guinness nos recuerda que el llamado no significa que *somos lo que hacemos*. El llamado significa *hacer lo que somos*. ¿Para qué te diseñó Dios? ¿Cuáles son tus dones únicos, recursos y esferas de influencia?

El valor le permitió a Brad Hewitt hacer frente a su avaricia y sobreponerse a ella con un nuevo llamado, promover que los demás se movieran hacia la generosidad.

Ron James descubrió que los momentos más valiosos del aprendizaje provienen de las experiencias únicas que Dios nos concede, y que nuestra vida se enriquece justo en esos momentos.

Para sobreponerse a las diferencias políticas y llegar a la verdad, el grupo de oración de Al Quie se basó en la «disputa amigable» combinada con el valor de presentarse vulnerables y construir relaciones de confianza con los demás.

Para Jeannine Rivet, el valor significa estar abierto al cambio y ese cambio resulta en una comunicación productiva y significativa.

Fidelidad. Los líderes fieles perseveran en la adversidad y permanecen leales a su llamado, aun cuando entre en conflicto con la sabiduría convencional. Los líderes exitosos exhiben lealtad, fidelidad y un amor inamovible hacia Dios y los demás a través de los altibajos de la vida.

Mark Belton regresó del «exilio corporativo» y de una temporada de adversidad como un ser humano más empático y un mejor líder.

Durante los tiempos difíciles, Jerry Colangelo fue consistente con quién era. Tiene la capacidad de ver al pasado y darse cuenta de que aprendió más de sus errores y de los contratiempos que de sus éxitos.

La experiencia que le dio humildad a Phil Styrlund le ayudó a despojarse de las actividades sin importancia y descubrir el valor de lo relevante: importar a los otros para los otros.

Eric Verseman entró a la gloria eterna tras un viaje de cuatro años con el cáncer. Eric fue el epítome de la perseverancia durante la adversidad y descubrió la dicha simple de comprender que la vida es una acumulación de acontecimientos pequeños que mejoran la calidad de tu vida y le dan forma a tu futuro.

Amor. El amor es dirigir con un propósito mayor que los resultados. El verdadero liderazgo es un llamado motivado por el propósito, no una tarea motivada por los resultados.

Roger Andersen se motivó a comprender el propósito de Dios en su trabajo y descubrió que todos trabajamos juntos para Su propósito y somos administradores de lo que se nos da.

Ken Blanchard nos enseña cómo ser amados incondicionalmente impacta quienes somos. Un líder exitoso se enfoca en el significado —el servicio y las relaciones amorosas— y se da cuenta de que el éxito se da como consecuencia.

Para Marilyn Carlson Nelson, la fe es el amor en acción, y dirigir con amor significa asumir la responsabilidad y actuar por el bien común.

Dennis y Megan Doyle rezaron por entender cómo su negocio podía formar parte del plan de Dios. El resultado fue una organización vibrante que ha distribuido más de 575 millones de dólares en bienes a quienes los necesitan.

Como modelo a seguir para sus jóvenes jugadores, Leslie Frazier se enfoca en servir a otros con la consistencia y carácter de Cristo.

Tad Piper motiva a través de la inspiración: un líder debe inspirarse y ser inspirador; la gente necesita hacer algo que importe.

Ken Sande nos enseña cómo «edificar un pasaporte» relacionándose con la gente de tal manera que te permitan entrar más profundamente en sus vidas. Invertir, escuchar, preocuparse y hacer sacrificios en el camino nos devuelve las bendiciones de las verdaderas amistades, de la verdadera confianza y del verdadero respeto.

Horst Schulze dirige entendiendo el valor y propósito de su visión y luego estableciendo la ruta y dirigiendo con integridad, honor y altos estándares.

Las características del liderazgo de humildad, valor, fidelidad y amor fluyen visiblemente a partir de estas veinte historias y mensajes. Pero más impactante que lo que tienen en común es la naturaleza individual de la historia y mensaje personal de cada líder. Cuando leemos cada historia, no podemos evitar darnos cuenta de lo único que es cada líder. El consejo y mensaje de cada uno está basado en sus experiencias e historia personal.

Y, ¿no es así como Dios nos creó a todos, y a ti? Fuiste diseñado por un Dios todopoderoso con una personalidad única y un estilo, experiencias de vida, circunstancias, trabas y oportunidades específicas, todo para darle forma al líder que Él quiere que seas.

Así que toma esta sabiduría que has obtenido, ya sea como aliento o como advertencia, como inspiración o como lección, y permite que estas introspecciones influyan en quién eres como líder. Independientemente de los retos que enfrentes, recuerda la promesa de Dios en Jeremías 29:11: «Que bien me sé los pensamientos que pienso sobre vosotros —oráculo del Señor—, pensamientos de paz y no de desgracia, de daros un porvenir de esperanza».

Como bien expresa Richard Stearns de World Vision: «Que Dios siga eligiendo entre los seres humanos imperfectos como yo me resulta sorprendente y alentador. Y si puede usarme a mí, puede usarte a ti».

CONCLUSIÓN

Un mensaje de esperanza. Nuestro futuro está determinado por lo que creemos y lo que hacemos. Cada una de nuestras creencias genera un comportamiento y cada comportamiento tiene una consecuencia. A final de cuentas, *nos convertimos en lo que creemos y hacemos todos los días.* Así como hicimos al principio de este libro, podemos preguntarnos: ¿Cuáles son las creencias que motivan nuestras decisiones de negocios? ¿Nuestra fe define quiénes somos en el trabajo o nos definen las reglas de los negocios? ¿Vamos por el buen camino?

Cuando integras los principios de Dios con tus talentos, habilidades y carácter únicos, creas una poderosa sociedad para ser exitoso *en* el mundo sin convertirte en *propiedad* del mundo. Como resultado, tus retos y dilemas te fortalecen para convertirte en el líder exitoso y significativo que Dios quiso que fueras.

¿Qué nos caracteriza como líderes devotos? Las presiones nos fortalecen, priorizar los principios sobre las ganancias incrementa nuestro valor a lo largo del tiempo, nuestro carácter se va fortaleciendo y, al final, producimos un legado, además de los resultados que queremos en los negocios. En el corazón de nuestra misión por encontrar un trabajo significativo se encuentra el choque entre dos amos. Al final, debemos elegir.

Caminar con Dios mientras enfrentamos y superamos las dificultades de la vida es algo invaluable para un individuo, tanto personal como profesionalmente. Cada uno de los treinta y cinco líderes que se perfilan en estas páginas comprendió que la dificultad es parte de la vida y que Dios se comunica con nosotros a través de nuestras circunstancias, en especial las difíciles. Cada líder también reconoce que no podemos dejar a Dios en la puerta cuando entramos al trabajo. Nuestro trabajo consume al menos la mitad de nuestra vida en vigilia. ¿Cómo podemos excluir a Dios de la mitad de nuestras vidas y ser exitosos personal y profesionalmente? Por último, estos líderes buscaron esas cosas que se consideran excelentes y valiosas, independientemente de las dificultades que enfrentaran.

En su valioso libro *My Utmost for His Highest*, Oswald Chambers dice: «Todos los esfuerzos de valor y excelencia son difíciles. La dificultad no nos vuelve débiles ni hace que nos rindamos, nos mueve a sobreponernos. Dios no nos da una vida para sobreponernos, *nos da una vida cuando nos sobreponemos*»[1].

La esencia de estas historias que compartimos en el libro es que nos acercamos más a Dios a través de nuestras dificultades y dilemas, decisión con decisión. Para cerrar, me gustaría compartir el proceso que define nuestro éxito, nuestro propósito para buscar a Dios y su promesa de recompensarnos.

El proceso

Más aún; nos gloriamos hasta en las tribulaciones, sabiendo que la tribulación engendra la paciencia; la paciencia, virtud probada; la virtud probada, esperanza, y la esperanza no falla porque el amor de Dios ha sido derramado en nuestros corazones por el Espíritu Santo que nos ha sido dado.

—ROMANOS 5:3-5

En 1999, cuando estaba escribiendo esta obra, experimentaba grandes dificultades personales y profesionales. Monty Sholund, mi maestro de estudios bíblicos, me aconsejó a lo largo de cada problema y situación difícil.

El consejo consistente de Monty era: «No te pierdas del privilegio de tus problemas». Compartí con él mis retos e, inevitablemente, comentaba: «¡Oh! Eso es muy valioso». Sin minimizar mi dolor, compartía el valor de aprender y acercarse a Dios desde todas las circunstancias, sin importar lo difíciles que fueran.

Los líderes que compartieron sus historias con nosotros han luchado, cada uno, con algún dilema, decisión o situación difícil. Cada uno de ellos tuvo la capacidad de usar su situación particular o su dilema para crecer. En esencia, sus problemas no fueron obstáculos sino escalones para llegar al crecimiento y éxito personal. De la misma manera, las decisiones que tomamos al enfrentarnos a nuestros dilemas nos definen. Le dan forma a nuestro carácter y determinan nuestro destino. Son, en resumen, nuestro viaje.

Mientras estamos luchando, podemos elegir no concentrarnos en el dolor de nuestra presente situación sino en el valor del momento. Los problemas que cada uno de nosotros enfrenta son nuestras propias oportunidades. Nuestras situaciones presentes son parte de un proceso mucho mayor, nos están guiando, paso a paso, hacia el sitio donde Dios quiere que estemos.

Nuestro propósito

O Dios Todopoderoso,
bendito sea el hombre que confíe en Ti.

—SALMO 84:12

Confiar en el Señor es un rasgo común a los treinta y cinco líderes de este libro. En cierto momento, estos líderes hicieron un voto de confianza sin saber cuál sería el resultado. Cada uno de ellos tuvo miedos, dudas y dificultades, pero cada uno llegó a un momento definitorio en el cual confió más en Dios que lo que confiaban en su propio entendimiento de la situación. Este momento de fe tuvo un rol significativo en darle forma al destino de sus vidas. De la misma manera, llegará un momento en el cual nuestra fe se ponga a prueba hasta el límite, en el que la presión de los negocios, la lógica intelectual y el miedo se sumen hasta el punto en el cual la decisión de negocios más sencilla tendrá más sentido para nosotros que confiar en Dios. Esta puede ser la mayor crisis espiritual que jamás enfrentemos, un momento en el cual ya no se trata de una decisión de negocios moral o ética, sino una batalla de voluntades. De hecho, elegir a Dios tal vez vaya totalmente en contra de nuestro razonamiento empresarial y tal vez nos cueste dinero, un ascenso o incluso la carrera. La decisión que tomemos será de nuestra voluntad para nuestra vida *contra* la voluntad de Dios para nuestra vida.

En este momento, necesitamos tomarnos el tiempo que sea necesario para rezar por la guía de Dios. Cuando sepamos en nuestro corazón qué nos está pidiendo Dios que hagamos, necesitamos confiar en Él y dar el salto. Entonces Él puede ponerse a trabajar.

Su promesa

Ningún ojo ha visto, ningún oído ha escuchado, ninguna mente ha concebido lo que Dios ha preparado para aquellos que lo aman.

—I CORINTIOS 2:9

Vivimos en un mundo de negocios que mide el éxito. Con cada decisión de negocios, calculamos un rendimiento de nuestra inversión, un margen de ganancias o un rendimiento en el capital del accionista. Al hacerlo, nos quedamos cortos. Al tratar de maximizar un rendimiento con base en lo que conocemos, no nos permitimos imaginar cómo podría ser. Dios nos ha prometido cosas maravillosas más allá de nuestra imaginación si tan sólo creemos en sus promesas.

Los líderes que presentamos aquí no necesariamente tienen vidas más felices, pero sí viven vidas llenas de sentido personal. También han marcado una diferencia en las vidas de los demás. Dios no nos promete vidas felices y sin preocupaciones, llenas de ascensos oportunos en el trabajo y muchas comodidades. Nos promete a Él mismo. Como explica Monty Sholund: «Dios es suficiente. Él es la recompensa de quienes lo buscan».

Personalmente, no hubiera podido escribir este libro si hubiera confiado solamente en mis pensamientos y deseos. Si hubiera sido consciente del tiempo, energía, molestias, dolor, problemas y dilemas que conlleva el proceso de escribir, rápidamente hubiera determinado que no valía la pena el esfuerzo. El rendimiento tangible sobre la inversión simplemente no tenía sentido.

Sin embargo, al escribir las últimas palabras de este libro, sé que ya he recibido más bendiciones de las que podría imaginar. Me han bendecido las historias de estos líderes sorprendentes y he recibido la bendición de una relación más cercana con Dios. Estos dividendos no tienen medida.

Rezo por que este libro te haya ayudado a pensar sobre Dios y Su plan para tu vida. Dios te ama y quiere que prosperes. Ha preparado algo para ti que está más allá de la comprensión en este momento, pero que te será revelado con el tiempo. Que Dios te bendiga en tu recorrido.

1. Oswald Chambers, según la edición de James G. Reimann, *My Utmost for His Highest*, Grand Rapids, Discovery House Publishers, 1992.

APÉNDICE

Tu plan de negocios personal

Introducción

Que bien me sé los pensamientos que pienso sobre vosotros —oráculo del Señor— pensamientos de paz, y no de desgracia, de daros un porvenir de esperanza. Me invocaréis y vendréis a rogarme, y yo os escucharé. Me buscaréis y me encontraréis cuando me solicitéis de todo corazón.

—JEREMÍAS 29:11-12

LOS MENSAJES NOS BOMBARDEAN DIARIAMENTE: «PUEDES tenerlo todo». «Puedes hacer que suceda». Los que dan pláticas motivacionales prometen: «Crea tu propio destino» y ofrecen incontables formas de ayudarnos a alcanzar nuestros planes de éxito financiero. ¿Qué sucede? Regresamos a la carrera con todas sus presiones. Entonces, cuando se aparece un problema, le pedimos a Dios que resuelva *nuestros* problemas. Cuando no resuelve nuestra situación, pensamos que Dios nos está castigando. La realidad es que nuestro plan en sí era imperfecto. Aunque podría ser nuestro plan para el éxito, nunca fue el plan de Dios. Estaba condenado desde el principio.

El plan de Dios para ti está *diseñado específicamente para tu éxito.* Te llamó por tu nombre para que cumplas con Su plan para tu vida. Dios definió el éxito de su propia manera y no a la manera del mundo; y te proporcionó un plan para que tengas éxito a Su manera, no a la tuya, en Su tiempo, no en el tuyo. Aunque esto suena severo, es importante retar tu pensamiento antes de que elabores tu plan de negocios. Seguir el plan de Dios no es un emprendimiento de medio tiempo sino un compromiso de tiempo completo. Tómate un momento para releer la última oración de Jeremías 29:11-12: «Me buscarás y me encontrarás cuando me busques con todo tu corazón». ¿Estás dispuesto a confiar en Dios con todo tu corazón, incluso durante los tiempos difíciles cuando nada parezca estar saliendo bien? Si estás listo para responder «sí», entonces empecemos.

Tu plan personal de negocios está basado en tres principios y una promesa. Al seguir estos principios, nos volvemos algo parecido al árbol plantado junto a los arroyos de agua en el Salmo 1:3: Damos frutos, crecemos fuertes y prosperamos en todo lo que hacemos.

Tres principios y una promesa: realizar el plan de Dios

Es como un árbol plantado junto a los arroyos de agua, que da fruta en la estación y cuya hoja no se marchita. Lo que sea que haga, prospera.

—SALMO 1:3

Principio 1: Dios es la fuente de nuestra sabiduría, fortaleza y energía

La relación más importante que tenemos es privada y constante: nuestra relación diaria con el Señor. El primer paso en cada decisión y acción es buscar la sabiduría de Dios. Al seguir el Principio #1, nuestras raíces, las raíces de ese árbol que se hunden en las profundidades del suelo, encuentran los arroyos de agua viva. Estos arroyos de agua viva representan la sabiduría de Dios. Esta relación es el nutrimento de todo lo que hacemos.

Principio 2:
Nuestro plan personal es un plan para el crecimiento, no un plan para lograr cosas

Al igual que el árbol produce más frutos cuando madura, necesitamos crecer espiritualmente para poder vivir una vida de abundancia. La mayoría de la gente que no logra cumplir con sus planes fracasa debido a la inmadurez. Enfrentados a la frustración o el miedo, rápidamente abandonan sus planes si las cosas no salen como las planearon. Nuestros planes de negocios personales son un medio para crecer en la dirección correcta conforme respondemos a los cambios y tormentas de la vida. El Principio #2 representa el crecimiento de nuestro carácter cuando trabajamos en nuestros planes. Piensa en esto como el tronco y las ramas del árbol que se van formando gracias a las condiciones constantemente cambiantes. Las ramas se doblan con los vientos y el tronco se hace más fuerte en los inviernos duros. El árbol se hace más fuerte después de soportar cada tormenta.

Principio 3:
Disfrutaremos del éxito en los tiempos de Dios

En una sociedad que exige gratificación inmediata, esperar los tiempos de Dios puede ser doloroso. Desde la primera publicación de *Dios es mi director* en 2002, he recibido más bendiciones de las que hubiera podido imaginar. Dios ha usado este libro para cambiar vidas, proporcionándome gran satisfacción al ver el fruto de mi labor.

Al mirar atrás, sin embargo, puedo recordar claramente los siete años en los que sacrifiqué dinero, tiempo y energía y no recibí ni compensación ni «palmadas en la espalda» por el manuscrito que se convertiría en *Dios es mi director.* Este periodo de espera fue doloroso con frecuencia y estuvo lleno de derrotas profesionales y pérdidas personales. Dios nos promete que, llegada la temporada, el árbol dará frutos. Creo que la duración y dificultad del viaje fue lo que produjo la dulzura del fruto que experimenté después.

Finalmente, la promesa: prosperidad

Como producto secundario de trabajar con tu plan personal de negocios, puede ser que experimentes éxitos, como un trabajo gratificante o un negocio financieramente productivo. Creo que trabajar en tu plan aumentará las probabilidades de éxito financiero. Sin embargo, Dios no nos promete éxito financiero, ni nos promete librarnos del dolor, sufrimiento o derrota. ¿Qué promete Dios? Se promete a Sí mismo. Con Su presencia, nos proporciona recompensas que van más allá de nuestra imaginación. Es un viaje que vale la pena emprender.

Nota

Antes de que empieces el viaje, necesito hacer una aclaración importante. Aunque al final tu plan *tendrá* éxito, no estará libre de la adversidad. Las dificultades que enfrentes son importantes porque contribuyen a tu crecimiento. Los mayores obstáculos a tu éxito no son las circunstancias, sino los miedos y desalientos que pudieran provocar que abandonaras tu plan. Dios nos da un mensaje poderoso en Josué 1:9: «¿No te he mandado que seas fuerte y valiente? No tengas miedo ni te acobardes, por que el Señor tu Dios estará contigo adondequiera que vayas».

No puedo decirles cuántas veces quise abandonar mis planes de escribir *Dios es mi director.* Constantemente combatí miedos y desánimo. Cometí muchos errores una y otra vez; quise darme por vencido. Pero Dios nunca renunció a mí ni me dejó; estuvo conmigo a todo sitio que fui. Quiero animarte a que tengas el valor necesario para encontrar el llamado de Dios en tu vida. Aunque puedes tropezar, recuerda que Él está contigo en todo. Dios te bendiga y disfruta el camino.

Cómo escribir tu plan de negocios personal

En las siguientes páginas desarrollarás tu plan de negocios personal, paso a paso. Tu plan de negocios personal incluirá los siguientes componentes:

1. Tu análisis situacional
2. Tu visión
3. Tus valores y principios fundamentales
4. Tu misión
5. La necesidad
6. Tu cualidad única
7. El mercado objetivo
8. Un entorno para el crecimiento
9. Tus productos y servicios
10. Tus alianzas estratégicas
11. Tu plan de desarrollo personal, profesional y espiritual
12. Tu plan de ventas y mercadotecnia
13. Tu plan financiero
14. Los frutos
15. Renovación

Dios está hablándonos todo el tiempo, revelando de manera constante cuáles son sus planes para nosotros. En vez de gritar para llamar nuestra atención, Dios pronuncia nuestro nombre en voz baja. Para escuchar su llamado, debemos alejarnos de las ocupaciones de la vida y acallar nuestras almas. Para empezar el viaje de crear tu plan de negocios personal, debes acallarte ante Dios.

Para cada componente del plan, haré algunas preguntas que te harán pensar y te daré varios artículos de acción para que el proceso de escritura sea más sencillo y tus palabras más efectivas. Entonces, harás un resumen de tu enfoque de cada componente. Ya que hayas escrito cada parte, tendrás tu plan de negocios personal completo.

Usar tu plan de negocios personal. Llevo más de treinta años creando planes de negocios y he visto a muchos fracasar. Algunas personas le entregan la total responsabilidad de sus vidas a Dios y no asumen ninguna responsabilidad por sus propias acciones (o la falta de ellas) y decisiones (o indecisión). Estas personas van a la deriva por la vida sin dirección o propósito. Otros corren frente a Dios intentando hacer todo por su cuenta. Siguen adelante sólo para reconocer que gastan una tremenda cantidad de esfuerzo para avanzar por el camino equivocado. Un plan de negocios personal exitoso es una sociedad con Dios, una caminata diaria con Dios, de una decisión a la siguiente, un día a la vez.

El don. El don que Dios te ha dado es Su gracia y Su plan para que prosperes. Tu don a Dios es tu carácter: cómo te acerques a Él al seguir Su plan. Tu sociedad con Dios es un don a los demás: el fruto que produces y el legado que dejes.

Este libro de trabajo y plan de negocios personal tiene la intención de funcionar como herramienta que te ayude a cumplir con el plan de Dios. Es un marco o lineamiento, no una fórmula. Sobre todo, recuerda que el plan tiene más que ver con el recorrido que con el resultado. El proceso en sí, no el resultado, glorifica a Dios.

Trabajar el plan un día al a vez

Escuché la voz del Señor diciéndome:
«¿A quién deberé enviar, y quién irá con nosotros?».
Entonces dije: «¡Heme aquí! Envíame a mi».

—ISAÍAS 6:8

Una de las cosas más profundas que me enseñó Marilyn Carlson Nelson, ex presidenta y directora general de Carlson, fue el concepto de sacar el mayor provecho de cada día. Pregunta: «¿Estás dispuesto a poner tu firma en este día?». Dios no nos obliga a hacer su voluntad. Más bien, nos da completa libertad de elegir.

Hay cuatro actitudes que nos ayudarán a hacer de cada día un día de firma:

1. **Apreciación**. Señor, gracias por el regalo del día de hoy. Independientemente de las circunstancias, buenas o malas, acepto con agradecimiento este día y todo lo que esté en él.
2. **Disponibilidad**. Estoy totalmente disponible para Ti y, por lo tanto, disponible a los demás.
3. **Conciencia**. Entiendo que te comunicas a través de la gente y las circunstancias que me rodean. Reconozco, además, que mientras más me acerco a Ti, mejor puedo escuchar Tu susurro a través de la gente y las circunstancias. Por lo tanto, comprometo mi conciencia de Tu presencia por encima de las ocupaciones de mi vida.
4. **Alineación**. Mi meta es ser uno Contigo. Cada decisión que tome y todo lo que haga refleja Tu naturaleza.

Siete recordatorios. En nuestros esfuerzos por hacer de cada día nuestro día de firma, estos siete recordatorios nos ayudarán a mantenernos enfocados en nuestros planes:

1. **Perspectiva**. Dios ve lo que nosotros no podemos. No deduzcas que tu plan está fallando porque tuviste un mal día. Dios no desperdicia nada, utiliza todo para Su plan. Confía en que este día es parte de un plan mucho más grande que rendirá frutos en el momento indicado.
2. **Propósito**. Es Su propósito, no el tuyo. Sé flexible para ajustar tus planes según Su propósito.
3. **Prioridad**. Conserva las cosas importantes.
4. **Proceso**. El proceso, no el resultado, glorifica a Dios. A lo largo del camino podrás encontrar que la vida no se ajusta a tu plan. Tu plan necesita evolucionar con la vida.
5. **Paciencia y perseverancia**. Es Su tiempo, no el tuyo. Dios usa todo, incluso el sufrimiento, para Su propósito. Confía en que tu perseverancia te está preparando para el servicio mayor a Él. Como observó Jean-Jacques Rousseau: «La paciencia es amarga, pero su fruto es dulce».
6. **Paz**. Dios nunca nos pide que maximicemos el trabajo; nos pide que hagamos un trabajo significativo. Toma tiempo deliberadamente para descansar en Él. Te dará la energía para trabajar tanto efectiva como significativamente.
7. **Prosperidad**. Aunque no todos los días mostrarán señales de éxito, cada día es importante. Al final del día, reflexiona sobre sus aspectos positivos y agradece a Dios por Sus bendiciones.

Explorar las partes del plan de negocios

1. Tu análisis situacional

¿Has escuchado el dicho "el éxito deja huellas"? Bueno, eso es parcialmente cierto, el éxito sí deja huellas, pero también las deja el fracaso. Como parte de la creación de nuestro plan, queremos construir sobre nuestros éxitos y aprender de nuestros fracasos. Para completar tu análisis situacional, acállate ante Dios y revisa el trabajo del año previo.

Preguntas para pensar
¿Qué está funcionando? ¿Cuáles fueron mis éxitos y logros específicos el año pasado? ¿Qué no está funcionando? ¿Cuáles fueron mis frustraciones y decepciones?

Realiza un análisis DAFO: identifica tus *d*ebilidades, *a*menazas, *f*ortalezas y *o*portunidades.

Debilidades. Estas cosas limitan mi desempeño:

Amenazas. Las mayores amenazas a las que me enfrento ahora son:

Fortalezas. Soy bueno en:

Oportunidades. Las mayores oportunidades que no he utilizado hasta ahora parecen ser:

¿Qué introspección valiosa puedo obtener a partir de los éxitos y retos del año pasado?

Plan de acción

Revisa tu agenda semanal de los doce meses anteriores. Para tener una mayor introspección para tu análisis situacional, resalta tus éxitos y tus frustraciones.

Pídele a un amigo, familiar, compañero de trabajo, pastor o cliente que repase y discuta contigo tu análisis DAFO. Elige estar abierto a sus comentarios. Escucha en realidad su retroalimentación y extrae la información valiosa de sus percepciones.

Resume tu propio análisis situacional en el espacio que sigue al ejemplo.

Ejemplo de análisis situacional

Los dueños de un pequeño negocio realizaron un análisis DAFO para evaluar por qué las quejas de sus tres clientes principales habían aumentado. Su análisis situacional abreviado incluía:

Debilidad. La incapacidad de nuestros sistemas internos y fuerza de trabajo para manejar adecuadamente el crecimiento.

Amenaza. Crecer demasiado rápido.

Fortaleza. Proporcionamos un servicio generalmente bueno que nos permite crear una sólida base de clientes.
Oportunidad. Servir a nuestros tres clientes más importantes con excelencia consistente para poder recuperar su confianza.
Lecciones aprendidas o nuestro plan para mejorar nuestros servicios. Hemos intentado abarcar demasiado expandiendo nuestros servicios muy rápido. Necesitamos eliminar, al menos temporalmente, todos los servicios que no sean fundamentales. Ya que hayamos recuperado la excelencia consistente en nuestros servicios fundamentales, entonces discutiremos y analizaremos la adición potencial de servicios no fundamentales, uno a la vez.

Mi análisis situacional
En un cuaderno o en tu computadora, realiza el mismo análisis de la manera más objetiva que puedas.

- Debilidad
- Amenaza
- Fortaleza
- Oportunidad
- Lecciones aprendidas

Tu visión

Una visión es una imagen del futuro en su estado ideal. Creo que Dios tiene una visión clara del éxito para cada uno de nosotros: el problema yace en nuestra incapacidad de verlo. Nuestras vidas están tan inmersas en el bosque de nuestras circunstancias, miedos, dudas y egos, que nunca podemos elevarnos por arriba de los árboles para alcanzar a distinguir la visión. En vez de esto, buscamos señales y milagros a partir de una experiencia en la cima de la montaña para que nos ayude a ver el plan de Dios. En realidad, Dios trabaja de manera opuesta. Conforme nos acercamos a Dios, Él nos revela Su plan para nosotros, no en su totalidad sino en pequeños fragmentos. Está bien si estás luchando para encontrar una visión clara. Muchos de nosotros hemos conducido en una carretera en el desierto hacia una cordillera. Al principio, las montañas se ven borrosas. Conforme nos vamos acercando, las vemos más claramente definidas. Acalla tu alma para escuchar la voz de Dios y ver Sus claves. Actúa con esas claves, una por una, y la visión lentamente se irá aclarando.

Preguntas para pensar
Revisa tu análisis situacional. ¿Qué claves crees que Dios te está dando que podrías transformar en un llamado o una visión en el futuro? ¿Cómo se vería esta visión o llamado?

Piensa en cuando sueñas despierto. Describe lo que sueñas. ¿Puedes extraer una visión de estos sueños? ¿Qué harías si no pudieras fracasar? ¿Esto podría ser parte de tu visión? ¿Qué harías si el dinero no fuera un factor?

Plan de acción
Lee el Libro de Nehemías. Identifica tres lecciones que puedas aprender de la visión de Nehemías.

En veinticinco palabras o menos, escribe tu declaración de visión o trata de dibujar tu visión.

Un ejemplo de visión
Las personas de negocios reconocen y aceptan el liderazgo basado en la Biblia como una alternativa creíble, viable e importante a otros enfoques de liderazgo dentro de la corriente corporativa principal en los Estados Unidos.

Tus valores y principios fundamentales

Cada uno de nosotros posee un conjunto único de valores y experiencias que conforman nuestro carácter. También tenemos un conjunto de principios en los que creemos y según los cuales vivimos. Estos valores y principios nos ayudan a crear nuestros estándares de conducta y motivan nuestras decisiones de negocios. Cuando vivimos según ellos, la integridad, satisfacción personal y realización se dan. Cuando los comprometemos, perdemos nuestra integridad y nuestra satisfacción personal. Por lo tanto, es importante identificar nuestros valores y principios fundamentales ya que no sólo definen cómo hacemos negocios sino que también actúan como las anclas que aterrizan nuestro proceso de toma de decisiones.

Preguntas para pensar

¿Cuáles son los valores y principios fundamentales que motivan tus decisiones de negocios? ¿Cuáles son los tres valores y principios más importantes para ti?

Pon tus valores y principios a prueba. ¿Cuáles de ellos clasificarías como «no negociables»? En otras palabras, ¿qué valores y principios no estás dispuesto a comprometer incluso si te enfrentas a consecuencias negativas?

Plan de acción

Usando los siguientes criterios, crea una breve declaración de valores y principios:

Enfoque: Estos son los principios y valores que describen el enfoque que le das a tu negocio.

Alineación: Tus acciones y decisiones se alinean con tus valores y principios fundamentales, y tus valores y principios fundamentales se alinean con la voluntad de Dios.

Ancla: Estos valores son los estándares de tus decisiones de negocios.

Cuando tengas tu declaración de valores y principios, sigue este plan de acción:

- ¿Honra a Dios?
- ¿Contribuye valor?
- Alinea tus acciones con tus valores.

- Pide a un grupo diverso de personas (familiares, compañeros de trabajo, clientes, amigos, etc.) que te describan. ¿Sus puntos de vista sobre ti reflejan tu declaración de valores?
- Revisa todas las actividades que realizas en un día típico. ¿Tus actividades y acciones están alineadas con tus valores y principios?
- Identifica las inconsistencias en tus acciones y desarrolla un plan para eliminarlas. Tus esfuerzos en este paso alinearán más tus acciones con tus valores.

Un ejemplo de valores y principios fundamentales
Honrar al Señor en todo lo que hago, produciendo excelencia como embajador de Jesucristo.

Comunicar el Evangelio de una manera sabia y adecuada pero también atrevida.

Respetar la diversidad en el lugar de trabajo; dar dignidad y valor a todas las personas.

Tu misión

Una misión explica por qué haces lo que haces. Proporciona un propósito concreto o razón de ser. Cuando Jesucristo entra a nuestra vida, empezamos a comprender que hemos sido llamados según Su propósito. Como dice Romanos 8:28: «Y sabremos que en todas las cosas Dios trabaja para el bien de quienes lo aman, que han sido llamados según su propósito». Dios diseñó a cada uno de nosotros para servir un propósito distinto. Nos dio un conjunto único de talentos, dones, habilidades y pasiones. Uno de nuestros roles es descubrir estos dones especiales para que podamos ser de mayor servicio al Señor y a los demás. Al descubrir tu misión, ayudas a definir quién eres y cómo puedes contribuir mejor tus servicios a los demás.

Preguntas para pensar
¿En qué eres más apasionado? Si fueras financieramente independiente y el dinero no fuera un factor significativo en tus decisiones, ¿dónde invertirías tu tiempo y esfuerzo?

Profesionalmente, ¿qué disfrutas más haciendo? ¿Cuáles crees que son tus mayores talentos y dones?

Piensa sobre los comentarios y retroalimentación que has recibido de amigos, familia, compañeros y personas en roles de supervisión. ¿Qué temas comunes respecto a tus rasgos y características suelen surgir?

Plan de acción
Escribe tu declaración de misión personal. Deberá ser de veinticinco palabras o menos y describir cómo Dios te ha diseñado para cumplir con Su propósito. No te enfrasques en hacer perfecta tu declaración de misión. En vez de esto, enfócate en lo que está en tu corazón. Una declaración de misión efectiva incorpora tu pasión, la necesidad que estás cubriendo, el mercado que estás impactando y el resultado que deseas. Intenta incluir cada uno de estos aspectos.

Nombra al menos tres acciones que puedas realizar de inmediato para empezar a hacer realidad tu declaración de misión.

Un ejemplo de declaración de misión
Alentar y equipar a los empresarios para que integren su trabajo y su fe para poder convertirse en el éxito que Dios pretende para ellos.

La necesidad

En el corazón del sistema de la libre empresa está la ley de la oferta y la demanda. En su forma más simple, esta ley establece que un negocio exitoso determina una necesidad y luego proporciona un producto o servicio para satisfacer esta necesidad. De la misma manera, Dios nos llama para servir en cierta capacidad. Creo que Dios nos coloca de manera única para cumplir con una necesidad específica. Mientras más crecemos en nuestra relación con el Señor, más nos sintonizamos con las necesidades de los demás. Una parte importante de encontrar tu llamado es descubrir la necesidad que debes satisfacer. Esto se convertirá en tu punto focal, ya sea que requiera una afinación de tu rol en la posición que actualmente ocupas profesionalmente, que encuentres un nuevo empleo, que empieces un negocio o que mejores tu ministerio.

Preguntas para pensar
Al mirar a tu alrededor, ¿cuáles son las mayores necesidades que notas en tu lugar de trabajo, en el mercado, en tu comunidad y en tu familia?

¿Cuál de estas necesidades mueve más tu corazón?

Plan de acción
- Encuesta a tus clientes.
- Identifica sus necesidades y situaciones.
- Reconoce los obstáculos principales en su camino al éxito.

Hay varias maneras de encuestar a tus clientes, incluyendo: encuestas escritas, telefónicas y entrevistas personales uno a uno. Las entrevistas uno a uno te proporcionan la mejor manera de comprender a tus clientes. Elige el método o combinación de métodos que funcione para ti.

Cuando estés buscando una necesidad, busca al Se(ñ)or:

Selecciona una necesidad subyacente.
Escucha para entender a los demás más profundamente.
Observa los comportamiento de los otros a tu alrededor.
Reflexiona sobre lo que has visto y observado.

Haz un plan para continuar aprendiendo sobre tus clientes. Al igual que la gente y las circunstancias cambian de manera continua, también lo hacen las necesidades.

En el espacio a continuación, define la necesidad que satisfará tu producto o servicio.

Un ejemplo de necesidad definida
Como consultor directivo que trabaja en las trincheras corporativas de los Estados Unidos, he observado que la cima es un lugar solitario, los niveles medios son un lugar solitario y el fondo es un lugar solitario. Desde el director general hasta el empleado de línea, la gente lucha a solas con los dilemas morales, éticos y espirituales difíciles. Hay pocos recursos de liderazgo basado en la Biblia que equipen y alienten a los empresarios a hacer lo correcto.

(*Nota: Esta necesidad definida, que identifiqué durante los retiros ejecutivos, haciendo coaching uno a uno y realizando encuestas, me motivó a escribir* Dios es mi director).

Tu cualidad única

Diariamente nos buscan compañías que intentan vendernos algo, desde la pérdida de peso hasta la independencia financiera. Como resultado, incluso cuando tenemos algo valioso que ofrecer, es difícil atraer la atención de los clientes. Por lo tanto, necesitamos encontrar nuestras ventajas competitivas únicas para poder tener éxito en un mundo sobrepoblado y competitivo. Ya sea al iniciar un negocio, buscar empleo, escribir un libro o buscar la excelencia en el entorno corporativo, siempre es importante descubrir qué te hace diferente. Dios te creó como una obra maestra («En efecto, hechura suya somos: creados en Cristo Jesús, en orden a las buenas obras que de antemano dispuso Dios que practicáramos». —Efesios 2:10). Fuiste diseñado de manera única con tu conjunto de talentos, habilidades y experiencias para servir a los demás de manera significativa y poderosa.

Preguntas para pensar
Repasa tus habilidades, talentos y experiencias pasadas. ¿Qué te hace estar calificado únicamente para satisfacer las necesidades de tu mercado objetivo?

Plan de acción
Conforme creces en carácter a través de la experiencia, Dios te va dando poder o autoridad para ayudar a los demás en situaciones similares. Conforme repasas tus experiencias pasadas, identifica qué te da la autoridad para ayudar a los demás. En el espacio que sigue al ejemplo, describe tu cualidad única.

Un ejemplo de cualidad única
Solía ser un ejecutivo de negocios cuyo dios eran los resultados. Mi testimonio, que incluye mi despido y encontrar una relación personal con Jesucristo, resuena con la gente. Mi pasado de negocios, mis habilidades como ponente y consultor, y mi fe me dan las cualidades únicas para hablar con ejecutivos de negocios en busca de más sentido y propósito en el mercado.

El mercado objetivo
Conozco mucha gente maravillosa con grandes corazones para el servicio. Desafortunadamente, algunos de ellos son tan dispersos en su enfoque que terminan sin ser de mucha ayuda a nadie. En el entorno ocupado de la actualidad, estar enfocado es un componente clave del éxito. Ahora es el momento de enfocar nuestra necesidad identificada en un mercado objetivo específico o cliente primario.

Preguntas para pensar

- ¿Quién(es) es/son tu(s) cliente(s) primario(s)?
- ¿Quién es la persona o grupo de personas que quieres ayudar?
- ¿Cuáles son sus necesidades específicas?

Plan de acción

- **Microvisión**: Imagina a la persona con una necesidad específica o dificultad a quien puedas ayudar. Visualiza todos los aspectos del dilema de esta persona. ¿Cuál es su situación? ¿Qué dolor está sintiendo? ¿Qué tipo de ayuda necesitan?
- **Macrovisión**: Revisa tus encuestas de clientes e identifica las necesidades y asuntos en común.

Lo más brevemente posible, describe tu mercado objetivo.

Un ejemplo de mercado objetivo
Cuando estaba escribiendo *Dios es mi director*, identifiqué dos grupos que conformaban mi mercado objetivo: 1) Los empresarios cristianos que buscan integrar su trabajo y su fe en un entorno de trabajo diverso pero que requieren de orientación y apoyo para lograr hacerlo; y 2) el buscador espiritual (que no tiene una relación con Jesucristo) que lucha en los negocios y está buscando significado y propósito en su vida.

Un entorno para el crecimiento

Parte de mi plan personal incluye la membresía en un programa de natación para adultos. Es un gran ejercicio cardiovascular y sé que es parte importante de mi plan de salud a largo plazo. Sin embargo, hay días en que no me siento suficientemente motivado para pasar por otra rutina agotadora de ejercicio. Lo que me hace seguir adelante es el equipo que me ayuda a tener éxito: un entrenador de natación que me presiona para destacar y un compañero de natación que crea un estándar de excelencia. Mi compañero, Rick, nunca me juzga, pero siempre establece un estándar de desempeño que me presenta un reto. Estas dos personas han creado un entorno que extrae lo mejor de mí.

Profesionalmente, necesitas encontrar un entorno que saque lo mejor de ti. Puedes pasar semanas desarrollando un plan de negocios sólido, pero si estás en el sitio equivocado, será difícil ver cumplidos tus planes y sueños. Al igual que el árbol plantado junto al arroyo de agua viva, necesitas plantarte en el sitio donde puedas crecer, madurar y producir frutos.

Preguntas para pensar

¿Tu entorno laboral actual te permite aprovechar de lleno tus talentos, dones y habilidades? ¿La gente con quien trabajas extrae lo mejor de ti o asfixian tu crecimiento?

¿En qué tipo de entorno trabajas de manera más efectiva? ¿Con qué tipo de personas trabajas de manera más efectiva? ¿De qué formas puedes mejorar tu entorno laboral presente?

Si diriges a otros (ya sea formal o informalmente), ¿cómo puedes crear un entorno que extraiga lo mejor de la gente?

Plan de acción

Crea tu entorno de trabajo ideal, uno que promueva tu crecimiento. Usando una hoja de papel en blanco, escribe o dibuja tu ideal. Asegúrate de incluir cada uno de los siguientes elementos:

- Las personas con quienes trabajas (líderes, compañeros, clientes, accionistas, etcétera)
- El espacio físico de trabajo (condiciones de la oficina, interiores vs. exteriores, oficina vs. casa, etcétera)
- La cultura (nivel de creatividad, atmósfera individual vs. equipo, relajada vs. acelerada, etc.)
- Los valores (los estándares y principios que constituyen la cultura)

Cuando hayas identificado tu entorno ideal, elige un curso de acción que se ajuste a tu situación actual:

Remodela tu «hogar» actual. Si disfrutas de tu entorno de trabajo actual en general pero te gustaría que funcionara mejor para ti, actúa. Por ejemplo, mejora tu relación con tus compañeros de trabajo, compra un mejor escritorio, personaliza tu oficina corporativa, o crea una oficina en tu casa.

Busca un nuevo «hogar». Si tu entorno presente no te conduce al crecimiento y no puede «remodelarse», entonces podría ser mejor encontrar un nuevo ambiente de trabajo.

Si estás buscando un nuevo trabajo, asegúrate de encontrar un entorno de trabajo en el cual realmente puedas florecer.

Si estás trabajando con un cliente específico pero no estás obteniendo ninguna satisfacción de tu trabajo, busca un mercado objetivo que aprecie tus servicios.

Un ejemplo del entorno de trabajo ideal

GENTE

Liderazgo: altos estándares morales y éticos; me dejan trabajar pero están accesibles como recurso; retan mis ideas; proporcionan retroalimentación constructiva.

Compañeros: efectivos en el trabajo independiente pero presentan proyectos como equipo; altos estándares morales y éticos; igual oportunidad; tienen un buen equilibrio entre trabajo/familia; buen sentido del humor.

Clientes: proporcionan trabajo estimulante que lleva mis habilidades al límite; me dan retroalimentación constructiva después de la presentación de un proyecto.

ESPACIO DE TRABAJO

Oficina o cubículo en un entorno de trabajo profesional, situada cerca de luz brillante y natural; ubicación céntrica cerca de líneas de autobús y restaurantes.

CULTURA

Rápida durante el día pero trabajar fuera de horario o los fines de semana es la excepción más que la regla; se promueve y recompensa la creatividad al trabajar con los clientes; los profesionales hacen mucho trabajo de manera independiente pero trabajan en equipos cuando hay proyectos para clientes; el liderazgo es muy visible.

VALORES

Los clientes son primero; cualquier idea que cubra las necesidades del cliente se apoya; se valora a los empleados, como se demuestra en la retroalimentación regular y las recompensas.

Tus productos y servicios

Uno de los primeros conceptos de ventas que aprendí fue la diferencia entre características y beneficios. Una característica es un dato que describe el producto o el servicio que se vende. Un beneficio, por otro lado, es la descripción de cómo el cliente se verá beneficiado o auxiliado por el producto o servicio. Un buen vendedor comunica más que las características del producto y explica cómo el producto o servicio ayudará o beneficiará al cliente. Independientemente de tu posición profesional, una clave a tu éxito es crear características que beneficien a tu cliente principal. (Recuerda, tu cliente puede ser alguien dentro de tu compañía o fuera de ella. La mayoría de nosotros tenemos clientes múltiples, incluyendo la persona a quien le entregamos informes.)

Preguntas para pensar

Repasa tus talentos, habilidades y experiencias únicas con las necesidades del mercado en mente. ¿Qué producto o servicio ofreces a tu cliente principal?

¿Cómo se beneficia(n) tu(s) cliente(s) con tu producto o servicio?

Plan de acción

Después de que hayas respondido a las preguntas previas, repasa los primeros ocho componentes de tu plan de negocios personal.

- A través de los ojos de tus clientes, crea el producto o servicio ideal.
- Si tu producto o servicio ya existe, identifica tres acciones que puedas realizar para mejorarlo.
- Si estás diseñando un nuevo producto o servicio, asóciate con algún cliente clave que te ayude a crearlo.
- Describe tu producto o servicio nuevo y mejorado en veinticinco palabras o menos.

Un ejemplo de productos y servicios

- Ponencias
- Discursos inaugurales
- Programas de medio día
- Programas de un día
- Retiros de fin de semana
- Logística

- Sesiones de asociación
- Sesiones de planeación estratégica
- *Coaching*
- *Coaching* ejecutivo
- Desarrollo de liderazgo

Tus alianzas estratégicas

Mientras caminaba por el área de estar, el administrador de una casa de reposo se acercó a una anciana que armaba un rompecabezas de 1 500 piezas. «Apuesto a que es difícil no ver el cuadro entre todas las piezas», dijo al pasar. La mujer levantó la vista y sonrió, respondiéndole: «No. Me gusta que vengan diferentes personas y me ayuden a poner piezas en el rompecabezas». Tarde o temprano, descubrimos que Dios nos bendice a través de la gente. Constantemente está atrayendo gente a nuestras vidas para ayudarnos a cumplir con su propósito. Nosotros no cumplimos con la visión, misión y propósito de Dios para nuestras vidas en el vacío, somos parte de un equipo mayor que nosotros mismos. Las alianzas estratégicas van desde los amigos cercanos hasta juntas de consejo informales de compañeros de confianza, hasta socios de negocios que comparten nuestros valores. Independientemente de la formalidad de las relaciones, es importante hacer conexiones significativas con las personas que contribuirán a que tu plan tenga éxito.

Preguntas para pensar
¿Qué personas u organizaciones ha colocado el Señor en tu camino? ¿Algunas son socios potenciales?

Presta atención a tu mercado, incluyendo tu competencia. ¿Qué personas u organizaciones comparten tus valores y pasiones? ¿Algunos de ellos son socios potenciales?

¿Qué tipos de sociedades estratégicas apoyarían tus relaciones personales cercanas en casa y en el trabajo?

¿Un pastor o mejor amigo puede ser socio para apoyar tu matrimonio en tiempos difíciles? ¿El maestro favorito de tu hijo podría proporcionarte ideas de cómo promover el aprendizaje del niño? ¿Podrías trabajar como voluntario en un comité o ser un mentor en el trabajo? ¿Encontrar una actividad que mejorara tu entorno de trabajo y animara a alguien que está iniciando su carrera?

Plan de acción

Identifica los socios potenciales que te ayudarán a cumplir con tu plan de negocios personal.

Aunque es benéfico buscar personas que compartan tus valores, no busques personas iguales a ti. Hay una gran fortaleza en la diversidad. Busca socios que piensen distinto a ti, que puedan apoyarte y presentarte retos.

Tómate tu tiempo para encontrar los socios adecuados. El entendimiento, respeto y confianza mutuos son esenciales en una buena relación o equipo.

Programa una junta de sociedad uno a uno donde desarrolles una relación mutuamente benéfica usando los siguientes lineamientos (Cinco P):

- Perspectiva: Desarrolla un entendimiento mutuo de cómo tú y tu socio pueden beneficiarse de esta relación. Discutan las fortalezas, debilidades, dones, talentos y llamado y vean de qué manera pueden apoyarse mejor mutuamente en sus emprendimientos.
- Propósito: Desarrolla una visión compartida de éxito y un propósito común para trabajar juntos.
- Posiciones: Aclara roles, responsabilidades y las expectativas que tengan uno de otro.
- Proceso: Aclara cómo trabajarán juntos hacia su visión compartida de éxito.
- Prosperidad: Define los frutos de su relación. ¿Qué bien mayor surgirá de esta sociedad?

Identifica tus alianzas estratégicas a continuación.

Un ejemplo de alianzas estratégicas
John Terhune: Para complementar mi fortaleza en ventas y mercadotecnia, me asociaré con John para proporcionar servicios de administración. Juntos, formaremos una nueva organización sin fines de lucro. Usaremos el modelo de las Cinco P para formalizar nuestra sociedad.

Mi esposa: Mi esposa será mi socia en la crianza de nuestros hijos y, debido a sus puntos de vista, buscaré su liderazgo en este rol. Me alentará en mi apoyo a los hijos durante sus años de adolescencia.

Pastor Mark: El Pastor Mark y su esposa serán los mentores de nuestro matrimonio. Su modo de vida y su matrimonio dinámico es nuestro ideal y nos reuniremos con ellos trimestralmente en busca de sabiduría y aliento.

Jim Alexander: Como mi mentor espiritual, Jim se reunirá conmigo mensualmente. El rol de Jim es ayudarme a madurar como cristiano.

Tu plan de desarrollo personal, profesional y espiritual

Como describí anteriormente, los tres principios detrás de un plan de negocios personal exitoso son: buscar la sabiduría de Dios, el crecimiento y dar frutos. Al final, damos frutos al madurar o, en otras palabras, crecer personal, profesional y espiritualmente son elementos claves del plan. Anteriormente discutimos cómo definir las necesidades del mercado y ofrecer productos y servicios que las cubran. Probablemente aprenderás que cubrir esas necesidades requerirá de tu crecimiento profesional. Además de tener la madurez espiritual y personal para ser de beneficio a los demás, necesitas estar en un estado continuo de aprendizaje profesional y desarrollo de habilidades para satisfacer estas necesidades.

Preguntas para pensar
Lee y medita sobre Hebreos 5:11-14. ¿Cómo estás creciendo espiritualmente? ¿Cómo estás creciendo en tus relaciones personales?

¿Qué competencias y habilidades fundamentales necesitan mayor desarrollo para que sean de más beneficio a tu cliente o mercado objetivo?

Plan de acción

Participa en un grupo activo de discusión o de estudio de la Biblia, es un excelente medio para alcanzar el desarrollo personal, profesional y espiritual.

No uses la falta de dinero como excusa para descuidar tu desarrollo. Busca en tu biblioteca local. Las bibliotecas actuales son una gran fuente de recursos y son gratuitas. Aprovecha el sistema para crear y diseñar tu propio plan.

Encuentra un mentor y sé uno. Ya sea de manera formal o informal, ambos aspectos de una relación de este tipo pueden fomentar el crecimiento.

Si trabajas para una corporación u organización, pregunta si hay los fondos disponibles para apoyarte en tu desarrollo profesional.

Resume tu plan de desarrollo personal, profesional y espiritual a continuación.

Un ejemplo de plan de desarrollo personal, profesional y espiritual
Formaré un grupo de discusión de negocios de doce hombres. El impacto será:

- Personalmente: Abrir y compartir nuestros retos personales y adquirir sabiduría a partir de las experiencias de los demás.
- Profesionalmente: Discutir los asuntos morales y éticos que enfrentamos en los negocios.

- Espiritualmente: Tener una comprensión más profunda de la Palabra de Dios y madurar espiritualmente.

Tu plan de ventas y mercadotecnia

¿Cómo harás que el mundo esté consciente de tus productos y servicios? Si representas un negocio, ¿cómo venderás los servicios de la compañía? Si estás buscando empleo, ¿cómo te estás vendiendo? Si estás representando un ministerio, ¿cómo aprende de ti la gente?

Ya sea como individuo, en una empresa comercial o en una organización sin fines de lucro, es importante tener metas, estrategias, objetivos y planes. Éstos te permitirán organizar mejor tus pensamientos, priorizar tu tiempo y maximizar tus esfuerzos. Ahora que has documentado tu misión y visión, necesitas las estrategias, objetivos y planes de acción que te ayudarán a realizarla. Un plan de ventas y mercadotecnia típico incluye lo siguiente:

- Visión
- Misión
- Estrategias fundamentales: Generalmente son de tres a cinco estrategias o enfoques fundamentales para lograr la visión y misión
- Objetivos: Niveles específicos y medibles de logros
- Plan de acción: Planes y actividades detallados

Preguntas para pensar
¿Cómo quieres posicionarte y ser percibido en el mercado? ¿Cómo estás actualmente posicionado o cómo se te percibe? ¿Qué estrategias puedes utilizar para cerrar la brecha entre dónde estás en la opinión de los clientes y dónde quieres estar?

¿Te quedas atascado en «trampas de actividad»? Son un desperdicio de energía. Por ejemplo, lo que cuenta no es la cantidad de llamadas de ventas que hagas, es la calidad de las relaciones que desarrolles.

Recuerda que no hay una mejor herramienta de ventas que un producto o servicio excelente. Las ventas son el efecto secundario de los productos y servicios con valor agregado.

Plan de acción

Reevalúa los resultados de tu trabajo. Recuerda, las ventas son un beneficio secundario de los productos y servicios excelentes.

Revisa tu visión y misión. Identifica entre tres y cinco estrategias claves que te ayudarán a alcanzarlos.

Para cada estrategia clave, identifica un plan de acción para alcanzarla.

Escribe el componente de ventas y mercadotecnia de tu plan de negocios personal.

Ejemplo de plan de ventas y mercadotecnia

Visión: Los empresarios se valen del liderazgo basado en la Biblia como una alternativa creíble, viable e importante a otros enfoques de liderazgo dentro del mundo corporativo de los Estados Unidos.

Misión: Equipar y promover que los empresarios integren su trabajo y su fe para convertirse en el éxito que Dios quería que fueran.

Estrategia fundamental: Crear un entorno seguro y no amenazante en el cual los empresarios puedan conectarse unos con otros para discutir sus dilemas morales y éticos más complejos, así como sus soluciones bíblicas.

Objetivo: Crear un seminario de *Dios es mi director* con grupos de seguimiento de discusión de liderazgo.

Plan de acción: Correos dirigidos a las iglesias locales y universidades para promover seminarios y grupos de discusión de *Dios es mi director.* Realizar entrevistas informativas uno a uno con veinticinco líderes empresariales locales para entender mejor sus necesidades. Desarrollar un folleto de mercadotecnia.

Tu plan financiero

Por lo regular, recibo llamadas de personas que quieren seguir el llamado de Dios pero no lo hacen porque sienten que tienen muchas cargas financieras. También recibo llamadas de personas que dicen: «El Señor me ha llamado para...» y se lanzan a realizarlo sin asumir la responsabilidad por el predicamento financiero en el cual se meten y en el que se involucran, además, a sus familias y a otros.

Ninguno de los extremos está en línea con el deseo de Dios. Arriesgarse y ser financieramente sensato son parte de la voluntad y el plan de Dios. Tus decisiones requieren que simultáneamente hagas un voto de confianza, que confíes en que Dios proveerá y que consideres tu responsabilidad fiscal. Fuimos llamados para ser buenos administradores de los recursos que Dios nos confió. Esto significa que necesitamos usar no sólo nuestros dones y talentos sabiamente, sino también nuestro tiempo y finanzas. Desarrollar un plan financiero te permitirá llevar a cabo Su plan efectivamente.

Preguntas para pensar

¿Qué recursos financieros requerirá mi plan? ¿Cuál es el costo en términos de tiempo y dinero?

Si elijo no ser voluntario, ¿cuál es la compensación justa y razonable de mis esfuerzos?

¿Puedo justificar mi plan financieramente? Si no, ¿cuáles son los riesgos de seguir mi plan sin los fondos adecuados?

Si los riesgos son muy altos, ¿qué alternativas financieras tengo?

Plan de acción

Lee la parábola del dinero prestado en Mateo 25:14-31. Medita sobre cómo utilizar mejor cada uno de los recursos (tiempo, dinero, dones y talentos) que Dios te dio de manera confiable.

Desarrolla un presupuesto simple para tu plan de trabajo personal, incluyendo tus rendimientos anticipados o tus ingresos y todos tus gastos.

Conforme desarrolles tu plan financiero, explora creativamente las opciones para hacer que tu plan sea más viable. Los ejemplos pueden incluir recortar gastos, encontrar un segundo empleo, trabajar como voluntario o buscar voluntarios, trabajar en un horario flexible o proporcionarle horarios flexibles a los demás y utilizar el plan de reembolso de capacitación de tu empresa.

Resume tu plan financiero, tanto numéricamente como en palabras, siguiendo el ejemplo.

Ejemplo de plan financiero

Mi pasión creciente es ayudar a los jóvenes de las zonas urbanas marginadas a encontrar oportunidades en los negocios. Para lograr esto, me gustaría reducir mi horario de trabajo al 75% o treinta horas a la semana. Con las diez horas restantes, deseo ofrecerme como voluntario en City Action Ministries. Sin embargo, no puedo darme el lujo de usar mis ahorros y debo asegurarme de tener suficientes fondos para el retiro y que sigan creciendo, incluso con mi horario de medio tiempo.

	Actual	*Propuesto*
Salario anual	72 000 dólares	54 000 dólares[1]
Gastos anuales	56 000 dólares	46 000 dólares[2]
Gastos adicionales	N. A.	2 000 dólares[3]
Ahorro anual	16 000 dólares	8 000 dólares

1 El salario se reduce a 75 por ciento del nivel actual.

2 Se tendrán que recortar 10 000 dólares del presupuesto actual. Esto provendrá de la eliminación de las vacaciones anuales de invierno (2800 dólares), reducción del presupuesto para comer fuera (1 500 dólares), tomar café en la oficina y no en las cafeterías (300 dólares), tomar el autobús al trabajo tres días a la semana (eliminando el costo de estacionamiento de 1 300 dólares), mantener mi coche actual otras 36 000 millas (1 200 dólares por cada unos de los primeros tres años), reducir el gasto anual en ropa (400 dólares), reducción en impuestos (2000 dólares) y cuidar todos los demás gastos (como tintorerías y la compra de varios artículos para el hogar y cosas innecesarias).

3 Gastos adicionales anticipados del trabajo voluntario. Se incluyen kilómetros recorridos, alimentos adicionales que se consuman fuera (algunos con jóvenes) y diversos gastos.

Aunque mi tasa de ahorro anual se reduce a la mitad, puedo darme el lujo de hacer esto durante un periodo de cinco años debido a mi tasa alta de ahorro previa. En tres años, necesitaré hacer otro análisis financiero. Mientras tanto, parece ser que mi plan financiero me permitirá seguir mi visión y misión de ayudar a los jóvenes de áreas urbanas marginadas.

Tus frutos

El fruto de Dios se presenta de dos maneras: las visibles y las invisibles. Las «visibles» son los resultados tangibles que provienen de nuestros esfuerzos. Pueden ser éxitos financieros, aumentos en las ventas, costos reducidos, mejoría en la productividad, etc. Los resultados tangibles y las recompensas pueden verse, medirse y registrarse. Son importantes porque pueden calcular y medir el éxito de nuestro plan. Los resultados tangibles, sin embargo, son simplemente los medios para alcanzar un fin mucho mayor. Palidecen en comparación con el significado de los frutos espirituales.

En el ámbito espiritual, los resultados no se pueden ver y medir; son invisibles e inconmensurables. Los frutos espirituales tienen beneficios y significados duales. Internamente, experimentamos los frutos del espíritu: amor, paz y dicha. Son los resultados naturales de seguir el plan de Dios. Externamente, los frutos espirituales siembran semillas en otros: esta es la diferencia que hacemos como líderes devotos. Es el legado que dejamos.

Cada uno de nosotros tiene un ego que ama ver los resultados de nuestros esfuerzos. Crecimos en una sociedad orientada a los logros que recompensa ganar y el éxito. Esta situación se complica más con el énfasis cultural en la gratificación inmediata. A pesar de lo mucho que nos gustaría una evaluación trimestral que nos muestre medidas de nuestro éxito, el plan de Dios tiene que ver con el significado, un significado que va más allá de cualquier cosa que podamos comprender y medir.

Preguntas para pensar

¿Qué resultados o recompensas tangibles te gustaría cosechar como fruto de tu plan?

En términos de satisfacción personal y espiritual, ¿qué fruto espiritual te gustaría experimentar como resultado de cumplir con el plan de Dios para tu vida?

En términos del impacto en las vidas de los demás, ¿qué legado quieres dejar?

Plan de acción

Usando un diario, empieza a escribir cartas regularmente al Señor. Identifica tus luchas, planes y experiencias. Eleva tus peticiones en oración. En una fecha posterior, repasa tus cartas para ver de qué maneras te ha escuchado y cumplido sus promesas. A pesar de que nunca puedes ver todas Sus bendiciones, podrás notar cómo el plan de Dios está trabajando poderosamente en tu vida. Identifica los frutos visibles e invisibles que deseas en tu vida.

Un ejemplo de los frutos: lo visible y lo invisible.

Lo visible	*Lo invisible*
Un negocio financieramente viable y exitoso Retroalimentación positiva de las encuestas a los clientes Llamadas telefónicas, cartas y correos electrónicos de apoyo Pruebas de que he ayudado a la gente a sobreponerse a sus dilemas Como pacificador, veo armonía entre dos personas o departamentos que antes estaban en discordia Éxito de otros líderes de negocios a quienes he ayudado Hijos devotos, con matrimonios sólidos y exitosos a ojos de Dios	Una vida llena de dicha y paz y amor divinos, incluso en circunstancias difíciles Creación tanto de discípulos como de líderes Vidas cambiadas Madurez espiritual Un legado que influye positivamente en mi familia y en las vidas que he tocado por generaciones

Tu renovación

Los jóvenes se cansan, se fatigan, los valientes tropiezan y vacilan, mientras que a los que esperan en el Señor él les renovará el vigor, subirán con alas como de águilas, correrán sin fatigarse y andarán sin cansarse.

—ISAÍAS 40:30-31

Imagina estar bajo tremenda presión y trabajar a paso frenético desde el amanecer hasta el mediodía. Te sientes hambriento y cansado, pero tienes una bandeja de pendientes llena de cosas con fechas límites y una lista de clientes por atender. Tu jefe, que reconoce el dilema, te dice: «Ve a un lugar tranquilo con el Señor y descansa un poco».

¿Suena irreal? Eso es exactamente lo que Jesús nos dice que hagamos: «Los apóstoles se reunieron alrededor de Jesús y le informaron todo lo que habían hecho y enseñado. Entonces, debido a que mucha gente estaba pasando por ahí y no tenían siquiera oportunidad de comer, les dijo: "Vengan conmigo solos a un lugar tranquilo para descansar"». (Marcos 6:30-31). Dirigí un retiro con un grupo de enfermeras que cuidaban a sus pacientes con excelencia, pero se estaban volviendo ineficientes debido al agotamiento. Estaban cuidando a todos salvo a ellas mismas. La renovación es tan importante como cualquier otra parte de tu plan de negocios. No se puede brindar ayuda de manera efectiva si tu tanque está vacío.

Preguntas para pensar

¿Cómo te renuevas espiritualmente todos los días? ¿Qué haces para renovarte semanalmente?

Saca tu agenda. ¿Planeas momentos específicos para renovarte a lo largo del año? Lee Mateo 11:28-30. ¿Qué significa «descansa en el Señor»?

Plan de acción

Plan diario: Incluye una «caminata con Dios» diaria. Me he percatado de que una caminata a solas con Dios todas las mañanas le da energía y enfoque a mi trabajo.

Plan semanal: Sigue el Cuarto Mandamiento, toma un día de descanso. Destina un día a la semana para descansar en el Señor.

Plan anual: Renueva tu plan de negocios anualmente (trimestralmente es más efectivo aún). Durante este proceso de renovación, revisa los primeros catorce componentes de tu plan de negocios personal. Realiza un análisis DAFO para determinar qué componentes necesitan actualizarse: ¿nuevos mercados?, ¿nuevos productos o servicios?, ¿personal nuevo?, ¿nuevos planes de comunicación?, ¿nuevas estrategias?, ¿misión o visión revisada?, ¿nuevos enfoques al negocio? Ya que tu DAFO esté terminado, identifica elementos específicos donde puedas actuar para renovar tu negocio. Resume tu plan de renovación siguiendo el ejemplo.

Ejemplo de plan de renovación
Renovar diariamente me ayudará a vivir un día a la vez. Cada día, programaré tres sesiones de descanso y renovación:

- Una «caminata con Dios» todas las mañanas.
- Un tiempo de transición entre el trabajo y la familia.
- Una oración nocturna antes de dormir.

Dios es mi director, de Larry JULIAN
se terminó de imprimir y encuadernar en abril de 2015
en Programas Educativos, S. A. de C. V.
Calzada Chabacano 65 A, Asturias DF-06850 MÉXICO.